大明风云 300年 下

南宫烈 著

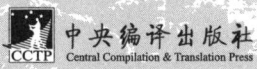
中央编译出版社
Central Compilation & Translation Press

目录

第七章　嘉靖修道

阳明平叛　249

大礼之议　255

嘉靖修道　271

庚戌之变　280

东南倭乱　289

严嵩专权　299

海瑞上疏　315

第八章　隆万新政

隆庆开关　321

俺答封贡　325

徐高罢相　329

张居正摄政　344

第九章　万历党争

国本之争　365

万历三大征　371

开征矿税　380

万历党争　384

三大案　409

魏忠贤擅权　419

奢安之乱　435

第十章　崇祯殉国

温体仁弄权　441

陕北起义　448

思宗杀相　455

张献忠入川　464

李自成称帝　467

崇祯殉国　470

结　语

第七章 嘉靖修道

明武宗因为无后，使得帝系转移。兴王朱厚熜入继大统，是为明世宗，亦即嘉靖帝。作为明朝在位时间第二长的君主，嘉靖帝以痴迷修道而被今人熟知。在明朝十七帝当中，本书只将洪武、嘉靖、崇祯三朝独立成章，前后两者在于国家的立与亡。至于将嘉靖单独划为一章，原因在于君相冲突彻底爆发，在这一矛盾不断地激化和缓和的过程中，明朝的统治秩序逐渐崩坏，因而走向灭亡。

阳明平叛

嘉靖初年，田州（广西百色田阳）不稳，引发广西持续叛乱。为平定叛乱，明世宗起复正在家赋闲、开办阳明书院的新建伯王守仁负责平叛。结果，王守仁顺利解决广西问题，但也因劳累去世。

一五二六年四月，两广提督姚镆督师，征讨田州指挥岑猛。九月，岑猛被杀。广西诸多土司当中，田州岑氏势力最大。明朝初年，岑伯颜归附明朝，被任命为田州知府（百色田阳），子孙世袭。三次传袭之后，传到岑溥。但是，一四九三年，岑溥被长子岑猇所杀，岑猇又被其他土司所杀。两广提督府只得任命岑溥次子岑猛为田州知府，又命思恩知府岑浚派兵护送。结果岑猛被其他土司所拒，岑猛也被岑浚扣押，直到一四九八年才得以上任。一五〇二年，岑浚攻并田州，岑猛侥幸逃脱。一五〇五年，岑浚被平，明朝改由流官知思恩府兼摄田州，岑猛降为福建平海所千户。一五〇八年，岑猛通过贿赂刘瑾，才得以担任田州府同知。随后，岑猛派兵协助都御史陈金平定江西盗匪，希望以此恢复知府，无果，因而对明朝不满，逐渐转向欺凌附近土司、州府。姚镆上任两广后，立即提出征讨岑猛，获准。于是，姚镆以都指挥沈希仪、张经等五将率军八万，分道进攻。岑猛求和被拒，只得投奔知归顺州（百色靖西）、岳父岑璋。沈希仪趁岑璋不满女婿岑猛不宠爱女儿的机会，诱使岑璋杀死岑猛；随后，岑璋又派军协助官军平定岑猛诸子。

一五二七年五月，广西土官卢苏、王受反叛。同年，广西又出谣言，称岑猛先前诈死，现在联同安南莫氏，试图卷土重来，一起攻打明朝。广西人心骚动，靖江王宗室仓皇出奔桂林。随后，姚镆被御史弹劾罢免，改由王守仁为兵部尚书，总制两广、江西、湖广军务。

一五二八年二月，王守仁抵达广西后，遣使招抚卢苏、王受，最终接受了二人投降但不卸军权的条件。随后，王守仁上疏，提出思田二州百姓早就厌恶战乱，但是田州经济羸弱，又是安南屏障，不适宜设置流官，应当继续以岑氏守田州，建议将田州府降为田州，任命岑猛幼子岑邦相为判官，卢苏、王受为巡检；另设置思恩府（百色平果），由流官管理。获准。由此，田州安定。

稍晚，王守仁因先前征调的湖广士兵抵达南宁，率军进剿断藤峡盗匪和八寨贼；因卢苏愿立功赎罪，就令卢苏担任主攻。五月，王守仁将两股势力消灭，前后擒斩三千余人，两江地区彻底平定。随后，王守仁因肺病加重而推荐郧阳巡抚林富接替自己，未等收到批复就启程返乡。

十一月底，王守仁返乡途中死于南安（江西赣州大余），时年五十六岁，死前留下遗言"此心光明，亦复何言"。

王守仁，号阳明子，故而被尊称为阳明先生、王阳明，是明代著名思想家、文学家、哲学家、军事家。作为陆王心学的集大成者，王守仁将以陆九渊为代表的心学丰富完善，在继承"心即是理"的观点的基础上，提出"知行合一"和"致良知（在行动中实现良知）"，不再将自我（人欲）和天理对立。而且，王守仁的文学造诣相当不错，在弘治十二年中取得会试第二、殿试二甲第七的科举成绩，不少作品被选入《古文观止》这样的应试文集，而其所作文章还被编成文集流传，后世评价颇高。此外，作为明代三位因军功封伯的文官之一，无论是江西剿匪，还是平定宁王之乱，抑或是解决西南叛乱，都足以被人称道。

可惜的是，由于长期在外领兵，王守仁始终未能进入中央，在政治上有所建树。这一方面，跟王守仁自己的选择有关，从王守仁的作品和言行中不难看出，相较于仕途高升，王守仁更倾向于讲学，况且当时朝政晦暗，王守仁不会一而再地犯险。另一方面，王守仁之所以能够从龙场起复，很大程度上是因为兵部尚书王琼的支持，但是王琼和杨廷和关系不合，故而王守仁始终受到杨廷和的打压，甚至有人认为平定宁王之后王守仁先是不赏，后是封伯，完全是杨廷和故意而为，先是打压，后是捧杀，将其打入勋贵行列，不但入阁无望，甚至都不能回京。

一五三四年九月，巡检卢苏杀死了相对年幼的田州判官岑邦相，据说两人素来不和。副总兵张佑原本支持岑邦相，但是又向岑邦相索贿不满，因而转而支持卢苏，结果被岑邦相毒死。而卢苏又因此杀死岑邦相，改奏请立岑邦相侄子岑芝。附近土官对此不满，予以干预，致田州战乱不止。最终，瓦氏夫人（岑璋之女、岑猛妻子）、卢苏等人获胜，在明朝支持下，以岑芝承袭州判官；因岑芝年幼，瓦氏夫人负责州事。

田州内乱一事存在很大争议。按照《土官底簿》的记载，岑邦相死于一五二九年。《明史》《明朝纪事本末》则认为岑邦相死于一五三四年。但是《明史》认为岑邦相是被张佑和卢苏设计所杀，而《明朝纪事本末》则认为是岑邦相杀张佑而后被卢苏所杀。此处暂取《明朝纪事本末》的说法。除此以外，还有材料认为一五二七年岑猛、岑邦相都死于叛乱，岑芝直接即位，瓦氏代政。

一五三六年年底，因安南久不朝贡，明世宗在夏言的建议下，准备征讨安南。一五三七年，安南国王黎庄宗黎维宁使者抵京，斥责安南权臣莫登庸篡位自立，建立莫朝；同时请求明朝派军协助黎朝。明世宗列举莫登庸十大罪，决定派军征讨莫朝；在礼部尚书严嵩、兵部尚书张瓒的劝说下，明世宗一度取消用兵，但是恰好云南捕获莫朝间谍，明世宗大怒，决定用兵。莫登庸得知此事后，立即遣使上表请降，获得明世宗同意。

一五四〇年十一月，莫登庸亲自前往广西镇南关向明朝请降；明朝降安南为安南都统使司，莫登庸为安南都统使，从二品，世袭。由此，莫朝成为大明名义上的属地，莫登庸对大明称都统使，对内继续称帝。

天堂太远，中国太近，所谓南天小中华，实在是毫无地位。在明朝看来，不过是一场再普通不过的对属国非正常君主更替的谴责和施压，就足以让整个安南震动不已，乃至于对明称臣、对内称帝也成为统治者主动选择的策略，甚至对此得意不已。这也是东亚政治圈的基本规则，有且只有一个中心国家。

一五三九年三月，两广提督蔡经再平断藤峡。武靖州知州岑邦佐不能保境安民，导致盗匪一再在断藤峡北面聚集闹事。蔡经上一年就打算发兵平定，结果因征讨安南而作罢。等到征讨安南一事作罢后，蔡经命副总兵张经和都指挥高干，各率三万五千和一万六千大军，南北夹击。旋即再次平定盗乱。

明代对两广地区的管控依旧停留在以湘桂走廊联系桂林、以西京和梅岭故道联系广州的状态。处于这两点之间的梧州地区是统治力量非常薄弱的地区，故而叛乱频发。

只有了解心学的流行以及其学派所秉承的价值观，才能理解嘉靖以后明朝官野的思想变化以及官僚士人的行为选择。

关于对王守仁本人的评价，有几个点需要辨析。首先，是王守仁的哲学地位。目前主流观点认为王守仁是明代著名思想家、哲学家，心学的集大成者。这个评价非常恰当，因为王守仁既不是心学的开创者（陆九渊），也没有被当世独尊（稍早有陈白沙，齐名有湛若水）；其主要贡献是将陆九渊的心学体系系统化精细化，并且博采众长，精炼出致良知之说，但是湛若水也有类似的观点。

其次，王守仁虽然被杨廷和打压，但是不算坎坷。虽然看上去王守仁仕途坎坷，但是实际上已经足以让绝大多数人艳羡不已。王守仁一四九九年考中进士之后，观政工部一年就被授予刑部云南司主事（二甲观政时为从七品，主事为正六品），推托有病而在家休养两年后，又在一五〇四年复出后改任兵部武选司主事（负责武官升迁，是兵部最大的肥缺），一五〇六年被贬为龙场驿丞（不入流），但在未被平反复职的情况下，一五一一年就升迁至吏部验封司郎中，一五一二年为吏部考功司郎中（正五品，负责文官考核评定），同年升任从四品南京太仆寺少卿，成为大明高级官员，简直是飞速。况且，王守仁不能入阁的最大原因在于王守仁没有被选为庶吉士而不是翰林，主要业绩是在南方平叛而非在北方抵御蒙古。此外，王守仁的谥号是文成，这在明代是仅次于文正（李东阳谢迁）、文贞（杨士奇徐阶），与诚意伯刘基相同，高于文忠（杨廷和、张璁等人）、文定（杨溥等）、文毅（商辂等），可见时人对其认可。

这里插入一个很重要的时代背景，就是宋明理学的进一步发展和流行。狭义的理学指的是以程颢、程颐、朱熹为代表的程朱理学；广义的理学还包括以陆九渊、王守仁为代表的陆王心学。为了便于行文，笔记中的理学特指程朱理学。虽然今天往往将理学与儒家思想一概而论，但是学术界普遍默认理学只是借用儒家外衣而提出的新学说，杂糅儒释道、又不以治学治经为主要学术手段的理学，实际上动摇了自西汉以来以经学和玄学为主要派别的儒学；所以清朝的主要学术争论才会概括为汉学和宋学之争（隋唐更多的是受到佛教思想影响的经学）。

程朱理学可以追溯到理学鼻祖周敦颐的"道"，主要观点可以概括为，认为存在独立于人的永恒真理"理"（周敦颐称为"道"），追求或者符合"理"是人生最重要的事情，并以此衍生出若干解释和规范，即"存天理，灭人欲"。这样一套学说在于官方意识形态，特别是维持君臣纲常上，与董仲舒的观点有异曲同工之妙，所以这一学派的传播和发展获得两宋政府的默许和支持。

但是，大致与朱熹同时的陆九渊提出了"心即理"的观点，认为"宇宙便是吾心，吾心即是宇宙"；所谓的心，就是自我。因为朱陆观点相左，在与两人关系匪浅的吕祖谦的主持下，一一七五年两人在无锡鹅湖辩论，即鹅湖之会。本次辩论的主题是"教人之法""为学之方"，焦点在于"尊德性""道问学"孰先孰后（语出《礼记·中庸》；君子既要尊重与生俱有的德性，又要学习求教来求道）。朱熹认为教人应以道问学为起点，强调以"下学"上达"尊德性"。陆九渊则认为"先立乎其大"，应以尊德性为先，然后求学穷理。由此两派观点矛盾公开化。

王守仁的贡献在于将双方由世界观的分歧所带来的方法论的分歧，乃至于两个理论体系过于强调分歧的错误导向给扭转了过来，提出"心外无物，心外无理"，两者都统一于自身，所谓的圣人之道就是良知（先天所有的知识和对事物的判断力），所以求理就是提升完善自己，就是"知行合一"，而不是偏废其一。

笔者对心学理学之争的个人看法有三点：第一，人类，特别是个人的智慧是有限的，所以在不断的探索和实践中，绝大多数人都会触碰到自己的认知边界，在对认知边界以外的事物进行解释或持有某种态度时，无外乎存在两种并不对立的解决途径，即认为存在超出自己认知进而比自己更高明的"神明"或者"绝对真理"从而转为崇拜，或者不承认存在认知边界并逐步打破拓宽自己的认知边界抑或是屡屡碰壁。前一种途径就是神权的起源，后一种则是在生产力水平不断提高的过程中得到印证。理学和心学的分歧，其实也是这种解决途径区别的一种形式。

第二，理学之所以无法压制住心学的发展而再现西汉独尊儒术的场景，跟现实情况的差异有很大关系。理学的高峰出现在两宋时期，正是中国历史上正朔道统最混乱的时期，先是出现了超出华夷概念的宋辽兄弟关系，进而自诩正统的南宋却要先后向金元称臣。这种动荡的社会环境，使得士林可以无所顾忌地重新审视儒家的诸多观点，特别是天赋人权和定于一的思想禁忌，更强调人与自我，而非集体与家族，颇有几分魏晋玄学主理派自然和主情派随意的分歧。

第三，理学的发展在很大程度上受到了官方政府的支持，但心学实际上更符合士人的利益和认同。理学很容易和中国古代大一统王朝制度架构相结合，因此成为南宋、元朝、明朝、清朝的官方意识形态。但是以皇帝（君权）为核心设计制度并不利于士人（相权）。相比之下，更接近我行我素、强调自身的心学，更符合人性，而且任何学术观点一旦与官方意识形态结合，就很容易陷入僵化停滞的状态，后人只能戴着镣铐跳舞，也难以吸引新鲜血液。所以，明代大儒往往受教于吴与弼、薛瑄（两人都是理学家），但是吴与弼却教出了一大批如陈献章（陈白沙）等被划为心学徒子徒孙的人物；虽然薛瑄开创了河东学派，但也很快式微；至于王恕为代表的三原学派，更是改换门庭，由理入心。

总之，心学风潮在明朝英宗复辟以后迅速流行起来，乃至于明英宗在石亨和李贤的推荐下，召吴与弼入朝以增加人望。简单概括此时士林，特别是江南、岭南的价值取向，就是无论事情是否与我有关，也无论是否对我有利，都要支持我所支持的事情，反对我所反对的事情。这样的价值取向对明朝中后期的政治走向至关重要。

大礼之议

一五一九年六月，兴献王去世，时年十三岁的世子朱厚熜开始服丧。按照明制，亲王世子须服丧二十七个月。一五二一年三月，为保证朱厚熜能及时入朝为帝，明武宗特下旨命其结束服丧，袭封爵位。稍晚，明武宗驾崩后，明朝中央派司礼监太监韦卢、寿宁侯张鹤龄、驸马都尉崔元、大学士梁储、礼部尚书毛澄自安陆州迎朱厚熜入京城为帝。

四月初，朱厚熜启程前往京师。在杨廷和授意下，礼部提出兴王应当由东安门入宫，居文华殿，次日百官三笺劝进，择日即位。朱厚熜对此极为不满，提出武宗遗诏只提到自己嗣皇帝，而非按皇子之礼即位，故而坚决拒绝以皇子身份继位；杨廷和坚持按礼部奏请执行，双方僵持不下。月底，太后张氏下令群臣劝进兴王继位，朱厚熜在郊外接受劝进，由大明门入宫，当即在奉天殿即位，是为明世宗。同时，明世宗派人前往安陆迎接兴献王妃，召回致仕大学士费宏入阁，又命礼官商议尊崇生父兴献王的祭祀仪式。

五月，在首辅杨廷和的直接授意下，礼部尚书毛澄领衔群臣，以西汉哀帝和宋英宗为例，提出明世宗由小宗入继大宗，应当改奉明孝宗为皇考（皇父），改称兴献王为皇叔考兴献大王，母妃蒋氏为皇叔母兴国大妃，祭祀生父母时自称侄皇帝，同时将明孝宗六弟、益王朱祐槟的次子过继给兴献王为嗣。明世宗大怒留中。随后，礼部侍郎王瓒在同乡进士张璁的建议下公开表示，明世宗不是因为过继才得以即位，与汉哀帝宋英宗完全不同，结果惹怒杨廷和，被言官弹劾外放为南京礼部侍郎。

此外，次辅梁储致仕，兴王府长史袁宗皋入阁。

七月，新科观政进士张璁上疏《大礼疏》，提出明世宗继统不继嗣，应当尊崇生父，在京师为兴献王立庙。张璁指出本为宗室亲王之子的汉哀帝、宋英宗得以即位是因为西汉成帝宋仁宗无子而被自幼养于宫中，实际上过继为皇嗣，但是朱厚熜继位之前从未有过过继给明孝宗的言论或者措施；《皇明祖训》明确规定皇帝无子的情况下兄终弟及，所以在武宗无嗣的情况下，按序应当由朱厚熜继位，而且在武宗遗诏中也明言"兴献王子伦序当立"，朱厚熜无须过继。明世宗大喜，认为自己父子名分得以保全，并召杨廷和、蒋冕、毛纪入宫，下手诏，要求尊生父为兴献皇帝，生母为兴献皇后，祖母邵氏为康寿皇太后。杨廷和予以驳斥并封还手敕，大批言官弹劾张璁。

八月，兴献王妃抵达通州。礼部先是建议由东安门入宫，后改为长安左门入宫，均被明世宗驳回。明世宗下令王妃由中门入宫，谒见太庙，以太后驾仪入宫。朝议哗然，认为没有妇女拜谒太庙的先例，而且反对王妃使用太后仪仗。同时，王妃得知大礼议一事，极为愤怒而滞留通州。明世宗痛哭不止，启奏太后张氏，愿意让位以便侍奉母妃回乡。

九月，原兴王府长史、内阁学士袁宗皋病死，时年七十岁。

十月，张璁再上《大礼》《或问》，仔细辨析统嗣区别并详细说明尊崇墓庙的礼制；十二月，改任南京刑部主事。张璁上疏后，已经致仕的杨一清盛赞不已，并予以支持。杨廷和势不得已，以张太后的名义，同意尊兴献王为兴献帝，生母为兴献后，祖母邵氏为皇太后；兴献后以后礼，自中门入宫，只拜奉先、奉慈二殿。随后，兵部主事霍韬等人纷纷提出应当尊崇明世宗生父母；杨廷和、吏部尚书乔宇、工部尚书林俊等人坚决反对明世宗加尊生父母为兴献皇帝、兴献皇太后，并将张璁外放。

一五二二年正月，内阁趁清宁宫火灾而提出天象示警，因而明世宗暂时只称明孝宗为皇考，太后张氏为圣母，兴献帝后只称本生父母，不加皇字。三月，明世宗尊太后张氏为昭圣慈寿皇太后，明武宗皇后夏氏为庄肃皇后，自己的祖母邵氏为寿安皇太后，本生父为兴献帝，本生母为兴国太后。

在此期间，湖广巡抚席书、吏部员外郎方献夫等人继续上疏，认为明世宗继统不继嗣，应当称明孝宗为皇伯，称兴献帝为皇考并在京立庙祭祀（而非在安陆立庙）；结果奏疏被人半途拦截，没有立即上报。

经过了一年的统嗣之争，明世宗积累了自己的第一批班底，即张璁、桂萼、霍韬、席书、方献夫以及杨一清等人。不过，虽然明世宗看上去为父母挣到了名分，实际上还是吃了年轻的暗亏。因为明孝宗被尊为皇考，意味着明世宗变相承认了过继的身份，而且以此时舆情，再坚持一下，很有可能会大获

第七章　嘉靖修道

全胜。

第一，也是最根本的，大明帝位的继位规则决定了明世宗即位的合法性。明朝的继位规则归根结底就八个字：父死子继，兄终弟及；武宗遗诏也明确引用了这一原则。所以，明世宗本身的血缘已经确立了其第一皇位继承顺序。明宪宗诸子中，万贵妃所出皇长子、贤妃柏氏所出皇次子均早殇，皇三子即明孝宗并无淑妃纪氏所出的兄弟，此三支绝嗣，所以只能在其他皇子支系进行比较，故而宸妃邵氏所出的皇四子兴献王朱祐杬法理最为优先，明世宗以朱祐杬世子身份继位，天经地义，无须过继。随着统嗣之争时间越来越久，就会使得越来越多的人意识到这一点，明世宗的支持者也会越来越多。

第二，明世宗即位之后显然不适合再过继给明孝宗。笔者个人认为杨廷和和张太后并非没有考虑过给明武宗过继子嗣的方法，但是明武宗堂兄弟中尚无子嗣，所以退而求其次，试图将兴王过继给明孝宗。可是明朝尚无皇帝过继子嗣的先例，古代中国大一统王朝更没有在政治稳定的情况下给已故先帝临时过继子嗣、给大行皇帝临时安排兄弟即位的先例。如果从过继的角度考虑，无论过继哪个宗室都极其容易引起政治动荡甚至外藩勤王，所以杨廷和张太后只能名义上以洪武祖制和武宗遗诏迎立明世宗，暗中并不放弃甚至寄希望于明世宗默认过继，以便度过动荡期，保证稳定。结果被明世宗反戈一击，陷入被动。

第三，时间越久，杨廷和就越弱势。杨廷和在嘉靖初年的强势，主要有三点，即十年来两度首辅的崇高地位，趁武宗去世在短时间内清洗了六部和内阁，从而在一定程度上削减了大臣中的反对派，以及清洗宦官武臣的同时获得了太后张氏的支持。但是，首辅权势和去留很大程度上取决于皇帝本人的支持。时间越久，明世宗和杨廷和的分歧就会越明显，就会有更多的大臣开始公开支持明世宗，甚至包括杨一清这种超级老臣，杨廷和显然不堪重负。

第四，太后张氏的态度和意见很值得推敲。虽然明史的口径基本上都被统一为张太后的表态、旨意，实际上大多是杨廷和做出，但是仔细分析之下，会发现存在一些问题。结合张氏姻亲飞扬跋扈、自己晚景凄凉来看，张氏的政治水平和嗅觉实在堪忧，一如明朝皇后的一贯水平。最明显的是明世宗入京时君臣因为统嗣名义而争执不下，杨廷和没有理由主动退让到底线，反倒是处于帝位空悬、被迫秉国的张太后更经不住嗣君与首辅的对抗而从中斡旋，结果让自己陷入巨大被动；明世宗地位稳固后，自己却主动与兴献王妃产生矛盾，引来明世宗报复。

九月，明世宗大婚，立大名府元城秀才陈万言之女陈氏为皇后。

十一月，寿安皇太后邵氏驾崩。十二月，上谥号为孝惠康肃温仁懿顺协天祐圣皇太后。杨廷和定礼制为哭临一日，服丧十三日，只通知两京，不诏告天下。明世宗极为不满，不顾杨廷和等人反对，坚决将其葬入明宪宗茂陵。

一五二三年二月，礼部尚书毛澄致仕。七月，吏部左侍郎汪俊为礼部尚书。

十一月，孝惠皇太后牌位放入奉慈殿；南京刑部主事桂萼与张璁趁机进言大礼，并进献席书、方献夫所作的《议草》，再次主张明世宗称明孝宗为皇伯考，兴献帝为皇考并在大内立庙，兴国太后为圣母，明武宗为皇兄。明世宗下令百官讨论。

一五二四年正月，首辅杨廷和致仕，蒋冕为首辅。杨廷和因与明世宗就大礼议一事而产生分歧，见难以挽回而上书致仕。明世宗立即予以批准并加以厚礼，甚至以定策功封杨廷和、蒋冕、毛纪伯爵，被三人力辞，随后又超擢杨廷和为太傅，又被杨廷和推辞，最终特赐敕旌异、礼部赐宴。

按照惯例，若非年老多病，内阁请辞都会被皇帝挽留，但是此时杨廷和去意已决，明世宗又有心罢相，所以批准。杨廷和之所以此时选择致仕，原因无外乎两点。一是此时统嗣之争胜负已分，继嗣派的失败只是时间问题，自己坚持下去徒劳无益；二是杨廷和在为人处世上，总有些独善其身的倾向，特别是在大势难改的情况下，很容易退让。

五月，首辅蒋冕致仕，原吏部尚书石珤入阁。杨廷和致仕后，吏部尚书乔宇继续率九卿上奏，坚持明世宗称明孝宗为考（父亲），以保证大宗不绝嗣。明世宗难以招架，只得召督赈侍郎席书、南京刑部主事桂萼、张璁以及在家的霍韬入京参与商议。蒋冕、毛纪、费宏、乔宇、汪俊等人担心无法驳倒张璁等人，同意尊兴献帝为"本生皇考恭穆献皇帝"，兴国太后为"本生母章圣皇太后"；随后以大礼已定为由，要求席书、张璁等人返回。当时张璁、桂萼已经抵达凤阳，看见邸报，立即再次上疏，指明明世宗又被大臣蒙蔽，变相承认了过继。明世宗这才有所醒悟，立即召二人入京，且下特旨以席书为礼部尚书，并准备在奉先殿先为生父设置神位。蒋冕见难以改变明世宗大礼设庙的念头，称病致仕；因与杨廷和不合而从吏部尚书调任詹事府的石珤（石玠之弟）入阁，吏部左侍郎贾咏兼任翰林学士、掌詹事府事。

六月，张璁、桂萼抵京，再次上书指出明世宗尊二人为父的荒谬，认为明世宗应当称明孝宗为伯父、兴献帝为父亲。张桂二人刚刚抵达京城时，大臣本打算趁机将其捶杀，又打算在上朝时袭击，结果二人被迫躲入武定侯郭勋家，而后被明世宗加官翰林学士和侍讲学士，得以幸免。

七月，左顺门案发，首辅毛纪被罢。本月，明世宗采纳张璁、桂萼的建议，下诏取消父母中的"本生"二字，遭到群臣激烈反对。翰林修撰、杨廷和之子杨慎提出"国家养士百五十年，仗节死义，正在今日"，号召群臣跪谏。于是，大臣相互招呼，二百多人在左顺门跪谏请明世宗改变旨意，大声呼喊明太祖、明孝宗诸帝。内阁毛纪、石珤得知此事后，也前往左顺门跪伏。明世宗再三勒令大臣散去无果，因而大怒，命统计所有参与者姓名，将为首的翰林学士丰熙等八人下狱。结果，杨慎等人又撼门大哭，引来群臣大哭附和，声动京城。明世宗大怒，将一百多人下狱，八十多人在家待罪。最终合计苦门参与者二百二十人，丰熙等八人贬为戍卒，其他四品以上者夺俸，五品以下廷杖，结果一百八十余人受杖，编修王相等十七人因廷杖而死。随后，明世宗又将首辅毛纪罢相、吏部尚书乔宇罢官，将杨慎等七人再次廷杖、贬官，其中杨慎戍边云南永昌。此外，明世宗生父恭穆献皇帝的牌位自安陆运抵京城，被安置在奉先殿，尊号皇考恭穆献皇帝，不复添加"本生"。八月，詹事府詹事贾咏入阁。

九月，明世宗正式改称明孝宗为皇伯考，昭圣皇太后张氏为皇伯母，并下令生父的显陵按帝陵祭祀。

一五二五年三月，明世宗下诏修《献皇帝实录》。四月，又命大臣商议在太庙安置献皇帝神位和世室。最终因献皇帝入太庙后无法与明武宗排序而罢，改为别立一庙。六月，祭庙盖好，定名为世庙。

杨廷和致仕后，继嗣派对明世宗已经没有牵制和阻挠的能力，甚至被迫要使用肉体消灭的方法来除掉张璁、桂萼；但是随着勋贵武定侯郭勋加入，继嗣派连兵行险招都做不到，可见已是穷途末路。此外，笔者非常奇怪，为什么作为首辅之子、状元出身的杨慎，想出来的计策不是谋杀就是哭门，俨然一副市井泼皮或者街头悍妇的模样，实在难以让人联想到这是《西江月》（滚滚长江东逝水）的作者。

左顺门一案标志着明世宗取得了统嗣之争的最终胜利，还建立了明代仅次于太祖太宗的君权。借由统嗣之争，明世宗迫使几乎所有的重臣表态并将反对派全部赶出朝廷，只留下支持自己的大臣（即便其中不乏投机取巧者），同时也借由统嗣之争，表明了自己的帝位来源于自己的无可更改的血缘关系而非过继关系，借此确立了自己独一无二的对君权的控制，将孝宗武宗的外戚彻底闲置。

十一月，杨一清被召入阁，担任次辅。

一五二七年二月，首辅费宏、大学士石珤致仕；致仕大学士谢迁被召回。三月，礼部尚书席书去世，翟銮以吏部左侍郎兼学士入阁。张璁、桂萼等人为谋求内阁而不断攻击首辅费宏，费宏因而致仕获准；石珤因为在大礼议中反对明世宗而失圣意，也被迫致仕。

四月，李福达案扩大化，主审官员被缉拿下狱。代州人李福达早年因谋反被流放，半途逃回，化名张寅，通过入京输粟并以炼金术结交武定侯郭勋，被任命为山西太原卫指挥，结果一五二六年五月被人告发，张寅被迫自首下狱。山西巡按御史马录拒绝郭勋说项并弹劾郭勋包庇逆贼；都察院复核案情后认为李福达有罪。明世宗以此诘责郭勋。郭勋害怕坚持为李福达申冤再引来言官弹劾，趁机提出这是因为自己在大礼议中支持明世宗而被言官敌视。张璁、桂萼也提出廷臣内外交结、构陷郭勋，逐一打击支持明世宗的大臣。明世宗意动，命将李福达押至京城，由刑部、都察院、大理寺、锦衣卫一同审讯；诸司合议后将李福达判死。明世宗再命九卿审案，九卿也将李福达判死。明世宗大怒。刑部尚书颜颐寿等人害怕，又重新编纂案宗，提出此案有疑点，试图迎合明世宗，结果被明世宗批评怀疑。本月，明世宗命锦衣卫将马录等参与此案的山西官员逮捕入京；颜颐寿等人因为其申辩也被逮捕下狱。

八月，明世宗命桂萼负责刑部，张璁负责都察院，方献夫负责大理寺，再次三司会审；九月，张璁、桂萼、方献夫三人迎合明世宗，将马录屈打成招，承认诬陷李福达；张璁等人旋即上报，并释放李福达。明世宗本意处死马录，但经张璁说情，改为子孙世代戍卫南丹卫（广西河池）。明世宗又以群臣抗疏劾勋、朋奸陷正为由，清理科道言官，十余人死于狱中，三十余人戍边、削籍。

随后，桂萼任礼部尚书兼翰林学士（自此礼部尚书可兼翰林学士）。十月，张璁凭中旨，与谢迁一同入阁。十一月，礼部尚书桂萼改任吏部尚书，方献夫任礼部尚书。此外，同年八月，大学士贾咏致仕。

一五二八年三月，谢迁又因年老致仕，杨一清为首辅。

李福达案实际上就是明世宗对继嗣派官员的彻底清洗。嘉靖四十五年，四川人蔡伯贯反叛被捕，审讯中承认自己以山西人李同为师。李同被捕后承认自己是李福达孙子，世代学习白莲教。由此可以推断，李福达一案为冤案，明穆宗也因此叙录死难、被贬官员。

六月，《明伦大典》修成。上一年，明世宗下令编修《典礼全书》，修补礼仪漏洞，梳理大礼议前因后果，予以定论。此时全书修成，改称大典，明世宗加封张璁、霍韬等人，追夺杨廷和、毛澄、蒋冕、毛纪、林俊、乔宇、汪俊、夏良胜等人封赏官职。

七月，明世宗上皇考尊号为恭睿渊仁宽穆纯圣献皇帝，圣母蒋氏为章圣慈仁皇太后，祖母邵氏孝惠康肃温仁懿顺协天祐圣太皇太后。

《明伦大典》修成，意味着明朝对大礼议一事进行了盖棺定论，亦即意味着大礼议一事的结束。但是明世宗在礼仪制度上的热情并未减退，又开始修改调整其他典礼制度。

一五二九年二月，桂萼入阁。八月，张璁、桂萼被罢；九月，首辅杨一清致仕，张璁被召回入阁，担任首辅；十一月，桂萼被召回入阁。张璁、桂萼赶走费宏后，本以为杨一清会支持自己入阁，结果杨一清主张召回年近八十的谢迁，张璁、桂萼只得凭借中旨入阁。之后，杨一清又主张宽恕继嗣官员，双方矛盾逐渐激化。恰好此时，张璁、桂萼因被言官弹劾招权纳贿而罢相，霍韬趁机反劾言官被杨一清指使，猛烈攻击杨一清。最终，杨一清被罢，张桂二人再次入阁。

罢相之后大约一年，杨一清又被张璁和桂萼弹劾收受贿赂、为张永撰写墓志铭，结果大恨而死。不过总的来说，杨一清的政治成就相当高，不但打破了明朝非翰林不得为礼部尚书、非礼部尚书不得入阁的惯例，并且还当上首辅，另外值得一提的是，原吏部尚书乔宇（山西人）也是杨一清门人。

整体而言，大礼议继统派中，霍韬本人操守最高，坚持只为公义不为封赏，因此屡屡坚决辞去官职，也因此进步最慢，死于詹事任上，但是战力最强，先后参与压制杨一清、夏言两任首辅，并成功使杨一清罢职；席书起点最高，但是死于礼部尚书任上，未能入阁；张璁最为活跃，却因不是翰林而被迫以中旨入阁；桂萼、方献夫在席书之后相继为礼部尚书，虽然被同僚鄙视，却是正途。

一五三〇年二月，给事中夏言提出变更郊祀典礼。五月，明朝在北京分别修建日月天地坛。

明初明制本为夏冬在圜丘分祭天地，不久改为冬至在奉天殿合祀天地，被后世沿袭。夏言认为天地阴阳位置不同，所以古代圜丘祀天，方泽祭地，明朝不应合祀天地。明世宗予以嘉奖。随后，明世宗命大臣廷议。结果，五百九十六名大臣中，右都御史汪鋐等八十二人主张分祀，大学士张璁等八十四人主张分祀但等时机成熟再做修改，刑部尚书李瓒等二十六人主张分祀且以山川坛为方丘，吏部尚书方献夫、兵部尚书李承勋、詹事霍韬、翰林编修徐阶等二百〇六人主张合祀但不认为分祀有问题，英国公张仑等一百九十八人不置可否。明世宗命再议。张璁改变立场，表示明朝祖制无过但应当分祀而非合祀，获得明世宗的认可。随后，明世宗批准分祀，命在南郊修建圜丘（天坛），在北郊修建方丘，东郊修建朝日坛，西郊修建夕月坛。

张璁等人之所以不敢在变更郊祀典礼等事情上率先表态，原因在于修改典礼与统嗣之辩有很大区别。统嗣之辩实质上是帮助君主争回属于君主的名分，无论是法统礼制还是人心向背上都立得住，而且立场主张大于形式细节；修改典礼则不然，大部分时候都是一群人围绕着一些模棱两可的原则各说各话，经常演变成大臣之间的倾轧，而且经常穿插一些愣头青上奏劝谏、激怒君主、引发流血。再考虑到明世宗有一个很严重的人格缺陷，即怕麻烦，不愿在具体事务上浪费太多精力或纠缠细节，所以张璁、桂萼这些已经位极人臣但是人缘极差的继统派官员，显然不愿主动参与，甚至有所退让，以免明世宗动怒；夏言此时不过区区给事中，自然有动力和激情迎合上意，希冀仿效张璁、桂萼一番，获得擢升。

七月，明世宗按礼部尚书李时奏请，将姚广孝从太庙移至大兴隆寺，又在京师修建历代帝王庙，取消南郊和南京的庙祭。

十月，明世宗确定孔子祀典，重新审定从祀诸贤。明世宗命张璁继续修正孔子祀典等，张璁因而提出孔子不宜按照王爵祭祀。不少大臣提出反对，其中翰林编修徐阶因言辞激烈被贬为延平府推官。最终，孔子谥号从大成至圣文宣王改为至圣先师，改大成殿为先师庙；配享四子，仍称复圣、宗圣、述圣、亚圣；从祀的七十二弟子称先贤，左丘明以后的从祀者称先儒，均取消爵位。

徐阶被贬通常被看作张璁为人处世丧心病狂的证据。徐阶是嘉靖二年（一五二三年）探花，直接被授予翰林编修，可谓清贵无比，结果外放推官，可谓仕途尽毁，而且更为致命的是，张璁构陷徐阶时，明世宗极为愤怒，甚至刻下"徐阶小人永不叙用"字样。

同年十月，桂萼上任民考疏，提出编审徭役，进行改革税收。具体做法为"通计一省丁粮，均派一省徭役"，即自里至府，都将自身丁粮向上级政府汇总，直至布政司，布政司则据此均派徭役，规定每石粮税银若干、每丁审银若干，编造图册，从而省去名目繁多的各种徭役。此即一条编法。

一条编法即一条鞭法，此即一条鞭法的起点。一条编法可以看作是清理徭役名目的必然举措，也是江南商品经济发展的反映。但是总的来说，一条编法在嘉靖年间只在江南地区推广，而且进展并不算顺利，所以能够在江南顺利开展一条鞭法的官员，往往都会声名大噪，青云直上，如庞尚鹏、海瑞、蔡国熙等人。

一五三一年正月，桂萼因病致仕。二月，张璁因避讳而改名张孚敬。

三月，明世宗仿照古礼设嫔，并册封郑氏等人为九嫔。

七月，张孚敬致仕。夏言依仗明世宗宠信，攻讦张孚敬；张孚敬嫉恨报复，试图通过诬陷夏言曾经的同事来进行牵连，结果事情败露，被言官弹劾罢官。

九月，礼部尚书李时入阁为首辅；夏言担任礼部尚书。十一月，张孚敬因明世宗思念，又被召回为首辅（一说次年三月抵京）。

一五三二年五月，致仕吏部尚书方献夫被召入阁。八月，首辅张孚敬因天象异常暗示大臣擅政而被迫致仕，方献夫为首辅（一说李时为首辅）。

一五三三年正月，张孚敬第三次被召入阁，担任首辅。

张孚敬的起落很值得分析。首先，张孚敬之所以被罢，根本原因在于圣眷不在。第一次是因构陷圣眷更隆的夏言失败且被人揭发，羞愧而去；第二次则更为赤裸，明朝历史上还没有过因天象示警而罢免首辅的先例。其次，张孚敬两次复相，又说明明世宗比较念旧或者健忘。除张孚敬在内阁三进三出以外，夏言也有过类似经历，被刻在柱子上的小人徐阶后来也成了首辅。细数下来，也只有身份特殊的杨廷和父子被明世宗嫉恨终身。最后，明世宗很容易在短时间内做出激烈的政治举措。无论是罢免首辅也好，还是召回致仕阁员也罢，都是严肃重大的事项，但是明世宗往往突然发作，行雷霆手段，做猛烈决策。

相对而言，夏言对明世宗的认识更加深刻。一方面，张璁等人并非议礼而骤升，而是因为迎合了明世宗的需求（例如，有大臣支持继统不继嗣并吸收杨廷和等人的炮火）而骤升；眼下明世宗最重要的需求就是完成对礼仪制度的修订，所以仅为给事中的夏言可以凭借修订郊祀而骤升。另一方面，明世宗喜欢的大臣是能够代替自己吸收其他大臣火力的人，而不是大权在握结党营私的人；这是杨廷和给明世宗造成的巨大阴影，也是夏言意识到但是张璁没有意识到的问题。所以张璁、霍韬、郭勋等人人多势众，反而扳不倒夏言，而且还让后者越战越勇。

虽然明世宗通过种种手段，将前朝大臣玩弄于手中，建立了自己的无上权威，但是频繁地使用固定套路，使得越来越多的人掌握了其中的诀窍，以此实现自己的目的。夏言是第一个主动掌握这个技巧的人，很快就出现了第二个人——严嵩，继而又有更多的人。这种改变极大地提升了嘉靖朝政斗的门槛，同时说明了为何继统派官员在方献夫之后，熊浃等人就只能盘桓尚书侍郎而难以入阁。

四月，明朝设置九庙。明世宗召大学士李时、翟銮和礼部尚书夏言，商议恢复古代七庙制度。夏言反对，认为太庙地势狭小，容纳不下七庙，应当延续汉明帝以来诸帝同堂异室的制度。明世宗大怒，夏言惶恐谢罪，同意在太庙故地设置七庙，以太祖庙居中，昭穆各三庙，明太宗在六庙之上，单独为一庙（后命名为文祖世室），再加上明世宗生父的世庙，合为九庙，安置九帝。

长江后浪推前浪，一代新人胜旧人，夏言还没来得及凭借郊祀迎合上意从而以礼部尚书入阁，就已经体验到了张璁当时的窘境。毕竟，平常人家修正祖庙都是了不得的大事，更何况在太庙当中动工，所以作为礼部尚书，夏言有所保守也在所难免。

十一月，翟銮丁忧出阁。一五三四年四月，方献夫致仕。一五三五年四月，张孚敬因病而第三次罢相；费宏被召入阁，十月去世；李时为首辅。

当初大礼议一事中的几位急先锋和大功臣以及正德年间留下的老臣，也敌不过岁月，至此几乎全部退出历史舞台，只剩下一直推辞礼部职务而且极为年轻的霍韬（一四八七年生；其他人大多是一四五五年至一四六五年生）。

一五三六年十月，在明世宗的暗示下，礼部尚书夏言提出将世庙改名为献皇帝庙，获准。闰十二月，九庙落成，礼部尚书夏言入阁；明世宗改尊祖母邵氏为皇后，迁入主陵殿，加生母蒋氏为章圣慈仁康静贞寿皇太后，已故陈皇后改谥号为孝洁皇后。南京吏部尚书严嵩接任礼部尚书兼翰林院学士。

一五三八年五月，明朝商议明堂秋飨礼制。七月，又商议将明世宗生父皇考献皇帝祔庙。九月，尊明太宗文皇帝为成祖文皇帝，皇考献皇帝为睿宗并祔庙。

有官员针对皇考献皇帝只是平时祭祀而不参与太庙祭祖，提出应该称宗祔庙，并且建立明堂，配享昊天上帝。礼部尚书严嵩认为没有必要修建明堂，可以直接在同样负责祭天的圜丘行明堂秋飨之礼，但回避皇考献皇帝称宗祔庙一事；夏言不敢提出意见。明世宗则直接表态应当称宗，并处置反对大臣。严嵩转而赞同皇考献皇帝在明堂秋飨之礼中配享昊天上帝，获得明世宗表彰，随后又在明世宗暗示下提出尊太宗为成祖，皇考献皇帝称宗祔庙。群臣不敢有异议，因而获准。

至此，明世宗在礼仪制度上的革新宣告结束。

同年八月，礼部右侍郎顾鼎臣以礼部尚书入阁；十二月，首辅李时去世，夏言为首辅。此外，礼部尚书严嵩迎合上意，借口书院耗财扰民，将天下书院关闭。

李时是明代首辅中最没存在感的一位，原因很简单，李时本人虽然富有才望，但是性格忠厚，不与他人争锋，故而无所作为，这才能被明世宗、夏言这两个性情急躁的人所容忍。

一五三九年正月，明世宗加夏言上柱国。二月，因为天空出现景云，严嵩趁机劝明世宗御朝接受祝贺，并亲自作《庆云赋》《大礼告成颂》进献，获得明世宗青睐，待遇与内阁相同。

此前，明代文官勋官最高正一品为左、右柱国，上柱国为夏言首创且独享。

二月，明世宗立皇次子朱载壑为太子，三子四子封裕王、景王。随后，明世宗南巡湖广承天府。四月返回北京。巡幸期间，卫辉行宫发生大火，锦衣卫陆炳和成国公朱希忠冒火冲入宫中，将明世宗救出。

陆炳闯火场并非发生在大内，而是在南巡期间。陆炳是明世宗乳母之子，自幼出入兴王府，因而与明世宗感情深厚；而且陆炳本人武健沉鸷，长身火色，行步类鹤，一表人才，曾经在嘉靖十一年考中武举，在锦衣卫历练，逐渐提升为锦衣卫都督同知，负责锦衣卫，后来更是成为太保兼少傅，为明代唯一一位三公兼三孤获得者。

五月，夏言因侍奉明世宗巡幸大峪山稍迟而被勒令以少保致仕，旋即明世宗消气，又再以少傅入阁。

一五四〇年正月，翟銮再次入阁。翟銮丁忧结束后，迟迟未获明世宗召唤，只得通过夏言、顾鼎臣，趁边境报警而复出，巡视北部边防，节制九边文武，往返三万余里，返京后入阁。在甘肃巡边期间，曾有数百番族聚众阻挡，要求封赏；翟銮担心求赏之人会越来越多，因此犹豫不决。随行的职方司郎中杨博请求翟銮大摆仪仗，然后以没有全体前来迎接宰相为由，训斥前来求赏的番族，表示本当治罪，但予以赦免并给予赏赐。其余的番族因此不敢再来。翟銮回京之后，大力举荐杨博；兵部尚书张瓒也非常依仗杨博，经常由其回答明世宗手诏御札上的问题，颇受明世宗赞赏。

杨博水平极高，能力极强。明史明言，严嵩的儿子严世蕃视首辅夏言于无物，自诩天下三才之一，其他两人分别是明世宗的奶兄弟、锦衣卫指挥使陆炳和区区一个五品官杨博。杨博二十岁登科，不是翰林，却在十年之间，就从陕西鳌屋知县（正七品）做到兵部郎中（正五品），速度惊人。此外，明世宗有一个异于常人的喜好，就是喜欢在小纸条上写上一些晦涩难懂或者语带双关的问题，命大臣限时作答，从中窥探大臣是否与自己同心同想。能够精准回答明世宗问题的大臣并不多，只有寥寥数人而已，杨博就是其中之一。

十月，大学士顾鼎臣、礼部尚书掌詹事府霍韬去世。

霍韬终究没有入阁，一方面在于议礼诸臣不受百官待见；另一方面在于此时明世宗沉溺修道，更看重能够助力自己修仙得道延年益寿的词臣；在没有明世宗中旨入阁的情况下，霍韬显然没戏。此后的熊浃也是止于吏部尚书。

顾鼎臣是弘治十八年状元（一五〇五），同科还有被选为庶吉士的严嵩、湛若水。相较于嘉靖初年阁员多为议礼诸臣，少数为李时这种富有时望的忠厚，顾鼎臣开创了词臣入阁的先例，堪称青词宰相第一人。入阁一年多来，顾鼎臣可谓尸位素餐，几无建树，唯一的功劳可能是兴修老家昆山新城，免于数年后的倭乱。

一五四一年八月，夏言被革职闲住。九月，翊国公、太师郭勋下狱论死，明世宗不批；十月，夏言再次入阁。

武定侯郭勋先是在大礼议中鼎力支持张璁等人，后是积极迎合明世宗修道；明世宗因而下诏郭英与徐达、常遇春等六王并列配享明太祖庙，晋升郭勋为翊国公、太师。首辅夏言虽然以议礼获得擢升，但是并不支持明世宗崇道巡幸，加之为人倨傲，内阁诸臣不敢与之违抗，因而逐渐被明世宗疏远。夏言和郭勋两人不合，相互攻讦。结果，先是夏言因对答太皇太后张氏丧礼的奏疏中有错字而被明世宗批评，又上书以病请辞，被明世宗怒而革职闲住。随后，郭勋也被下狱。明世宗赐敕郭勋和兵部尚书王廷相等人梳理兵役，结果郭勋久不领命，引来言官弹劾；郭勋自辩中称何劳赐敕，暗含嘲讽明世宗，被明世宗怒而下狱。官员合议将郭勋论死，明世宗不批，随后召回夏言。

郭勋因一直没有批准判决而被关押在锦衣卫诏狱，直至次年十月，死在狱中。受某些阴谋论的影响，很多人认为郭勋是被文臣所杀，但是明代文官从未尝试或者真正控制过锦衣卫诏狱，故而笔者认为此说并不成立。笔者个人的看法是明世宗借下狱为名，一为平息言官弹劾，二为打磨郭勋秉性，结果郭勋民愤太大，加之有年轻但行事谨慎的朱希忠刚刚在一五三六年承袭成国公，足以取代郭勋的功能，因此释放一事就被搁置。而在锦衣卫诏狱，郭勋难免因年老气短而死，亡年六十七岁。

一五四二年七月，首辅夏言第三次被革职闲住，翟銮为首辅。八月，礼部尚书严嵩入阁。明世宗不喜欢翼善冠，亲自做了五顶香叶冠，赐给夏言和严嵩等人。夏言拒绝戴其出门并劝谏明世宗，惹怒明世宗。严嵩不但佩戴，而且还罩上轻纱，以示尊重，获得明世宗欢心；严嵩趁机哭诉夏言打压排斥自己，引发夏言罢相。

十月，壬寅宫变爆发，明世宗险些被宫女所杀，因而搬入西苑，不再轻易召见大臣，只有阁员、尚书等少数官员可以面圣。

一五四四年八月，翟銮削籍，严嵩为首辅。九月，吏部尚书许讚、礼部尚书张璧入阁。一五四五年八月，张璧去世；十一月，许讚革职闲住；十二月（一说九月），夏言再次入阁，为首辅。

严嵩入阁之后独断专行，同僚难以与之共事。首辅翟銮不满严嵩势大，双方相互攻讦，结果严嵩弹劾翟銮在科举中录用两子、涉嫌舞弊，明世宗怒而将翟銮削籍。许讚、张璧不满严嵩处政独断专行，也被严嵩设计陷害，许讚因而致仕。但是明世宗对严嵩专横有所耳闻，加之严嵩处政不当，因而召回夏言为首辅。夏言将严嵩的决策全部废除，而且将严嵩搁置一旁。同时，严嵩之子、尚宝司少卿严世蕃受贿贪污事发，被夏言得知。夏言本意揭发，但因严嵩父子长跪泣谢而心软不问。锦衣卫都督陆炳因涉及盐政而被御史弹劾，也通过向夏言跪拜，得以幸免。于是，严嵩和陆炳相互联络，试图扳倒夏言。夏言由于年老，只能让幕僚起草青词草稿，远远不及严嵩所献质量，因而也引起明世宗疏远。

之所以夏严内阁人事变动频繁，原因有三点。一是相较于夏言，严嵩对明世宗的认识和操弄更加深刻和精准。夏言对明世宗的认识非常到位，所以夏言虽然反对明世宗崇道，但是凭借青词出众，又能处置前朝政务却不结党营私，让明世宗用起来非常放心。严嵩则更进一步，认识到明世宗更喜欢听话的人、讨好的人，而且有一个非常致命的弱点就是遇事怕麻烦，除了必须要抓在手里的人事、财政、刑法、军事，其他的都会交给大臣处置，并且厌恶被政务烦扰。所以严嵩以柔媚侍君，对政务得过且过，甚得君心。二是严嵩敢于独断专行，构陷同僚。严嵩和夏言的关系起先还是很不错的，两人年纪相仿（严嵩年长两岁），又都是江西人，因为夏言登科较晚而自称晚辈；但是夏言骤贵之后，便开始轻视严嵩，虽然严嵩能够留在北京改任礼部尚书与夏言提携有关，但是在入阁一事上夏言有所阻挠，两人因此不和，结果严嵩不断进谗使得夏言被罢。严嵩入阁之后，翟銮、许讚也被其构陷罢相。但是相较于前两点，第三点才是最重要的，即严嵩结党。严党是明朝建立以来的第一个正式命名的朋党，而明世宗绝对不会允许前朝再次出现一个类似杨廷和的庞然大物。所以，明世宗很自然地想起并起复孤军奋战的夏言。继而，但凡夏言在世，就永无严嵩出头之日。但是令严嵩悲哀的是，夏言比自己小两岁不说，身体还相当不错。

毫无疑问，经历了大礼议二十年间的拉锯，少年早成的明世宗是明朝建国以来除了太祖太宗以外君威最强的君主，树立了自己乾纲独断的无上权柄；但是明世宗之所以能在大礼议之中获胜，主要原因在于其血缘关系所决定的继位合法性以及杨廷和等人的主张在礼法上无法自圆其说。所以与其说明世宗手腕高绝，不如说是对手犯下了致命错误。拨开其皇帝身份以及由此获得各种权力，明世宗的政治手腕其实并不出彩，归纳起来无非两点，一是扶植被士林主流所排挤的有才之士（往往性格人品上存在缺点或者有特殊经历，导致仕途受挫），从而使前朝陷入内耗；二是搞些虚虚实实的东西窥探百官意愿，并以此进行升降褒贬，比方说让百官回答一些用双关语提出的问题、让锦衣卫势力坐大以便窥伺，等等。

同时，明世宗的性格特点和处世作风也在这场旷日持久的拉锯战中被人一览无余。首先，明世宗最大的价值取向是自私，极端的自私，以及在宗室身份下催生的自大。刚刚以藩王身份入京继位的朱厚熜凭借朱家子弟对洪武祖制的粗浅印象（张璁等人尚未提供理论支持），就敢与明朝权力最大的首辅之一杨廷和正面对抗，其实并不是年少早慧而是明朝宗室王爷一贯的嚣张跋扈。其次，明世宗另一个性格特点是乖谬。所谓乖谬，就是为人别扭，固执任性，处事执拗，指东打西，言进必退，总是与人拧着来。这既与朱厚熜自私的本性有关，也与大礼议期间群臣无穷无尽、言之无物的说教争执有关，使得朱厚熜听不得臣下劝谏，自行其是，凡是大臣支持的都予以反对，从而实现政由己出。

所以大礼议期间，明朝朝政上毫无建树，边镇还无力抵抗入侵又频繁出现兵变。这与历史评价极低的明武宗统治时期形成非常鲜明的对比。接受了完整帝王教育的明武宗行事的核心是重振君权并以此解决相权过大使得国家弊政积重难返，能够与杨廷和达成默契和平衡，而朱厚熜就是基于自己纯粹的自私与自大，肆意执拗，无视朝政建设。

嘉靖修道

一五二二年九月，陈氏被立为皇后。一五二八年十月，皇后陈氏去世，丧礼降等。十一月，张顺妃被立为皇后。陈氏是大名府元城人，被选入宫不久就被立为皇后。陈皇后怀孕后，曾与明世宗接受张顺妃、方妃敬茶，因不满明世宗顺势看张顺妃的手而生气投杯，起身要走，结果惹怒明世宗。陈皇后大惊，堕胎去世，明世宗下诏丧礼降等，谥号为悼灵，葬在天寿山袄儿峪。随后，张顺妃被立为皇后。

一五三三年八月，丽嫔阎氏生下皇长子朱载基。十月，皇长子朱载基去世，谥号哀冲太子。

同月，建昌侯张延龄下狱论死，昌国公张鹤龄牵连免爵。寿宁侯张鹤龄因迎明世宗入京有功而晋升为昌国公。但是张太皇太后始终以太后自居，以藩王妃的身份对待明世宗生母，引来明世宗不满。结果张延龄因横行不法而下狱论死，张鹤龄被免爵降职，两人都被拘留狱中；张太皇太后旧衣坐席藁请罪求情无果。

一五三四年正月，张皇后被废，方德妃被立为皇后。一五三六年九月，在礼部尚书夏言的奏请下，已故陈皇后谥号改为孝洁皇后；同年闰十二月，张废后去世，葬于金山，礼仪参照明宣宗胡废后，无谥号。

明世宗本意以方皇后祔庙，但是明穆宗即位后，在大臣建议下，尊陈皇后为孝洁恭懿慈睿安庄相天翊圣肃皇后，合葬祔庙，迁葬永陵；方皇后移主弘孝殿（明穆宗新设，替代奉慈殿），葬永陵。

一五三六年正月，明世宗加邵元节为靖微妙济守静修真凝元衍范志默秉诚致一真人，赐玉带冠服。五月，明世宗下令宫中拆毁佛殿等佛教用品，用于改建慈庆、慈宁宫。由此，宫中不再有佛教用品器物。

八月，皇长女朱寿媖出生。十月，皇次子朱载壡出生。年底，明世宗又加邵元节为礼部尚书，给一品服俸，赐白金、文绮、宝冠、法服、貂裘。明世宗即位之初，邵元节应征入京，以"立教主静"之说获得明世宗青睐，获封为致一真人，而后屡屡加封，特别是同年为明世宗祈福求子，结果多位妃嫔宫女产子，因而大获加封。

一五三七年二月，皇三子朱载坖出生。三月，皇四子朱载圳出生。十二月，皇五子出生。一五三八年，皇六子、皇七子、皇八子、皇次女出生。一五三九年皇三女出生。一五四一年，皇四女、皇五女出生。

明世宗一共八子五女，除了皇长子朱载基以外，剩下的所有子女都生于一五三六年十月至一五四一年年初。这显然不是一个正常的生育现象，所以如果不考虑各种实际上几乎不可能的阴谋论观点解读，比较合理的解释是明世宗使用了春药，而且是副作用较强的春药，以至于在一五三九年年底到一五四〇年年初明世宗身体出现了很大问题，被迫停药，因而也使得自己不再生育。此外，明世宗子女多早殇，皇次子只有十岁，五六七八子都不及一岁，二公主十二岁、四公主三岁而死，只有皇三四子和三五两位公主活过十五岁。

关于皇三子也就是后来的明穆宗的名讳问题，存在一定争议。《明史·穆宗本纪》记录明穆宗名讳为朱载坖，但是《明实录》则记录明世宗三子名讳为载壡，并同时有"衡府齐东王厚炳庶长子载坖为齐东王"的记录。这个问题比较冷门，学界也没有太多的探讨。笔者个人倾向于朱载坖，原因在于《明史》的编纂是一个规模浩大的系统工程，不太可能会在最为重要的《皇帝本纪》中犯如此低级的错误。不过，《明实录》的权威性太强，也很难否定。

第七章　嘉靖修道

一五三八年十二月，明世宗生母、太后蒋氏去世，葬于明睿宗显陵，谥号慈孝贞顺仁敬诚一安天诞圣献皇后。

一五三九年二月，明世宗立皇次子朱载壡为太子，三子四子封裕王、景王。随后，明世宗南巡湖广承天府。四月返回北京。

笔者感觉这次立太子是为了推动南巡顺利进行，防止大臣因此阻止南巡所致，而非明世宗主动册立。

明世宗南巡期间，邵元节去世，以伯爵之礼下葬，谥号文康荣靖。九月，方士陶典真（陶仲文）被加为神霄保国宣教高士。邵元节名声不显时就曾与陶典真往来，后在宫中出现黑眚（水灾预警）时推荐。结果陶仲文顺利消除预警，获得明世宗宠信，屡获加封。

同年，明世宗表示让太子监国，自己清修道术。结果，太仆寺卿杨最连上《谏止希仙疏》《请黜方士疏》，认为修仙乃是隐士所作谎言，而且反对明世宗炼制服用丹药，结果下狱廷杖，死在狱中（一说杖死）。

一五四〇年正月，明世宗因病不朝。同年，陶典真进为忠孝秉一真人，领道教事；旋即加少保、礼部尚书，又加少傅，食一品俸。

邵元节和陶仲文是明世宗年间，乃至于中国历史上对皇帝影响最大的道士，远超唐朝诸多同仁。但是总的来说，两人的建树和举措非常少，可能也跟汲取了唐宋元以来的历史经验，以及炼丹术发展到此时已经不容易在短期内致人死亡有关，因而两人都能做到福禄同享，誉满而终。

明世宗在位期间曾多次表示要让太子监国或者自己直接退位，除了明世宗确有修仙以期长生不老的目标以外，更重要的是试探群臣态度；所以只有表达对明世宗的挽留才是唯一正确的做法。虽然后世史家多有暗示，如果明世宗不服丹药的话可能会更加长寿，但是实际上在笔者看来，明世宗的身体没好到哪里去。明世宗时不时就因病不朝，而且如此痴迷道术丹药，很有可能得了医术难治的疾病。

一五四一年八月，昭圣皇太后张氏驾崩，谥号为孝康靖肃庄慈哲懿翊天赞圣敬皇后，下葬明孝宗泰陵。

明孝宗张皇后晚年非常悲惨。两个弟弟都被削爵枉死，二弟张鹤龄于一五三七年十一月下狱瘐死，长弟张延龄于一五四六年十月被杀。虽然张氏有飞扬跋扈、咎由自取的问题，但是很大程度上也跟明世宗的薄情有关。结合史料，明世宗对张太后的态度有一个非常明显的由热转冷的过程，特别是兴献后蒋氏入京后，因为张太后待其为藩王妃，导致明世宗对其态度越来越冷淡，乃至连表面功夫都欠奉。

一五四二年十月，壬寅宫变爆发，明世宗险些被宫女杨金英等人所杀。明世宗性情急躁，对宫人严酷异常，因而被宫人恐惧。本月二十一日晚，明世宗在曹端妃宫中就寝，宫女杨金英等人趁机潜入，试图用绳索勒死嘉靖，结果慌乱之下打了死结，明世宗只晕厥而未死。宫女张金莲害怕而反水，告知方皇后。随后，方皇后将明世宗救下，并将宫女拿下审问，得知杨金英等人与王宁嫔谋划行刺已久。因明世宗重伤虚弱无法理政，方皇后借明世宗旨意，将王宁嫔以及杨金英等十五名宫女（或十六名）处死。曹端妃虽然没有直接参与此次行刺，但也被株连处死。此即壬寅宫变（同年是壬寅年）。此后，明世宗不再住在大内（故宫），搬入西苑（中南海）。

自此以后，除了个别时间，中南海都是中国政治权力的中心（也有观点认为豹房就在中南海内，所以时间还可以再上溯一些）。搬入西苑以后，明世宗除了庚戌之变因鼓舞士气而御朝一次以外几乎再不上朝，只在西苑批阅奏章、召见大臣（阁臣和六部）。但是需要说明的是，明世宗并非从此不近女色，他实际上带了不少妃嫔一同入住西苑，而且此后也继续新招宫人入宫，其中不少备受宠幸。

壬寅宫变是中国历史上绝无仅有的宫女谋杀皇帝事件。关于宫女行刺原因，笔者认为大致有两点。其一，明世宗压迫宫女太甚。虽然《明史》将此事归结为明世宗为了饮用晨露（树叶上的露水）而迫使宫女每天早起采集，宫女苦不堪言，但是也有很多笔记野史认为宫女还有提供月经血等义务，被迫服食副作用很大的药物等；结合嘉靖时期南京福建多次出现以人肉人脑之类的东西入药入丹的案例推测，所以很有可能宫女不仅仅只是早起采露或者提供经血，还有别的东西。其二，明世宗的妃嫔非常多，但是待遇差距极大。明世宗可能是明朝妃嫔最多的皇帝（远多或者略少于太祖太宗），除了陈张方三位皇后，还有王阎沈三位皇贵妃，马文周三位贵妃，以及其他散见于文献的四十多位妃嫔。虽然明世宗对不少妃嫔一往情深，但是其中也有不少毫无夫妻之情。除了张废后以外，明穆宗的生母、嘉靖十年九嫔最后一位的杜康妃（康嫔）就被史书明言不受宠，连带着儿子明穆宗也备受打压。所以王宁嫔也有可能有这一层面的原因，因而铤而走险。不过，曹端妃实属冤枉，所以只有其一人被杀，没有株连家属，而深度参与此事甚至是主谋的王宁嫔不但被杀，而且祸及家人。

一五四四年十月，大同边军抓到三名叛徒，明世宗认为是鬼神暗中相助，于是加陶仲文礼部尚书、少师，兼任少傅、少保如故。

陶仲文，便由此成为明朝唯一一位身兼三孤的大臣。

一五四五年八月，永和王朱知烃献白鹿祝寿，明世宗亲自前往太庙告庙。十一月，吏部尚书熊浃因劝谏明世宗停止占卜问仙，被免职为民。

熊浃可能是仅次于席书、张璁、桂萼、霍韬、方献夫之后的第六位最为重要的礼议功臣，结果因劝诫明世宗而下野，标志着大礼议事件已经结束，也再一次证明了明世宗卸磨杀驴的用人态度。

患白化病的各种动物是古代最容易认定且证实的祥瑞，因此经常被人利用。出现祥瑞是儒家和道家都重视的事件，尤其对后者而言，祥瑞的意义更加丰富而且对祥瑞的认定也非常宽泛。围绕祥瑞，古代中国建立了一套类似谥号的被历代大致传承的祥瑞分类体系，分为嘉瑞、大瑞、上瑞、中瑞、下瑞五级，具体可以参考《宋书·符瑞志》。明世宗时期由于地方官民谄媚，纷纷奏报，导致所谓祥瑞太多，使得明世宗曾下诏规定只有在列的祥瑞才能获得嘉奖。

一五四九年三月，太子朱载壡去世，谥号庄敬太子。按照惯例，皇子十岁前会出阁读书（一般六岁），但是明世宗在此事上一拖再拖，引来大臣上书。明世宗被迫同意，举行出阁仪式。旋即，太子生病去世。此后，明世宗严格遵守陶仲文提出的二龙不得相见理论，非礼仪所需，不再面见裕王、景王。

"二龙不相见"可能是古代中国道家最著名的理论。这条理论认为皇帝是真龙，太子是潜龙，二龙相见必有一死。关于这条理论提出的时间，有两种说法。一种是早在陶仲文入宫之初就提出这一说法，所以明世宗在朱载壡出阁讲学一事上一拖再拖；另一种说法是太子出阁后去世，明世宗向陶仲文询问时，陶仲文才顺势提出。一般而言，持前一种说法的史家较多，但是笔者个人更倾向于后者。因为明世宗为人极端自私，不会以身犯险，又深信陶仲文，在修道一事上从来不打折扣，而立太子则必然父子相见，侧面说明立太子时尚未有这一理论，除非崇道的明世宗一反常态地接连在立太子和出阁两件事上违背专业人士意见。

一五四七年十一月，大内大高玄殿大火；两日后，方皇后去世，谥号孝烈皇后。方皇后下葬后，明世宗以应当祔庙为由拒绝礼部将方皇后牌位放在奉先殿侧室，但是同意首辅严嵩等人将方皇后牌位安置在邵氏、蒋氏之后的意见。

一五五〇年十月，明世宗因坚持将方皇后祔庙而下令大臣商议。礼部尚书徐阶表示太庙九庙已满，如果方皇后祔庙，则需要将明仁宗迁出。明世宗只得暂罢。

方皇后的死因有两种截然不同的说法。按照《明史》的记载，方皇后是病死，属于善终，与大内火灾无关；按照《十三朝遗史》《胜朝彤史拾遗记》的说法，方皇后是死于宫中大火，而且明世宗禁止宫人施救，甚至主动封锁宫门，使得皇后逃无可逃，乃至于有人认为此火乃是明世宗所放，意图报复方皇后借由壬寅宫变处死曹端妃。笔者个人认为方皇后是善终，而且明世宗对方皇后确实有感情。首先，也是最直接的原因，发生火灾的是大高玄殿，其位于景山和北海之间，不在故宫后宫，难以轻易出宫的方皇后不可能在此处出现并被烧死。其次，明世宗对方皇后的悼文、仪制都要求甚高，甚至在一定程度上违背其所追求的礼制，可见感情深厚。最后，方皇后还有壬寅宫变的救命之恩，明世宗为人薄情寡义却对其亲属大肆封赏，且对其趁机处死曹端妃不置可否，可见并非徒有其表。

一五五六年四月，明世宗命翰林院侍读严讷、修撰李春芳并为翰林学士，右春坊右中允董份在西内值班，负责撰写斋醮、修道用文。

明世宗在其四十五年的在位时间里，成功地创造出两个特定的文臣称谓，一个是议礼诸臣，另一个是青词宰相。所谓青词，是一种用于道家斋醮仪式的骈俪体祝文，因为多用红色颜料写在青藤纸上所以被称为青词、青辞或者绿章。因为青词用罢即烧，所以需求量很大。能够写得一手好青词，很容易获得明世宗青睐。总的来说，嘉靖朝受宠的大臣前期多是议礼，后期则是青词，能够身兼两类的只有两位，夏言和严嵩，所以夏言能够屡罢屡复，严嵩可以专权二十年。

同年，明世宗为父母、方皇后上道号，并自号灵霄上清统雷元阳妙一飞玄真君，后加号九天弘教普济生灵掌阴阳功过大道思仁紫极仙翁一阳真人元虚玄应开化伏魔忠孝帝君，再号太上大罗天仙紫极长生圣智昭灵统三元证应玉虚总掌五雷大真人玄都境万寿帝君。

明世宗不但给自己加道号，而且很多时候都以道号自称，远非北宋诸多崇道皇帝可比。

一五五七年，陶仲文因病乞请还山，并归还历年明世宗所赐物品。一五五九年六月，陶仲文之子陶世恩被任命为太常寺丞。陶世恩曾任尚宝少卿，结果被言官弹劾免职。陶仲文经过求情，又被任命为太常寺寺丞兼道录司右演法。

一五六〇年十一月，陶仲文去世，按伯爵下葬，谥号荣康惠肃。

总的来说，邵元节、陶仲文两大天师虽然四十年间获封无数，但并未对国家大政方针造成太大影响，而且行为不算荒诞。原因也很简单，这两位出身都不错，前者是龙虎山上清宫道士，后者曾任库大师之类的小官，各自常伴明世宗身边近二十年，肯定深谙月满则亏的道理。这与嘉靖末年的妖道还是有很大的区别的。

一五六二年四月，道士王金进献五色龟、灵芝，被授太医院御医。明世宗命人巡游各地，招揽道士，收集祥瑞、符法、秘术。王金等人与陶世恩为获封赏，伪造五色灵龟、灵芝等祥瑞，又与陶仿、刘文彬、申世文、高守中等人伪造《诸品仙方》《养老新书》等书籍，并进奉以金石为主材的丹药。明世宗因服食这些丹药而燥热不止，久久不能痊愈，但是王金等人却因此获得宠幸。

邵陶两大天师去后，大批道士希进，所行手段极为卑劣，无所不用其极；明世宗虽然聪慧，但是年事已高，大限将至，故而宁滥勿缺，给人以可乘之机。

五月，首辅严嵩被罢；旋即，道士蓝道行论死。蓝道行是山东崂山道士，擅长扶鸾。所谓扶鸾，就是让神仙附身，根据提问者的提问（一般是将心愿写在信封中然后密封焚烧），在沙盘、纸张等物品上写下一些字迹、图画，进行回答。蓝道行扶鸾时能够写出能够识别的文字，而且每每与明世宗心意相符，所以才会获得宠信。明世宗曾提问，天下为何不治，蓝道行扶鸾的结论是因为贤臣不能人尽其才，佞臣没有被罢免；明世宗又问谁贤谁奸，结论是贤臣是徐阶、杨博，奸臣是严嵩。恰好此时邹应龙弹劾严嵩父子，明世宗意动，而将严氏父子罢免。但是明世宗思念严嵩向来积极迎合自己修炼，严嵩趁机贿赂太监揭发蓝道行为人不法，使之以妖言惑众的罪名被杀。

一五六五年五月，道士胡大顺、蓝田玉等被杀。胡大顺是陶仲文徒弟，曾因犯事而被赶走。为了东山再起，胡大顺伪造《万寿金书》并谎称为吕洞宾所授，又用黑铅制作仙丹，送入京城，此外还交好严世蕃。蓝田玉趁明世宗挂念占卜扶鸾等事，试图在宫中再兴扶鸾之风。徐阶坚决反对，指出胡大顺、蓝田玉暗中交好严世蕃，又进献含铅的仙丹，居心叵测。结果，严世蕃同年三月被杀，胡大顺等人也被处死。

总的来说，明世宗时期道士被杀的情形很少，主要死因还是参与了前朝政治，毕竟近侍联络大臣是历代君主的大忌讳。

一五六六年十二月（实为一五六七年一月），明世宗去世；妖道王金、陶仿、刘文彬、高守中、陶世恩等人下诏狱论死。

历代史家对嘉靖修道的分析和解读非常多，主要包括以下几点。首先，明世宗修道带有很强的目的性，即延年益寿以及求得子嗣。虽然明世宗享年仅次于太祖太宗，而且死因一般被认为是服食丹药导致的慢性重金属中毒，从而引发后人猜测如果明世宗不修道可能在位更久，但是在笔者看来，中医治疗和道家养生对明世宗的长寿而言都非常重要，明世宗本身身体底子其实不怎么样，如果不采用一些非常规手段，可能也活不了太久。

其次，明世宗可能确实迷信或者相信修道。历代史家认为明世宗极为聪明。这样一个极为聪明的人数十年却从事一件非常枯燥而且重复烦琐的事情，显然不可能是被人蒙骗。所以历代史家大多认为明世宗确实相信修道。除了修道，特别是服食丹药对明世宗的健康有诸多助益以外，还跟明世宗在安陆的童年生活有关，毕竟明代湖广地区家家敬鬼是被史书明言的。

最后，史家对嘉靖崇道的批评主要集中在不务正业和放任严嵩专权，而不是崇道本身。总的来说，如果不算嘉靖末年因为急于延年益寿而彻底放任王金等妖道弄权，明世宗时期的道士行为还算规矩，对朝政影响极小，而且虽然耗费了大量内库，但是相较于孝宗时期，调动国库的情形较少。明世宗崇道的主要问题在于耗费了大量的时间和精力，特别是白天的时间用于打坐修行，再加上又住在西苑，使得除了阁臣和尚书以外，其他大臣很少有机会面圣，给严嵩等人弄权提供了有利契机，所以自张璁开始，夏言、严嵩、徐阶对百官的控制力越来越强（这种局面或许也是明世宗有意为之）。

庚戌之变

一五二四年七月，大同兵变。大同巡抚张文锦打算在大同北面九十里外修建五个堡垒作为屏障，为此需要迁徙军户两千五百家。军户担忧被蒙古袭扰，因而求情不去。张文锦拒绝并严令前往，参将贾鉴迎合张文锦而杖责军户，结果引发兵变，二人被杀。代王出逃宣城。随后，明朝任命都督桂勇为大同总兵官，擢升按察使蔡天佑为巡抚。桂勇、蔡天佑趁官军压境、叛军恐惧之际，将为首的乱卒设宴款待，趁机拘捕处死。一五二五年二月，乱卒余党被平。

五堡之变只是明朝中后期开始边镇地区频繁爆发的兵变当中较大的一起而已。这类兵变往往是由流官、军将急于立功或者迎合上官而压榨士卒所致，但是士卒并非有心叛乱，外加眼界有限，因此难以持久，很快就会被分化诏安。明朝中央因为边军相互联姻、关系复杂，外加理屈，所以也不愿太过深究。

一五二九年十月，因蒙古博迪汗、衮必里克、俺答连年独自或者联合犯边，三边总督王琼奏请延边修筑长城，自兰州、洮州至榆林，三千余里。此时，除了三边以外，大同、宣府地区也经常被进攻。

同时，永谢布部亦不剌战败西迁后曾与漠南蒙古议和，但是疑似因为拒绝小王子（博迪汗或者衮必里克）的调遣和派军配合，关系再次恶化。衮必里克、俺答在一五三二年和一五三四年两次率军前往青海攻打，亦不剌在一五三三年战死，另一首领卜儿孩（一说亦不剌之子）也战败逃亡。

达延汗死后，漠南蒙古实际上又分裂成汗廷所在的左翼和事实独立的右翼，前弱后强，因此宣大地区的军事压力相对较小，反倒是面对右翼的三边地区压力更大。同时，衮必里克、俺答、老把都三兄弟统领的右翼三万户展开了对青海、漠北、瓦剌乃至左翼的兼并和压迫。

一五三三年十月，大同再次发生兵变。大同总兵李瑾针对蒙古犯边，请求在旧城外设置壕沟阻绝骑兵；宣大总制刘源清批准并约定三日完工。结果，李瑾压榨士卒、乱用军法，引起哗变被杀。刘源清当时驻扎阳和，当即奏请讨伐，并张榜警告大同乱兵，结果榜中提及此前五堡之变朝廷处理太过宽松，又引发更大的混乱；随后，刘清源率军杀掠，大同城外横尸枕藉，因而乱军闭城坚守。大同巡抚潘仿指责边军贪功妄杀，刘源清则表示巡抚诸臣依附叛逆煽动叛乱。结果潘仿被言官弹劾罢官。

十一月，在张孚敬的支持下，兵部尚书王宪派军协助刘清源平叛；同时，刘清源派军围城，防止城中奏章顺利送出，并诬陷大同宗室文武从贼，获准攻城，因而决水灌城。

一五三四年正月，蒙古小王子（疑似衮必里克）在大同地区犯边，并与叛军取得联系；明朝接到奏报，舆情汹汹。

二月，刘清源被罢。刘源清害怕蒙古骑兵袭扰，因而请求另设总制防备，自己专心攻城。明世宗在夏言的建议下拒绝，并指明大同只是部分士兵哗变，并非举城叛乱，眼下局势是刘源清贪功所致，应当暗中拘捕首逆，免得劳师废财，表明明朝中央无意出兵攻城平叛。刘清源只得转而招降叛军并趁机以水灌城，试图破城，结果事败，只得请辞。明世宗大怒将其免职，改由户部侍郎张瓒代为总制。张瓒抵达后停止攻城，招降叛军，申明朝廷无意用兵，于是叛军投降，并斩杀为首的乱卒。随后，明朝派专员前往审察实情，认为兵变是守臣有过在先，又故意扩大叛乱从而邀功所致。结果，总制刘源清削籍为民，潘仿恢复原职致仕。

关于此次兵变，还有另一种观点。即刘清源等人并非有意扩大战乱，叛军确实与蒙古里应外合，只是二月以后因叛乱难以支撑而归降时为了脱罪，散布谣言、污蔑刘清源所致。明穆宗即位后，也以这种观点，为刘清源平反，赠兵部尚书。笔者不信此说，认为刘清源获得平反不过是趁针对明世宗的拨乱反正有些矫枉过正的时机侥幸蒙混过关而已。

一五三八年，蒙古博迪汗、衮必里克、俺答在达兰特哩衮（呼和浩特大青山或鄂尔多斯鄂托克旗）大败兀良哈部（乌梁海），将其瓜分。因兀良哈经常袭扰蒙古后方，蒙古大汗联合右翼，先后在一五二四年、一五三一年、一五三三年、一五三八年分四次征讨兀良哈，将其瓜分。

一五四二年，衮必里克去世；俺答成为蒙古右翼之首，随后（一说次年或一五四四年）率部彻底消灭西迁青海的永谢布部卜儿孩。

一五四七年，博迪汗去世，其长子达赉逊接替为第三十五任蒙古大汗，尊号库登汗（图们汗）。库登汗害怕被俺答吞并，率部东迁，定居蓟辽。由此，辽西也出现蒙古犯边问题。

随着对周围蒙古各部的兼并和压迫到达极限，再加上俺答突然成为右翼之首所带来的政治经济压力，其必然会转向进攻更加富庶的大明王朝。实际上俺答还对瓦剌投入了相当大的力量进行攻打和劫掠，但是因为文献较少，暂且不表。

一五四五年，宁夏总兵、咸宁侯仇鸾加封太子太保。仇鸾因粗悍敢言而被派守宁夏。在宁夏期间，仇鸾谎报军功，假称斩杀了衮必里克的一个儿子，因而获得明世宗封赏。有言官弹劾仇鸾作假，明世宗不听。

一五四六年夏，兵部侍郎曾铣总督三边。八月，河套蒙古三万骑兵入侵延安府，至三原、泾阳（咸阳附近）而返。曾铣因而上书要求筑边，三年修成；旋即改为"复套"，提出练兵六万，在夏秋相交时节沿黄河水陆并进，五十天之内将套内蒙古各部击破，彻底解决河套地区边患。兵部经过商议，认为"复套"虽难，但是筑边不可行，所以建议"复套"；明世宗也赞同"复套"，命曾铣负责。十二月，曾铣等人再次提出"复套"。

一五四七年五月，曾铣出兵攻打河套蒙古各部，取得大胜，获得明世宗嘉奖。十一月，总督曾铣会同陕西、延绥、宁夏三镇巡抚、总兵，商议"复套"方略。明世宗表示自己一直忧虑河套，但因一直没有堪当大任的重臣而搁置，现在拟定"复套"方略需要会同各部门意见，确定执行方案后再报。

一五四八年正月，首辅夏言被勒令以尚书致仕；三月，曾铣被杀，夏言下狱。十月，夏言被杀。在大臣商议时大多赞同曾铣意见，同意"复套"。结果明世宗突然出手诏，质问"复套"是否师出有名、是否军需充足、是否一定成功、是否会加重百姓负担。这时，严嵩趁夏言力主"复套"，予以构陷，指责曾铣开边启衅，实乃误国。明世宗大怒。兵部尚书王以旗又重新组织廷议，认为不能"复套"。于是，明世宗罢夏言首辅，逮捕曾铣入京，由王以旗总督三边军务，赞同"复套"的大臣议罪夺俸。"复套"由此终止。恰好，甘肃总兵、咸宁侯仇鸾曾因被曾铣弹劾而押解进京；严嵩通过仇鸾得知江都人苏纲既是曾铣好友，又是夏言继妻的父亲，曾夏通过苏纲往来联系，于是弹劾曾铣交结近侍。结果，曾铣被杀，妻子流放。已经致仕的夏言刚抵达通州，得知此事，大呼自己必死，旋即果然被逮捕回京。夏言试图上书自辩，但是明世宗不听。刑部尚书喻茂坚、左都御史屠侨为其求情，被罚俸。恰好此时俺答汗大肆犯边，七月和九月分别进攻大同和宣府；严嵩趁机指责这是曾铣"复套"所致。十月，夏言被杀，妻子流放。

首辅夏言被杀是明朝除明初解缙、明末崇祯诸相以外，唯一一次首辅被杀。深入理解夏言被杀，可以更好地理解明世宗时期的诸多事宜。其一，夏言被杀归根结底还是在于明世宗薄情寡义。从此前议礼诸臣的结局来看，虽然大多数都能得以善终，但是但凡冒尖或者忤逆明世宗的，都会遭到无情打击。哪怕是夏言这样既是议礼又会青词的大臣，也因反对崇道而被贬三次。夏言的第三次入阁，并非因为明世宗多依仗夏言，更多的是恶心敲打在内阁横行霸道的严嵩。所以，已经失去圣眷的夏言早晚会再次下台；夏言本人也明白此事，为人处世已经变得非常谨慎，如果不是"复套"这类军国大事需要首辅表态，夏言也不会表明立场。问题就在于"复套"一事虽然利在千秋，但是功在当代，要大大增加明世宗的工作量，而且还不是由明世宗授意提出的，所以明世宗必然会出现反复，结果被严嵩抓住机会，构陷夏言内外结交，明世宗必然将其处死，重申朝廷禁令。

其二，明朝已经进入了严嵩专权的时代。一方面，夏言被杀反映了明世宗对君权的绝对控制和对相权的全面压制，但是另一方面，也说明严嵩已经非常熟练地掌握了操纵明世宗的方法。严嵩非常精准地利用明世宗的为人处世特点，用内外结交阴死夏言，使得夏言即便意识到杀身之祸也无法扭转，更深一层是严嵩开始以柔媚迎合明世宗，放弃了所有个人主张，毫无内阁首辅的担当，因为只有这样，才能打消明世宗的戒备。至于朝纲败坏，关自己何事，更何况若不是夏言放不下最后一点良知而在"复套"一事上表态被自己利用，自己也没机会取而代之。

不过，夏言其实也有一个脱身的办法，就是发动六部九卿，要求将自己明正典刑而非脱罪，罪名重点最好是擅改祖制，动摇国家根基，或者是缩减张太后葬礼仪制使明世宗背上骂名，等等。

一五四七年四月和一五四八年三月，宣大总督翁万达两次奏报俺答遣使入贡；明世宗称呼俺答等为逆寇，以连年犯边为由予以拒绝，并命诸边严备防御。

一五四九年二月，俺答大举犯边，经过大同，直抵怀来，大败宣府守军，攻打永宁（北京延庆）；翁万达急调大同总兵周尚文追击。双方在曹家庄（北京平谷）大战；总督翁万达亲自率军支援。结果，俺答败走，明军斩首五十五级。明世宗大喜，加周尚文太保兼太子太傅；周尚文改请封赏将士。

五月，周尚文去世，因被严嵩忌恨而不加恤典。给事中沈束为之上疏不平，结果被严嵩嫁祸，廷杖下狱。同年年底，宣大总督翁万达丁忧。

沈束一关就是十八年，直到隆庆即位（一五六七年）才被释放。周尚文隆庆二年（一五六八年）才获得追赠太傅，谥号武襄。由此，三边和宣大两大防御体系出现主战的将帅更迭，为俺答的入侵提供了绝佳的时机。

一五五〇年六月，俺答率部侵犯大同，伏杀大同总兵张达；宣大总督郭宗皋因而贬戍辽左。明朝起复翁万达为宣大总督，又以仇鸾为大同总兵。由于翁文达尚未到任，俺答就再次侵犯大同，仇鸾在属下建议下，重贿俺答，命其侵犯其他地区，不侵扰大同。俺答接受贿赂后履约转而东去，朝宣府东、辽西而去。明朝兵部尚书丁汝夔因为明世宗不喜欢边境报警，因此只暗中命蓟州进入战备状态。

八月初五，明世宗以万圣节将至（明世宗生于八月十日），加封大臣，其中加封严嵩为上柱国。严嵩以不敢自比郭子仪为由，予以推辞，于是改为晋升少

第七章 嘉靖修道

卿严世蕃为太常寺卿,仍掌尚宝司事。

十四日,俺答攻克古北口,趁势南下,劫掠怀柔、顺义;明军一触即溃,蒙军长驱直入,半夜在营河孤山、汝口等地扎营。明朝中央震惊,京师戒严。此时,明朝京中不过四五万人,老弱过半,精壮都在高官家中役使,加之武库又要求按价格领用军需,结果溃不成军。丁汝夔只得奏告明世宗。明世宗大惊,召集吏部左侍郎王邦瑞、定西侯蒋傅提督九门文武大臣,每十三人守一门,又招募民间百姓入伍、募捐军需,还命应武举的举子随军,召集天下勤王。

十八日,咸宁侯仇鸾率大同两万援军,抵达京城。俺答东进后,仇鸾尾行,结果发现俺答入侵京师,因而立即率部救援。随后,保定、延绥、河间、宣府、山西、辽阳等援军也先后抵达,七镇合计五万余人。

十九日,锦衣卫都督陆炳奏告军需不足,士卒饥饿挨冻,明世宗大怒,将户部自尚书李士翱以下全部免职,戴罪办事。

与此同时,俺答自潞水向西北前进,沿途劫掠纵火;沿途百姓只得聚集于京城城门,却被拒之门外,痛哭哀号。明世宗在西苑听到百姓哀号后,命打开城门接纳百姓。仇鸾不敢率军追击,只得暗中联络俺答,希望通过入贡、开边市来换取俺答退兵。

二十一日,俺答释放被捕宦官,要求入贡。明世宗召大学士严嵩、李本,礼部尚书徐阶在西苑商议此事。严嵩认为俺答不过是只为劫掠的流寇,不足为虑,被徐阶予以斥责。于是,严嵩提出回复俺答书信是礼部事务。徐阶回应,认为明军现在不足以击退俺答,但是答应议和有辱国格,而且难保俺答不会贪得无厌,现在应当利用礼制,以俺答来信只有汉字没有蒙文为由,要求其退到大同,重新遣使携国书议和,并需经由大同守军递交中央,从而拖延周旋。明世宗同意徐阶的意见,并拜咸宁侯仇鸾为平虏大将军,统帅诸镇。

二十二日,明世宗在吏部尚书夏邦谟的劝说下,临朝面见大臣,鼓舞士气;又命群臣就是否同意俺答入贡三千人从而换取其退兵一事提出意见。国子司业赵贞吉坚决反对议和,认为三千人足以里应外合,进攻大明。明世宗特地予以召对,赵贞吉提出应当通过罪己,追奖周尚文,释放沈束,重奖杀敌;明世宗擢升其为左春坊左谕德兼河南道监察御史,携五万金,宣谕行营将士。

二十三日,俺答携所掠夺的人口、牲畜、财物,意图出塞;仇鸾试图尾随邀功，结果被俺答回击，溃不成军。随后，俺答自古北口出塞。

兵部尚书丁汝夔无力退敌，又听从严嵩意见，主张坚守不出、等待俺答自退；加之明朝军需不足、缺员严重，士卒苦不堪言而四处劫掠，引发群情激奋。二十六日，丁汝夔被下狱判死，妻子流放三千里，儿子贬戍铁岭卫，只得在刑场大呼"贼嵩误我"；改由王邦瑞摄兵部。此外，严嵩不满赵贞吉主战，予以陷害，将其廷杖九十，贬为荔浦县典史。

此即庚戌之变。概括归纳就是，俺答遣使互市被拒后，转而以军事手段劫掠明朝，以缓解统治压力；恰好明朝三边总督曾铣被杀、宣大总督翁万达丁忧、大同总兵周尚文去世、新总兵仇鸾懦弱无能，再加上在严嵩的唆使下，兵部尚书丁汝夔消极防御，才使得俺答顺利入关，劫掠京畿。而且更为重要的是，俺答退兵与明朝中央接受诸多议和条件有关，例证之一就是次年明朝改变半个世纪以来的态度，同意与俺答开通马市。所以，所谓明朝不和亲，不纳贡，不称臣，不割地，天子守国门，君王死社稷，只是往自己脸上贴金而已；能在太平盛世落得京畿惨遭蹂躏却无力退敌，也算是古往今来一大奇耻。

虽然史家多关注于"复套"之议中明世宗的反复以及庚戌之变中严嵩的消极防御和推脱塞责之举，但是明世宗的态度也非常有趣。在笔者看来，明世宗在对蒙关系上非常短视和简单，即基于非常感性的对蒙古极端仇恨和蔑视，坚决拒绝与蒙古议和，至于如何整顿边镇、改革军制、伺机反击哪怕是简单的备边，都没有进一步或深入的考量和打算；反映到具体操作就是，只要求边镇将蒙古军赶走，偶有斩获即可，除非蒙古军入侵，不然就不要无事生非，哪怕是积极防御也为不可。所以，作为内阁首辅的严嵩才能说动兵部尚书丁汝夔消极防御。

但是，俺答兵临城下，直接戳破了明朝君臣梦想中的太平盛世，也给了即位以来就大权独揽的明世宗当头一棒。英代以来，明朝北方防线已经残破不全，只不过是因为蒙古陷入近百年的内乱，使得明朝边镇压力骤减，在此基础上明朝营造出了一派太平盛世的景象。严嵩对明世宗的心态和认知的把握非常精准，在藩王出身的明世宗眼中，蒙古军不过是一伙流寇而已，同时作为首辅，严嵩又深知以明朝当时的情况，根本无力组织大规模反击，所以在明世宗能够正视蒙古问题之前，只能进行遮遮掩掩。所以经过庚戌之变，明世宗为人急躁的处事风格大有改观，遇事反而沉稳了不少，明朝制定政策时也更加求真务实一些。

九月，明朝改十二团营为三大营，即五军、神枢、神机，由咸宁侯仇鸾负责、王邦瑞协理；设置蓟辽总督，管理蓟州、保定、辽东三镇；并在王邦瑞的奏请下，取消宦官监军。

十月，仇鸾奏请招募诸道兵入卫京师，练备秋防，又奏请从边镇挑选精锐入卫京师，获准。在兵部反对下，只有宣大得免，其他各边共选六万八千余人轮流戍卫京师，不负责边境报警；京营到边地轮训的，却不负责边防。此外，仇鸾还要求在宣大诸军准备在十一月北伐俺答。

十一月，王邦瑞扶正为兵部尚书，兵部右侍郎何栋为蓟辽总督。同时，仇鸾又奏请调整大同、宣府、蓟州、易州四镇总兵，配合北伐。王邦瑞强烈反对，明世宗以丁汝夔误国来警告王邦瑞。但是礼部尚书徐阶也认为北伐难以成功。因此此事不了了之。

一五五一年二月，兵部尚书王邦瑞免职为民。

入冬以后，明军根本无法发动北伐，但是俺答也不会冒雪南下，所以仇鸾只是趁机作秀邀功而已。不过值得注意的是，仇鸾试图跳过严嵩，直接邀宠于明世宗，这是嘉靖中后期诸多佞臣的选择。

三月，明朝同意与俺答开通马市；四月，马市落成。咸宁侯仇鸾提出北伐的同时，还暗中与俺答联络，要求其主动提出贡马互市；俺答予以配合，遣使宣大总督苏佑，要求通市。明世宗召集大臣商议，仇鸾力主同意，于是明世宗批准马市。兵部员外杨继盛上疏强烈反对，激怒仇鸾，结果下锦衣卫诏狱，贬为狄道典史。随后，宣大马市落成，俺答以马匹换钱币，随后又进贡骏马，要求扩大互市。在仇鸾的建议下，明朝予以丰厚赏赐而止。

七月，俺答交出明朝叛民、白莲教首萧芹等人。萧芹等人归附俺答后教授中原技术，负责管理板升。明蒙开通马市后，萧芹等人极力反对，要求继续劫掠，引发俺答不悦。仇鸾趁机游说，结果俺答将萧芹等三十余人交给明朝治罪。

一五五二年三月，明朝取消马市。马市开放后，俺答经常以弱马索取高价，导致交易无法维持。同时，蒙古以犯边为手段，要求扩大互市规模，被明朝拒绝。结果，双方再次开战。此外，开放马市一事也被言官弹劾攻讦，仇鸾担心祸及自身而暗中奏请明世宗罢市。于是，明世宗批准取消马市，并强调再开马市者论死。

七月，俺答入侵蓟州，仇鸾背疽发作，不能出师。明世宗强行收回大将军印，另派将领出征。仇鸾正在病重，拒不交出大将军印，结果病发而死。随后，锦衣卫都督陆炳揭发仇鸾罪行，明世宗大怒，将仇鸾剖棺戮尸、传首九边，全家籍没。

明蒙关系又一次回到原点，俺答无休止地连年犯边，明朝无休止地连年防秋，这一状态直到明世宗去世都没有再被打破。大同马市的破产原因也很简单，一旦双方军力失衡，强买强卖必然发生，从而导致边市难以维持，况且根据推测，俺答所部人口超过百万，区区一地马市，显然难以满足需求，所以用不了多久，明蒙还会回到防秋与犯边的战争状态中。

一五五三年正月，蓟辽总督何栋被罢，杨博为蓟辽总督。一五五五年三月，杨博调任兵部尚书，王忬为蓟辽总督。一五五六年正月，杨博因丁忧去职。一五五八年三月，杨博夺情起复为宣大总督；当时俺答围攻大同右卫长达六个月，听闻任命后立即撤走。一五五九年五月，杨博调任蓟辽总督，十月入京为兵部尚书。

一五五九年五月，蓟辽总督王忬下狱。一五六〇年十月，王忬被杀。王忬同情杨继盛，又纵容其子王世贞为营救杨继盛而奔走、收尸凭吊，故而被严嵩记恨。左副都御史鄢懋卿迎合严嵩，趁滦河预警蒙古入侵，指使属下弹劾王忬，王忬因此下狱。随后，滦河战事失利，严嵩反诬陷此乃王忬疏忽所致，将其处死。

一五六一年六月，许论被弹劾虚报冒领而被免职，改由杨选为蓟辽总督。

一五六三年十月，蓟辽总督杨选被杀。本月，俺答长子辛爱黄台吉率军从墙子岭、磨刀峪（北京密云一带）毁墙入侵。兵部原本已经探知此事，命蓟辽予以防备，但是蓟辽总督杨选被间谍诱至别处，结果蒙军直逼通州，京师戒严。兵部尚书杨博不敢告知明世宗，只得与徐阶商议，召宣府总兵马芳、宣大总督江东入援，将蒙古军队赶出古北口。但是明世宗从宫中看见火光，得知军情，又适逢杨选请赏，徐阶指责杨选名为驱赶，实为礼送。明世宗大怒，将杨选处死。

大同马市破产后，明蒙交战主要从宣大转移到蓟辽，原因大致有两方面。一者是俺答连年进攻宣大不力，故而将精力转移到经营青海、西藏等地，明蒙冲突转而东移至蓟辽一线。二来是笔者推测宣大地区与俺答开始了大量的走私贸易，例证除了面对俺答本部的宣大的战事反而少于蓟辽的以外，还有物资匮乏的蒙古部落居然能够在一五五四年开始，在丰州地区修建大批板升城池。

东南倭乱

一三七〇年，明朝以靠近京城为由，取消太仓黄渡市舶司，改设福建泉州、浙江明州、广东广州三市舶司。一三七一年年底，为了防备方国珍余党，朱元璋征调温州、台州、庆元三府军士以及无地百姓，编入各卫为军，同时严禁沿海百姓私自出海。一三七四年，三司被废，但是海上朝贡未绝。

一三八〇年正月，胡惟庸案发，朱元璋因胡惟庸勾结日本而下诏禁止与日本相交。一三八一年，朱元璋又以倭寇为由，禁止濒海民私通海外诸国。一三八七年二月，朱元璋设置两浙防倭卫、所，防备倭寇。

一四一九年六月，辽东总兵、都督刘江在望海埚（大连金州）大破倭寇，生擒数百，斩首千余。明太宗封其为广宁伯，子孙世袭。

此时，日本正处于南北朝（一三三六年至一三九二年）。此前，日本为高条氏掌权的镰仓时代，后醍醐天皇对大权旁落极其不满，因而接连发动倒幕运动，最终迫使镰仓幕府执权北条高时在一三三三年自杀。但是后醍醐天皇未能满足武士集团的要求，特别是与大将足利尊氏矛盾激化，结果在一三三六年被赶出京都，逃往吉野（南天皇）；足利尊氏拥立光明天皇（北天皇）。一三九二年，双方通过合约，南天皇交出日本三神器，结束了南北朝。由于持续百年的战乱，使得大量武士破产，成为浪人，四处漂泊，因而与明朝沿海海盗结合，形成自辽东到闽越的倭寇问题。

一五二三年五月，日本诸道争贡，劫掠宁波沿海诸郡；随后，明朝关闭市舶司。日本国内重臣各自遣使宁波入贡，结果相争不下。按照惯例，市舶司按抵达先后顺序进行接待处置，但是宁波人宋素卿行贿太监，得以后抵达而先处理，引发另一派使节不满。这批使者杀死其余日本使者后，追杀宋素卿至绍兴，而后沿途杀掠回国。明朝查明案情后，处死宋素卿；时任给事中的夏言以此提出倭患起于市舶，要求取消市舶司，获准。

一五三九年，日本幕府将军源义植（足利义植）遣使请求入贡，明朝只许十年一朝贡，每次不超过三艘船。

日本因将军继承问题，在一四六七年再次爆发内乱，史称应仁之乱；日本由此进入战国时代（一四六七年至一六一五年）。由于幕府将军丧失了对地方大名的控制，因而在入贡问题上只能听之任之，放任不管；明朝也只能在检验身份信物的基础上，按照先来后到原则进行接待。同时，随着战国时代的不断扩大，越来越多的武士破产，使得明朝东南的倭乱再次频繁起来。

笔者对夏言不感冒的原因之一是笔者对夏言的政务能力非常怀疑，除了"复套"之议以外，还有就是早些年的叫停朝贡。无论是入贡还是朝贡，无论是陆上还是海上，这种古代中国中外交往模式，并非仅仅是外事礼仪活动而已，除了会伴有大量赏赐以外，入贡使团还有权在此期间进行规模不小的贸易。这对这些政权而言是非常重要的收入，也是朝贡体系能够维系的重要原因。互市则更是周边政权从中原获取特定物资和收入的不可替代的媒介。正因为这两种手段太过重要，以至于即便是长期与中原敌对的蒙古、安南等政权，也会强烈要求入贡互市。但是夏言、明世宗仅仅因为一时冲突就直接简单粗暴地终结海上朝贡，损害了几乎所有利益集团的利益，必然会引起外邦强烈的反扑。

一五四七年闰九月（一说七月），明世宗任命右副都御使、南赣巡抚朱纨改为浙江巡抚，提督浙闽海防军务，统筹解决倭寇问题。市舶司取消后，外邦商人只能与明朝沿海豪强走私交易，为防止压价、赊账、赖账等情况而大肆武装自己，结果形成走私劫掠贸易。与之交易的明朝豪强、官吏、大商时而要求出兵剿匪，时而暗中报信缓和关系，结果官兵往往无功而返，走私贸易愈演愈烈。朱纨上任后认为倭寇名为日本人，实际上多为中国人，而且与沿海豪强主动联系、招引有很大关系（通番接济），如果将参与走私的海商豪强（奸豪）消灭，就能大大减少来华倭寇数量。因此，朱纨执行"革渡船、严保甲、搜捕奸民"三项措施，切断倭寇与大陆的联系和补给，以加大对其打击力度。

一五四八年四月，朱纨派都指挥使卢镗率军进攻浙江舟山双屿岛，大海商许栋兄弟逃亡，而许栋的部下王直收揽余众，转上日本。当年七月，朱纨因被弹劾越权扰民，改浙江巡抚为浙江巡视。

一五四九年三月，朱纨派军进攻浯屿走马溪，再次取得大胜，将前后俘获的李光头等九十六人处斩。四月，御史陈九德弹劾朱纨越权擅杀，而且被杀的九十六人并非都是通倭百姓或外国走私犯；结果，明世宗将朱纨罢职待勘，又派兵科给事中杜汝贞前往福建调查此事。五月，朱纨罢官回乡。

一五五〇年七月，杜汝贞等人报告朱纨所杀的人并非都是倭寇，认为朱纨、福建海道副使柯乔、都指挥使卢镗等人应当论斩。十二月，明世宗下诏，将朱纨从苏州押解北京，结果朱纨在家服毒自杀；柯乔、卢镗罢官为民。

朱纨禁海是经常被后世提起的历史事件。一般认为，朱纨禁海策略是正确的，如果能够坚持到底，必然能够解决倭寇问题。但是，由于明世宗被人蒙蔽，以及在倒朱过程中爆发出的惊人能量，非但导致朱纨冤死，也使得后继者不敢再提禁海一事，使得倭乱越演越烈。不过笔者个人的看法是，即便明世宗坚定支持朱纨禁海，倭乱也难以消除。原因很简单，此时的倭乱实际上是原本从事正常朝贡贸易的海商转而走私，正处于大肆接管朝贡贸易停止后带来的黑市红利阶段，除了明朝中央一小撮不了解实际情况的君臣以外，地方政府、豪强、海商都可以从中瓜分红利，所以只要海禁不松，即便朱纨不倒，也不会禁海成功。

一五五一年四月，浙江奏请放开海禁。汪直在舟山金塘岛经过整修，恢复元气，与浙江地方官员联络。在双方合作之下，浙江地区的独立倭寇都被消灭，汪直成为海上霸主，号称五峰船主。之后，汪直以靖海剿匪有功，要求开放海禁、通番互市，但终无果。

一五五二年四月，汪直勾结倭寇，大举进攻台州，攻破黄岩，劫掠象山、定海等地，浙东因而骚动。七月，明朝恢复巡视职务，任命山东巡抚王忬提督军务，巡视浙江、福建海道；旋即改巡视为巡抚。王忬上任后，重用参将俞大猷、汤克宽等人，又征调狼土兵，进行防御。

一五五三年三月，王忬经过周密布置，命俞大猷、汤克宽、卢镗突袭舟山普陀港；汪直只得逃往日本，后以松浦为据点，恢复元气，自称徽王。同时，由于汪直北上日本，浙江沿海倭寇失去束缚，大肆劫掠不断。十月，数千倭寇再次集结，进攻太仓州，劫掠四周；明军予以围追堵截，效果不佳。

一五五四年三月，倭寇从太仓州突围而出，劫掠江北甚至进入山东地界，影响巨大；王忬因而改任大同巡抚，留下卢镗任参将，俞大猷为浙直总兵。徐州兵备副使李天宠为浙江巡抚。四月，胡宗宪任浙江巡按。

禁海之后，海上贸易彻底变成由海商转化而来的海盗倭寇、负责生产物资并用于出口的豪强势力、肩负平叛守城但是又非常容易被拉下水的地方官员组成的黑市交易，如此必然会出现强有力的兼并和内斗。原本分散的各国各股商人会在激烈的黑吃黑中，形成大海商；地方豪强会因为从走私和倭乱中收益受损不均而出现分化，最终从倾向走私的置身事外，演变成走私派和抗倭派两派的激烈冲突；地方官员则要么选择与豪强倭寇合作，要么就只能在同僚向倭寇通风报信或者明哲保身中黯然下野。

第七章 嘉靖修道

一五五四年五月，明朝在杭州设置总督浙江、福建、江南兼制江西军务，即浙直总督，由南京兵部尚书张经担任；工部侍郎赵文华因倭寇猖獗，获准前往东南祈祷祭祀东海，并兼督察沿海军务。张经上任后，征调狼土兵来浙江；而赵文华在抵达浙江后，常常欺凌官僚，贪得无厌。

一五五五年五月，明军取得王江泾大捷；旋即张经、李天宠被杀。张经初来浙江时，浙江诸将自恃功高因而不听调遣，加上狼土兵新来不遵纪律，遂是接连战败；赵文华不满张经位高欺压自己，趁机弹劾张经放纵倭乱。明世宗大怒，下令拘拿张经。恰好此时张经趁倭寇进攻嘉兴，命参将卢镗会合狼土兵水陆夹攻，在王江泾（苏浙交界）取得大胜，斩首两千人。结果，明世宗接到奏捷后，认定张经养寇失机在先、立功求免在后，下令将张经、李天宠处死。

随后，苏松巡抚周珫继任浙直总督。胡宗宪因为协助赵文华弹劾张经，获任浙江巡抚。六月，周珫被赵文华弹劾免职，改由南京户部右侍郎杨宜为总督。

设置浙直总督，是解决倭乱的重要一环，但是只设置浙直总督，并不足以解决倭寇问题。除了地方上错综复杂的关系以外，明军武备松弛至于无力镇压以及中央政斗所带来的波及，都是倭寇难以平定的原因。张经根据自己的经验，选择调动明朝较为精锐的土司狼土兵作为平叛主力，解决了三者其一，但当张经被一记黑枪打掉，倭乱便会继续发生。

不久，南京受到倭寇攻击。一五五五年八月（一说六月），百余倭寇自浙江上虞登陆，自杭州北新关向西剽掠淳安，突入徽州歙县，又经过绩溪、旌德，北上泾县、南陵，抵达芜湖，在南岸放火之后，直奔太平府，进犯江宁镇，随后攻打南京城。南京全城戒备，号召百姓上城防守。因攻城无果，倭寇转而向秣陵关而去，由溧水沿途劫掠溧阳、宜兴，抵达无锡浒墅关。苏松巡抚曹邦辅担心这股倭寇与柘林的倭寇会合，因此亲自督军，率王崇古等人沿途追杀，在杨林桥（嘉兴西北）将其围歼。随后，曹邦辅直接奏捷；赵文华抢功不成，因此弹劾曹邦辅避难击易，总督杨宜也奏称曹邦辅违背节制，结果曹邦辅谪戍朔州。

倭寇进攻南京是一桩悬案。因为没有过倭寇在既没有攻城略地，也没有建立补给线的情况下攻打重城的先例，而且还是没有攻城武器的小股部队进攻国都南京，所以时人以及后人多从政治意图上去猜测动机。其中比较有代表性的是东南豪族或者汪直徐海这类巨寇故意派出这样一支精锐部队，向明朝中央示威，同时激化地方督抚军政大员之间的矛盾，从而维持自己的相对优势地位。笔者也倾向于这种观点，但是究竟是地方豪族还是海上巨寇指使，实在是难以确定。

十一月，浙直总督杨宜因狼土兵骄悍劫掠、百姓困苦难言，奏请停止征召狼土兵，获准。十二月，赵文华趁近期官军海陆分别取得小胜，奏称倭寇水陆已平，因而请还，获准。

一五五六年二月，总督杨宜削籍为民。赵文华回京后，弹劾吏部尚书李默诽谤明世宗，结果李默下狱而死，杨宜受牵连而被削籍为民。

随后，在严嵩、赵文华的鼎力推荐下，浙江巡抚胡宗宪任浙直总督。胡宗宪上任后，推行提编（将富户百姓按家产分级，自上而下征收军费），训练新军，招揽提拔徐渭、卢镗、戚继光等人，同时严禁走私，鼓励举报。此外，浙江督学阮鹗因开门救济难民数万人有功，超擢为浙江巡抚。

杨宜是李默的乡党，曹邦辅、王崇古是晋党，前者是严党的死敌，后者是严党的隐忧，所以这些人在政斗中被先后拿下。虽然后世经常强调狼土兵在抗倭过程中的重要贡献，但不可否认的是，古代军队的军纪着实令人担忧，平叛过程中的扰民问题甚至更大，所以被遣回也在意料之中。而且，此时已在浙江任职两年的戚继光已经充分吸收了狼土兵的战术优点，并将其引入鸳鸯阵中。

虽然后世多认为提编法是胡宗宪的创造，并由此导致胡宗宪深受攻讦，但是实际上提编法只是十段锦册法的变种而已。十段锦册法始于天顺年间，正德年间就已经在南直隶推广。简单讲就是清查全县人丁、田亩、粮食产量等各项税收基数，均分为十段，每年由其中一段承担徭役。这一新法的关键在于不再以户为徭役基础，从而打破了里甲制和均徭法以户数为基础导致富户与官府勾结、向贫户转移负担的局限。提编法在此基础上，以人丁家财作为基础，对民户造册登记，自上而下承担徭役军需等各类加派。

三月，海盗徐海、叶麻等人再次袭扰嘉兴，四月转入桐乡；其间海盗陈东加入劫掠。胡宗宪趁机离间陈东和徐海，结果两人中计，解围而去。

随后，在徐渭的推举下，胡宗宪派太学生罗龙文去游说徐海。七月，徐海抓住陈东，交给朝廷，结果引起部下离心，势力日渐衰弱。八月，徐海被迫率军进入平湖，向胡宗宪投降。胡宗宪本意招抚，但在赵文华的劝说下，改为围歼。徐海有所察觉，但是陈东已经归降胡宗宪，自己又被官军包围，结果徐海受伤而死。随后，明朝论平倭功，叶麻、陈东等押送京城处死。

一五五七年十一月，海商汪直上岸归降，年底被捕下狱。徐海等人被杀后，汪直亲率大军进入宁波岑港。胡宗宪以同乡之谊，劝说汪直归降。经过试探，汪直率军驻扎宁波舟山，自己上岸归降。结果，此事在明朝引起争论，浙江巡按王本固直接将汪直下狱。听闻此事，汪直养子毛海峰（王滶）统领其部，坚守舟山基地。

汪直被捕标志着明军与倭寇正式开战。由此战火遍及东南沿海十年。但是需要注意的是，虽然倭寇名义上以其中的日本无主武士命名，但是实际上还是以中国人为主的海上私掠武装。所以这是一场中国内战。

徐渭是明代奇才，成功辅佐胡宗宪在兵力处于相对劣势的情况下击杀徐海、诱使汪直上岸。虽然后世往往将注意力集中于王本固逮捕汪直致使汪直被杀、引发上万倭寇上岸的因果关系上。但是笔者个人认为，徐海覆灭、汪直上岸，更深层次的原因是在明朝中央连续十年来对海禁、倭乱的坚决打击之下，通过原本只是朝贡贸易转而黑市交易的走私使得获利越来越困难，加之愈演愈烈的倭乱也激起了那些不从事走私的地方官民的反感。所以，徐海才会频繁地上岸进攻谋求诏安，汪直也才会为了加速开禁而冒险上岸。

一五五七年正月，浙江巡抚阮鹗改任特设的福建巡抚。一五五八年三月，阮鹗因为贪污巨大、私贿倭寇求和而被逮捕入京，通过向严嵩行贿，仅被革职为民。

四月，总督胡宗宪献一只白鹿。五月，又献一只白鹿。徐渭亲自作贺文。明世宗大喜告庙，百官表贺。

阮鹗被罢、胡宗宪献白鹿的原因是赵文华贬死，两人的靠山没了。但是胡宗宪通过献白鹿，讨得明世宗欢心，从而地位稳固。

一五五九年三月，俞大猷被捕入京。此时有传言认为倭寇侵华并南下福建是因为胡宗宪从中捣鬼；福建籍御史李瑚也上书弹劾，内容涉及军情机要。胡宗宪怀疑是同为福建籍的俞大猷泄露，加之俞大猷为人不够圆滑，不被严世蕃所喜，结果胡宗宪将倭寇入侵诿过给俞大猷，使其被捕入京。但是俞大猷通过陆炳向严世蕃行贿三千金（一说俞大猷借钱，向严世蕃行贿三千金），得以免死，发配大同。

同年年中，毛海峰率部从舟山突围而去，随后开始着力进攻福建等地。十二月，汪直在杭州被杀，死前遗言"死吾一人，恐苦两浙百姓"。

此外，至同年八月，江北倭寇被总兵卢镗、副总兵刘显等人消灭。

一五六一年夏，戚继光取得台州大捷。同年，浙江总兵卢镗等人消灭温州、宁波地区的倭寇。浙江倭寇渐平。

汪直的遗言可以说对，也可以说不对。汪直下狱到隆庆开关恰好间隔十年，其间东南沿海战乱不断，百姓确实受苦；但是汪直死或不死，都无法改变倭乱彻底走上无序化和暴力化的结局。毕竟这些破产的浪人、海盗、倭寇难有除了被暴力消灭以外的下场，特别是随着走私贸易越收越紧，这些人从亦盗亦商变为彻彻底底的海盗，只是时间问题，甚至在汪直全盛时期，也有徐海、叶东这样更倾向于暴力手段的海盗横行。

不过，倭乱的结束也只是时间问题。一方面，明朝从中央到地方、官场到民间都逐渐统一思想和行动，坚决反对倭寇，使得倭寇失去了信息、补给和贸易收入，成了无源之水，难以维系。另一方面，倭寇本身是走私海商、破产农民、无主浪人等难容于社会主流的不稳定分子，在明朝统一思想、日本趋于统一的情况下，倭寇只能通过掳掠良民来补充兵力，显然难以持久。

第七章 嘉靖修道

一五六二年七月，戚继光受命，首次入福建作战。八月至九月，先后取得横屿、牛田、林墩、福清四战四捷，几平福建倭寇，此即牛田大捷。十一月，戚继光率军返回浙江。

相较于几平福建倭寇，牛田大捷的政治意义更加重要，戚继光远途奔袭取胜，在一定程度上证明了胡宗宪和浙直总督存在的非必要性，加速了明朝中央拿下胡宗宪。

同年五月，首辅严嵩致仕。浙江副总兵刘显改任广东总兵。十一月，浙直总督胡宗宪被捕入狱，削籍为民；浙江总兵卢镗受牵连而被免职还乡；明朝废除浙直总督，改由诸巡抚分管各地。

一五六五年十月，胡宗宪再次被捕入京，入京后自杀。胡宗宪被免官后，言官一直弹劾其勾结赵文华、依附严嵩，但是明世宗并未深究，并且因胡宗宪进献秘术而大悦。结果，御史汪汝正查抄罗龙文家时发现胡宗宪写给严世蕃的书信和用于联络王直等人的伪造圣旨，胡宗宪因而下狱，自辩无果后自杀身亡（一说瘐死）。

胡宗宪的死是一个巨大的悲剧。因为在明世宗、胡宗宪的君臣默契之下，原本有一丝机会实现一段君臣佳话；但是在明代严密的言官系统之下，以及在胡宗宪建功立业的迫切选择之下，反倒成了一出悲剧。毕竟从明世宗钦点胡宗宪出任浙江巡按一事上不难看出，胡宗宪简在帝心，这样的大臣之前落得不得好死的，也只有败尽了圣眷的夏言而已。

胡宗宪是平倭最大功臣。首先，胡宗宪在任期间，不但成功地摆脱了中央对东南的干预，还成功地将东南地区整合起来，对倭乱同仇敌忾，从根本上奠定了胜局。其次，在平倭战争期间大放异彩的文臣武将，除俞大猷外，都是胡宗宪提拔并委以重任，并且大开方便之门，不然名扬后世的戚家军会直接因为募兵问题而胎死。实际上，冷兵器时代的王者戚家军只承担了平息小半个浙江和大半个福建的倭乱的任务而已，除此之外还有江北、广东等地倭乱，是由卢镗、俞大猷、刘显等人平息。最后，胡宗宪直接拟定了平倭方略，而且是极为正确的平倭方略，即羁縻首脑，徐徐图之；在方略被推翻后，也能够凭借整备后的军力，将倭寇剿灭。

明代历史人物众多，仅仅笔记中有所分析评价的就不下一百人。在这些人当中，笔者最尊重于谦，但最佩服胡宗宪。于谦的所作所为，可谓是力挽狂澜，不是胡宗宪平倭所能比拟。但是在计较个人名利得失上，两人都走的是一条谋国不谋身的死路，但是于谦选的是死后成圣，胡宗宪选的是自亏大节。英宗复辟，于谦必死，但是新君即位，一定会为于谦平反，因为天下所有人包括当事人都明白这背后的缘故，况且又有谁能想到明代宗三十八岁就重病不起，而且还死了独子呢？要是拖个一二十年代宗才死或者代宗太子成功即位，于谦就能安然致仕。胡宗宪与之大不同。在严党专政的情况下，胡宗宪要想获得平倭的权力，仅仅逢迎是不够的，必须要与严党深度合作，要纳投名状，而且必须是主动纳投名状，纳一个大到连严党都无法拒绝的投名状，才有可能获得严党的信任，才有可能在严党的支持下出任浙直总督。但是这种自亏大节的行为，埋下的不仅仅是未来的祸根，也是时下的污水。更为可笑和讽刺的是，这种行为所换来的平倭机会，亦即自己的仕途终点；平倭在望之日，亦即自己下狱之时。当卢俞戚刘四大总兵能够在野战中正面屡屡击败歼灭倭寇之后，胡宗宪下野就和老严嵩致仕画上了等号。

所以，这又容易延伸出三个问题或者话题。首先，胡宗宪是否知道自己选的是一条死路。笔者倾向于以胡宗宪的能力足以意识到自己自污名节所换来的平倭机会是条死路，毕竟自古以来，大功不赏，王阳明平定朱宸濠也只换得黯然下野，而且嘉靖时期无论南北，兵权在握的总督下场普遍不佳，更何况是与官声极差、颓势已显的严党深度合作。

其次，胡宗宪为什么要选这样一条死路。胡宗宪的才干和政绩相当出彩，以至于明世宗钦点其去东南担任巡按。这种简在帝心的中年官吏，在嘉靖朝通过正常的升迁，在博得不错官声的情况下谋个部堂并不是难事。所以笔者非但认为胡宗宪是主动选择这样一条不归路，而且还是在被捕入京之后自杀而死。了却君王天下事，赢得生前身后名，是贯穿整个古代中国社会的几乎所有有才之士（乱世君臣除外）的共同理想，再加之一以贯之的重义轻生的价值取向，家世显赫的胡宗宪有此选择并不奇怪，就像生前死后总是有些蝇营狗苟的宵小以己之心度人、见不得也受不了别人封圣成仁。

最后，胡宗宪是不是可以不选这样一条路。胡宗宪当然可以不选，也完全可以不选，甚至可以说，古往今来无论中外，不选这样一条路才是人之常情。非但如此，任由这东南大好河山，被一小撮数典忘祖的败类勾结更小撮如丧家之犬的浪人蹂躏，任由这危急的局势被一波又一波或是尸位素餐，或是才不配位的官员拖沓延宕以致愈加败坏，也是所谓的人之常情。这种人之常情之下的败类，实在是数不胜数，亦如代代硕鼠蝗虫，杀之不尽。

四百多年前，就是这样一个机会摆在胡宗宪面前，而且有且只有胡宗宪一人可以做出选择，是配合严党扳倒官声不错但是不足以平倭的张经李天宠，去搏一搏自己出任浙直总督的机会？还是只是做一个恪尽职守、兢兢业业牵制所谓天下首牧的浙江巡按，亦如那拘捕汪直为己功结果坑害东南百姓的王本固？真是宝剑埋冤狱，忠魂绕白云。

严嵩专权

一五四九年二月，南京吏部尚书张治、少詹事兼翰林学士李本入阁。一五五〇年十月，张治去世。

张治、李本是真正的纸糊阁老，完全可以无视。

一五四九年五月，大同总兵周尚文去世，因被严嵩忌恨而不加恤典。给事中沈束上疏不平，指责严嵩，结果被严嵩嫁祸，明世宗大怒廷杖，并将其下狱。

沈束是可考的第一个比较重要的弹劾严嵩并被严嵩打压的言官。

一五五〇年十二月，明世宗因俺答庚戌之变，下诏群臣议论。刑部郎中徐学诗上书弹劾严嵩父子。明世宗认为徐学诗只是趁机报复，将其下狱免职为民。

一五五一年正月，锦衣卫经历沈炼被廷杖。此前俺答在京郊要求通贡互市时，只有赵贞吉坚决反对，沈炼在人群中支持，结果吏部尚书夏邦谟呵斥小吏何故多嘴，被沈炼回击大吏不言所以小吏才说。随后，沈炼又上疏要求趁俺答撤兵的机会尾随追击，结果被严嵩压下。于是，沈炼弹劾严嵩弄权，结果被以诋诬大臣为名，予以廷杖，然后贬至保安州种田。

三月，明朝京察，严嵩指使吏部贬斥正直官员，导致徐学诗削籍为民，其兄徐应丰也被免除中书舍人。明世宗知道其中冤屈，将其留中不问。

另有一说，明世宗被徐学诗奏疏所动，但是陶仲文提出严嵩尽忠职守并且孤立于群臣，明世宗才翻脸将徐学诗罢免。不过笔者认为此说可信度不高，因为陶仲文一向不轻涉政务。

一五五二年三月，礼部尚书徐阶入阁，为次辅。

总的来说，庚戌之变中有所表现的明朝君臣，只有徐阶表现亮眼。虽然后世多以徐阶斗严嵩来概括明世宗后期的政治主线，但是实际上，徐阶之所以能取代严嵩，是因为两人年纪相差二十多岁，徐阶一直被明世宗当作严嵩的备胎。嘉靖二年探花出身的徐阶在明世宗前二十年过得其实并不如意。在大礼议期间，徐阶反对张璁有关孔庙的仪制改动，结果被贬为延平推官，而且还被明世宗刻在柱子上（徐阶小人，永不叙用）。凭借卓越的个人能力，以及首辅夏言的回护和支持，徐阶得以还朝，先后担任礼部和吏部侍郎。好景不长，夏言被杀，徐阶又一次陷入孤立，被迫屈意侍奉严嵩，不但唯严嵩之命是从，还将孙女嫁给严嵩孙子。加之徐阶的青词相当不错，因此才能稳居礼部尚书。庚戌之变中，徐阶的主张解决了明世宗既不愿向蛮夷低头又无力将其赶走的窘境，通过无伤大雅的礼仪问题换取地方勤王军队抵达的时间，一举两得，正中明世宗下怀，所以徐阶顺利从礼部尚书任上入阁。但是此次入阁，并非严嵩意愿，而且庚戌之变徐阶的亮眼表现更衬托出严嵩的尸位素餐，所以入阁之后的徐阶更加小心谨慎，一如张治李本二人一般毫无主张。

一五五三年正月，因出现日食，巡按御史赵锦要求罢免严嵩，以应天象；结果下锦衣卫诏狱，久而久之，削籍为民。

沈束、徐学诗、沈炼、赵锦都是绍兴人，因此合称越中四谏。虽然言官有一战成名而获得擢升的机会，但是也经常上疏之后杳无音信，甚至要面临弹劾不成反被权贵欺压的危险。再加上有心人的唆使，越来越多的言官主动或者被动抱团行动，除了增加扳倒弹劾对象的成功率，也有让权贵投鼠忌器的顾虑。

同月，兵部武选司员外郎杨继盛猛烈弹劾严嵩。杨继盛曾猛烈弹劾仇鸾，遭到报复打压。仇鸾被剖棺后，严嵩想收杨继盛为己用，于是调其为武选司员外郎。结果杨继盛上任一月便弹劾严嵩有十大罪、五奸。奏疏一上，明世宗大怒，特别是杨继盛弹劾中涉及裕王和景王；明世宗将杨继盛下狱，拷问背后指使者。杨继盛回应称没有主使者，而且严嵩奸臣误国，除了二王没人不怕严嵩。结果，杨继盛被廷杖一百，送到刑部。刑部郎中史朝宾反对判死杨继盛而被贬为高邮判官，刑部尚书何鳌只得在刑部侍郎王学益的胁迫下判决杨继盛绞死。但明世宗不想杀杨继盛，故而将其继续关押。

二月，兵部郎中周冕不配合严嵩隐藏杨继盛奏章涉及内容，揭发严嵩孙子严鹄、仆人严效忠冒领军功，结果被明世宗以挟私报复为由，下狱削籍。

实事求是地讲，杨继盛奏疏可谓字字诛心。严嵩十大罪为坏祖宗之成法（实为宰相）、窃君上之大权（赏罚己出）、掩君上之治功、纵奸子之僭窃（跳过内阁由儿子义子拟旨）、冒朝廷之军功（让儿孙冒领军功）、引悖逆之奸臣（包庇仇鸾）、误国家之军机（唆使丁汝夔消极防御导致庚戌之变）、乱黜陟之大柄（擅自罢免徐学诗等弹劾严嵩的官员）、失天下之人心（纵容官员剥削百姓）、坏天下之风俗（破坏官场的正直风气）；五奸（指严嵩蒙蔽明世宗的手段）分别为陛下之左右皆嵩之间谍、陛下之纳言乃嵩之鹰犬（严嵩义子赵文华负责通政司）、陛下之爪牙乃嵩之瓜葛（严嵩与厂卫联姻）、陛下之耳目皆嵩之奴隶（科道已经屈服严嵩）、陛下之臣工多嵩之心腹（在大臣中广收羽翼、打压反对派）。

同年，严嵩因为官十五年考察结果优秀而录用其两子为官；又因为修缮京师外城有功，其子严世蕃升为工部左侍郎。严嵩推辞，被明世宗拒绝。

永乐迁都时营造的北京城分为三层，即最内的宫城（即故宫）、中间的皇城（包括了中南海、北海、景山，以东西华门、天地安门为出口）以及内城（相当于北京旧西城区和东城区）。后来人口增多，大量百姓在京城外建屋居住，结果在土木堡之变和庚戌之变中饱受折磨。因此，庚戌之变后，明朝中央决定修建外城，但是受限于财政不足，只得先修南城，相当于原北京宣武区、崇文区（今东城区和西城区的南部）。此即北京今天"由"字形的由来。

一五五五年十月，兵部员外杨继盛被杀。杨继盛被羁押三年，引发舆论关注，不少官员为其求情。严嵩满口答应营救，转脸就命严世蕃与胡植、鄢懋卿商议，胡鄢均认为杨继盛当杀。于是，严党趁东南总督张经、浙江巡抚李天宠奏请处置江南倭寇的机会，将杨继盛附在名单之中。结果，明世宗下旨行刑，杨继盛被杀。杨继盛妻子张氏上疏请求以命抵命，被严嵩压下。

后世经常将杨继盛被杀看作是严嵩欺君枉国的罪证，明世宗属于被严嵩蒙蔽和利用。虽然武世二帝大肆使用廷杖，多有言官在皇帝授意下而被直接杖死，但是很少直接处决言官。原因很简单，处决大臣是一件非常犯忌讳的事情，特别是言官有风闻言事的豁免权和道德高地，想在合规合法又不犯众怒的情况下，处决言官比较困难，所以皇帝都比较慎重。

但是笔者个人的看法是，明世宗不太可能自始至终对处死杨继盛一无所知，极有可能知情但是没有点破。笔者的理由有两点。第一，锦衣卫陆炳毫不掩饰自己对杨继盛的佩服和称赞。杨继盛在狱中，因廷杖受刑而伤口腐烂，结果自己用瓦片（或者碗片）将腐肉割掉，锦衣卫陆炳曾当面目睹此事；结合其他材料，不难看出，如果没有陆炳的照顾，杨继盛不可能在重伤之下仍在诏狱好好地活了三年。陆炳作为明世宗的知心人和特务头子，也不可能坐视明世宗被严嵩蒙蔽利用、处死杨继盛。第二，明朝判死不一定被杀。明朝犯人被判死刑后，如果不是斩立决，都会放到秋后行刑，行刑之前需要刑部和内阁复核，再由皇帝批准；为体现上天有好生之德，只有一部分死刑会被勾决执行，其他死囚则继续关押。结合各种材料来看，明世宗从未将勾决犯人的审批权交给阁员或者内侍代劳，都是亲力亲为。当年判死的人犯有一百余人，勾决的只有九个，其中就有一个杨继盛，所以笔者觉得这不是巧合。

一五五四年，工部侍郎赵文华受命前往浙江，祈祷海神杀贼（倭寇）。赵文华与严世蕃交好，先为通政使，不到两年就擢升为工部侍郎，还被严嵩视作义子。但是赵文华为人贪婪，前往浙江后，浙江上下不胜其扰，又设计陷害东南总督张经、浙江巡抚李天宠，致使两人被杀。

一五五五年年底，赵文华以倭寇已平为由奏捷，获准还京。

一五五六年二月，吏部尚书李默下狱而死。赵文华回京以后，浙江又奏报倭寇警情，明世宗因此疑心赵文华谎报军情。赵文华转而诬陷吏部尚书李默与已故东南总督张经交好而心中不平，又在礼部试题中影射明世宗晚节不保。明世宗大怒，将李默下狱；李默于二月底死于狱中，时年六十二岁。同时，明世宗以大学士李本摄吏部事，进行整顿。

三月，李本对一百一十三名大臣进行审核，以吴鹏、赵文华、严世蕃等二十八人为上等，鄢懋卿等七十人为中等，葛守礼等十五人为下等并应当罢免；时人认为李本依附严党而进行非议。随后，赵文华为工部尚书，加太子太保，工部尚书吴鹏为吏部尚书。

李默的试题是汉武征四夷而海内虚耗，唐宪复淮蔡而晚业不终。汉武唐宪都喜欢神仙方术，后者更是被记录为修道服丹而死（一说是死于宦官谋杀），可以说，此题一出，李默必死。所以笔者实在想不明白为什么李默会出这么一道"嫌命长"的试题。

相较于徐阶，吏部尚书李默才是真正对严嵩形成挑战的大臣。首先，李默的职务履历非常强悍。一是李默是吏部尚书，而且还打破了正德初年张彩以后再无吏部侍郎直接转尚书的先例，等于握有决定朝中五品以下官员去留大权；二是李默兼任翰林学士，等于将明朝未来的精英收入门下；三是李默和言官队伍交情匪浅，在其早年担任太常寺卿掌南京国子监时，成功地推动了博士等国子监官员可以选为科道言官的政策。其次，李默的圣眷丝毫不逊于严嵩。一是李默是陆炳考中武举时的考官，亦即陆炳的座师，两人关系非常密切。二是李默早在嘉靖三十年（一五五一年）初任吏部尚书时就被严嵩构陷下野，一年半以后又获得起复，官复原职，并且在被严嵩构陷入直西苑，进太子少保，兼翰林学士。最后，李默与严嵩关系不和，遇事总是按照自己的意愿处置，但是为人非常正直，官声极佳，又刚好比严嵩小十四岁，正值壮年。结合明世宗的一贯作风，李默就是用来制衡严嵩以及内阁的棋子，严嵩也必然要将其除掉。

五月，赵文华自请再下东南获准；随后，赵文华前往浙江，又搜刮金银财宝无数，趁东南总督胡宗宪击杀倭寇头目徐海而邀功回朝。八月，明世宗召赵文华还朝，加为少保。

十二月，明世宗赐大学士严嵩免朝贺，入直西苑，特赐腰舆。此前，严嵩获准乘马入禁，此次加恩更是异常殊礼。

一五五七年八月，工部尚书赵文华贬死。赵文华凭借两下浙江搜刮的财物大肆行贿，加之扳倒李默，风光无两，因而有心自立。严嵩因赵文华讨好妻子欧阳氏而不予计较，但严嵩之子严世蕃因赵文华赠送礼物太少而不满（一套金丝幕以及二十七位姬妾每人一件宝髻，实际约值四万两）。赵文华绕过严嵩，直接逢迎明世宗，进献百花仙酒、方士药，深得明世宗欢心。但是，明世宗继续索要百花仙酒、方士药时却被赵文华不理，明世宗又发现赵文华新修府邸极为豪华，在宫中便能看见，而自己的西苑新阁迟迟未能完工。于是，明世宗大怒，将赵文华贬斥为民，其子戍边，累世偿还侵吞的军饷财政十万四千两。赵文华回乡途中，突然用手揉扣肚子，脏腑流出而死。

赵文华的贬死，纯属咎由自取。首先，赵文华此时在工部贪污犯了大忌；须知明世宗能够为了营造京师外城而暂时搁置新建西苑新阁，赵文华却在自家大兴土木，纯属找死。其次，赵文华骤登显位却没有自己的党羽，无论是浙江立功还是扳倒李默都是严嵩父子在后支持和指使，所以在得罪严嵩父子之后，赵文华很容易因孤立无援而下野。最后，赵文华得罪了道士；陶仲文作为天下掌教，承担了搜集各种补品丹药的义务，结果被赵文华先发现并进献了百花仙酒等效果极佳的东西，自然会引来前者的攻讦。此外，赵文华直接致使李默枉死，其高徒陆炳必然要有所报复，所以赵文华必死。

不过，仇鸾跋扈、徐阶入阁、李默和赵文华的一时显赫，也说明了部堂级高官已经普遍意识到严嵩不过是狐假虎威，因而纷纷尝试直接讨好明世宗，从而取代严嵩；严嵩本人对于部堂官员这种蠢蠢欲动的局面也没有能力直接制止，只能一方面借故拖延，另一方面伺机构陷，而且还要在这一过程中保证自己不显得过分强大，以免引起明世宗忌惮。

九月，宣大总督杨顺、巡按御史路楷设计杀害前锦衣卫经历沈炼。沈炼被贬保安州种田后，教化百姓，深受爱戴，同时依旧痛恨严嵩不已，甚至做了三个假人，分别命名为李林甫、秦桧、严嵩，动辄射箭。严嵩父子命杨顺将沈炼除掉。同年秋季，俺答率众二十万自雁门犯边，攻破应州四十余堡；杨顺只得纵兵杀戮避难兵民，伪造首级来表功免罪。沈炼得知后，上疏揭发弹劾。杨顺大怒，趁边镇抓获白莲逆党，将沈炼列入其中，报至朝中；明世宗照例交由兵部审议，结果沈炼因此判死被杀，全家籍没，长子戍边。随后，严嵩给杨顺一子为锦衣卫千户、路楷升太常卿。杨顺犹觉不足，又杖杀沈炼两个儿子，并召其长子沈襄来宣府，打算斩草除根。

一五五八年三月初八，给事中吴时来上疏揭发弹劾杨顺路楷等人虚耗军需、杀良冒功；明世宗大怒，将杨路二人逮捕入京，兵部尚书许论因为包庇二人也被罢免为民。沈襄因而得免。

许论包庇杨路的原因很简单，许论是杨顺的前任，自己任上的把柄很容易落在继任手中，再加上严嵩专权已久，所以只能听之任之。

笔者认为严嵩杀沈炼一事有些短视。原因很简单，沈炼有四个比较棘手的身份，正经的两榜进士出身，受到锦衣卫都督陆炳器重的锦衣卫经历，正牌的第三代王学门人，绍兴越中十子社成员（有徐渭、嘉靖三十五年状元诸大绶）。

如果是真的反感其言论，寻个由头发配云南或者辽东，唆使党羽找机会赶出关外自生自灭即可。这样还能树个典型，杀鸡儆猴，没有必要赶尽杀绝。

二十八日，给事中吴时来、刑部主事张翀、董传策三人同日弹劾严嵩父子弄权误国。结果，三人反被下狱廷杖，谪戍岭南。

董传策是嘉靖二十九年进士，吴时来和张翀是嘉靖三十二年的进士，这两科的主考官是徐阶，而且董传策和徐阶同乡。因此，这三人上疏弹劾严嵩，被视作是徐阶唆使；而且，徐阶掌权后也确实对这三人给予了厚待。之所以徐阶唆使三人上疏，无非是趁揭破严嵩欺瞒明世宗处死官员以及宣大杀良冒功事发，明世宗很有可能会将七十八岁的严嵩罢相，至少也可以杀杀其锐气，以免严党恢复元气。

同时，原兵部尚书、正在丁忧的杨博起复为兵部尚书，四月出督宣大军务。当时俺答正在围攻大同右卫，得知杨博将至而退走。杨博上任后，恢复翁万达时期的长城，招降叛民，削减赋税，抚恤将士；明世宗嘉奖其为太子太保。

一五五九年五月，蓟辽总督王忬下狱。严嵩因王忬同情杨继盛而厌恶他，又嫉恨其子王世贞为营救杨继盛而奔走、收尸、凭吊。同年滦河预警蒙古人侵，左副都御史鄢懋卿迎合严嵩而指使属下弹劾王忬，王忬因此下狱。结果滦河战事失利，严嵩反诬陷此乃王忬疏忽所致，并以此论罪。

同时，兵部尚书、宣大总督杨博改任蓟辽总督；十月，返回兵部。明世宗本意是尽早召回杨博任职兵部，但是严嵩从中作梗，改由兵部侍郎江东署理兵部；在宣大防秋结束后，又改任杨博为蓟辽总督。同年蓟辽防秋结束后，明世宗又打算召回杨博，虽然吏部尚书吴鹏不愿，但是署理兵部的右都御史郑晓提出杨博在蓟辽则蓟辽安，在兵部则九边皆安。于是，杨博得以回京。

一五六〇年十月，王忬被杀。王忬下狱后，其子王世贞、王世懋奔走相告无果，只得跪在朝见路上，自扇耳光；又向严嵩哭求，严嵩意动，但是严世蕃指出当年夏言就是因为一时恻隐而使得严家逃过一劫。于是，严嵩下定决心，王忬被杀。

严嵩祸国殃民主要表现在两件事情上，一个是杀贬正直大臣，另一个是破坏北方边防；这两件事情刚好又同时在杨博和王忬身上体现出来。

压制杨博是严嵩和徐阶两人为数不多的相同政见。按照明史的说法，严世蕃认为天下奇才只有自己、陆炳和杨博三人，因此严党确立了拉拢陆炳、打压杨博的方针。但是笔者认为其中有更深层次的原因，即明朝中央绝对不会允许再次出现类似东南倭乱一样的官商勾结的地方集团。一方面是最近应对东南倭乱时，严嵩、胡宗宪等人得出的教训，另一方面与山西关系匪浅的杨一清在大礼议之中的作为也让人记忆犹新。但是对杨博这个当事人而言，无论如何都无法接受此事，肯定对严嵩极为不满；而且就事论事地讲，杨博本人无论是操守还是能力都非常优秀，并未以山西利益而出卖国家，反而上任兵部之后，稳定了北方边境，为嘉靖隆庆的顺利过渡提供了非常有力的外部环境。

杀王忬则是杀杨继盛的连锁反应。严嵩陷入被群臣敌视的窘境，主要原因其实不是柔媚对上，而是尸位素餐、祸国殃民，更为过分的是为了保住个人权势而肆意打压言官，甚至枉顾国政而构陷大臣。这种引起公愤的行径，必然引起士林和官僚集团的普遍反感，严嵩因而陷入恶性循环：为了维系权威而贬杀大臣，激起更多人的反对，进而贬杀更多的大臣，又激起更多人的反对。

一五六〇年六月，御史林润弹劾鄢懋卿总理天下盐运、受贿无数，无果。明世宗初年，为解决盐引滥发而无法及时兑盐的问题，同时实现盐商输部济边、扩大财政收入的目的，推行余盐和正盐搭配销售的政策，要求商人购买余盐时必须握有一定数量的盐引（一般是盐引余盐数量一比二）。由此，明朝中央每年盐政收入从三十余万两激增到六十万两。但是由此导致私盐横行，时间一久，盐引再次瘀滞严重而且余盐供给不足。为此，首辅严嵩推荐鄢懋卿总理两淮、浙江、山东、长芦四地盐政，解决这一问题。鄢懋卿上任后，稽查私盐交易，同时增加食盐供给量，增大盐引发行量以及调整配售比例，使得盐政收入从六十万两增至一百万两；但是因此导致食盐滞销，大量商人资金周转困难。

鄢懋卿整顿盐政，主要目的是通过整顿盐政，缓解明朝的财政短缺问题，这是作为首辅的严嵩必须要想办法解决的问题。而间接通过整顿盐政，再次打压了严党的竞争对手晋商。古今中外但凡以政府信用为担保发行的货币或者兑换凭证，都会存在超发和贬值的问题，所以明代盐商被盐引超发导致兑换困难而困扰，盐户不愿接受贬值飞快的官钞而减少官盐的供给和缴纳，再加上古代中国实行盐榷，极易引发官商勾结，因此久而久之，很容易出现大盐商。晋商就是凭借开中法而成为明朝中后期的最大商帮，并牢牢控制盐政核心扬州。

十二月，太保兼少傅、掌锦衣卫陆炳突然去世，时年五十一岁，赠忠诚伯，谥号武惠，祭葬加等，其子陆绎为锦衣卫指挥佥事。

陆炳的死非常突然。关于其死因，历来众说纷纭。《国榷》记载陆炳恃宠骄横，却被杨博抑制，某日与杨博饮酒后而死。沈德符《万历野获编》记载陆炳死因有两处，一处认为陆炳早年曾与严党关系紧密、参与构陷夏言，后来双方关系决裂，结果陆炳被严党毒死，另一处则认为杨博与严世蕃勾结，设宴款待陆炳，结果陆炳醉归暴卒。结合陆炳常年习武，又没有疾病记载，可见其当属暴毙无疑，但是不好推测死因，因为严世蕃和杨博或合谋，或独自，毒死陆炳的动机都不算充分，而且想毒死锦衣卫头目，难度系数太高，想掩人耳目更是难上加难。所以也有景王参与谋杀陆炳的说法，明世宗因裕王无子而不敢深究景王，以免自己帝系断绝。此外，也有野史观点认为明世宗经常向亲信大臣赐以丹药，陆炳就是因服食丹药暴毙而亡；但是这与明朝时期丹药技术成熟、低毒的环境相悖，所以在笔者看来也不成立。

一五六一年，景王朱载圳就藩，前往德安府（湖北安陆）。一五六五年正月，景王去世，无子国除。

景王就藩也非常突然。明世宗因二龙不相见而一直不册立新太子，而且在裕王景王谁来即位一事上态度暧昧。明世宗曾因命裕王和景王出宫居住并且同日大婚，而遭到礼部尚书欧阳德强烈反对。裕王生母杜康妃去世后，明世宗又拒绝仿效纪淑妃旧例予以加封，以便裕王即位后尊生母为太后。景王因为长期滞留京城，而且仪制待遇与裕王相同甚至更好，其亲信因此窥伺太子之位，搞得朝中内外人尽皆知，结果嘉靖四十年突然被勒令就藩。后世史家评论此事时，多以此认为明世宗下定决心以裕王为太子，并有人暗指景王参与毒杀陆炳而被明世宗打压。

笔者个人比较倾向于陆炳猝死，明世宗因此才被迫在选定皇嗣、处置严党等事上做出决断并实施。笔者认为陆炳猝死的原因很简单，如果严党和晋党有能力暗杀锦衣卫指挥使，那早就被明世宗以及其他势力打到灰飞烟灭的境地，更何况暗杀对象是号称最强锦衣卫的陆炳。笔者不排除陆炳死于亲信亲属的可能，但绝非因朝政大事，只可能是家族矛盾、事业纠纷等。同时，明世宗对陆炳去世毫无准备，所以只能骤升其子陆绎为锦衣卫四号人物，从而迅速稳定人心（陆绎之后逐渐执掌锦衣卫直至明穆宗即位）；又因为陆炳去世显得严党过于强大，所以只能先命与严党交好的景王就藩，然后处置严党，换上看上去唯唯诺诺且没有太强势力的徐阶。

同年三月，吏部尚书吴鹏被罢，礼部尚书吴山闲住；两部分别由左都御史欧阳必进（严嵩妻弟）和礼部右侍郎袁炜接任。明世宗有感严嵩专权误国，在徐阶的建议下，先将吏部尚书吴鹏罢免，以免其继续培植党羽打压他人。此外，同年稍早出现日食但是旋即结束，明世宗认为此乃祥瑞，礼部侍郎袁炜作文附和，但是尚书吴山认为依旧需要行救护之礼，结果被明世宗闲住。

五月，大学士李本丁忧。李本因李默事发后依附严党而被士林轻视。

笔者个人认为吴山不是严党。因为吴山虽然与严嵩都是宜春人，但是吴山拒绝与严世蕃联姻，结果被严嵩所阻，未能入阁。

十月，户部右侍郎赵贞吉被严嵩陷害罢官。赵贞吉被贬为荔浦县典史后，认真工作，加之徐阶相助，成功调回中央，担任侍郎。严嵩不满，提议在蓟州增设户部侍郎督粮练兵，拟推赵贞吉以便将其外放。赵贞吉提出反对，认为户部已有专员负责监督运输粮草，同时练兵是兵部而非户部的职责，所以没有必要设置此专员。结果明世宗认为赵贞吉不愿外放故而推脱，将其免官。

十一月，七十岁的欧阳必进致仕，吏部右侍郎（一说礼部尚书）郭朴接任吏部尚书；礼部尚书袁炜入阁。

袁炜是景王傅，与郭朴都是青词高手。此外值得一提的是，裕王傅、时任太常寺卿掌国子监祭酒高拱也是青词高手，而且与郭朴是河南老乡，在严嵩与徐阶对峙最激烈的一五五八年期间顺利从翰林编修升为侍讲学士；虽然徐阶是袁炜的座师，但是徐阶的衣钵传人张居正此时正是国子监司业（祭酒副手）。所以，严徐二人对裕景二王都是两面下注。

同月，严嵩殿前应答失策。明世宗长期在西苑炼丹，经常引发火灾，结果此次万寿宫（明世宗寝宫）失火，因而只得暂居狭小的玉熙宫，心中郁闷。君臣商议时，有大臣（一说严嵩）提议返回大内居住，无果；严嵩又提出前往南宫（明英宗幽禁地点），明世宗极为不满；次相徐阶和工部尚书雷礼趁机提出加急重建万寿宫，大获圣心。

年底，严嵩夫人欧阳氏去世，严世蕃因丧不得入宫。明世宗好用御札提问大臣，措辞深奥晦涩，从中窥探大臣是否符合自己心意，同时需要大臣撰写青词用作修道。严嵩年事已高，无力应答写词，但是其子严世蕃聪明伶俐，每次必中，所以严嵩得以保住圣眷。欧阳氏去世后，严嵩以独子为名，留下严世蕃在京，改由孙子严鹄护送欧阳氏灵柩还乡，但是严世蕃年长跋扈，服丧期间继续饮酒作乐，加之不能入宫伴随父亲，结果经常耽误回答明世宗御札或者撰写青词，加之有时明世宗催促太急，严嵩仓促作答不合圣意，因而明世宗逐渐不满，疏远严嵩。

一五六二年三月，新万寿宫三月建成，次辅徐阶加少师，任一子为官，大学士袁炜加少保，而首辅严嵩不过加禄百石。

五月，首辅严嵩被罢，保留俸禄；严世蕃下诏狱。严嵩年老无法理政，政务多由次辅徐阶负责。同时，道士蓝道行也趁扶鸾，唆使明世宗厌恶严嵩，暗示上天将其留给明世宗正法。恰好此时，御史邹应龙上疏弹劾严世蕃，但是认为严嵩的问题只是溺爱独子；明世宗深以为然，命严嵩致仕，将严世蕃下大理寺狱。但是严嵩罢相后，明世宗又因思念严嵩而闷闷不乐，严嵩父子趁机行贿内侍，揭发蓝道行向邹应龙泄露宫中机密，蓝道行因而下狱被杀。同时，刑部侍郎鄢懋卿和大理寺卿万采唆使蓝道行攀咬徐阶失败后,只定罪严世蕃贪污八百两,判戍雷州卫,其子严鹄、严鸿,爪牙罗龙文等人分戍边远卫。明世宗又特宥严鸿为民(严鸿娶徐阶孙女),并下令禁止继续弹劾严嵩。严嵩返乡后,又进献《祈鹤文》及各宗秘法,明世宗回信并予以赏赐,但是拒绝让严鸿返乡侍养。

同时,徐阶任首辅。在内阁值庐悬挂题词,"以威福还主上,以政务还诸司,以用舍刑赏还公论"。但实际上,次辅袁炜并未参与内阁票拟意见,票拟一事依旧由徐阶负责。此外,鄢懋卿、万采等人纷纷被弹劾罢官。

十一月,山西巡按张槚奏请赦免严嵩打压的言官,结果明世宗大怒,派锦衣卫将其缉拿入京,廷杖六十,罢为庶民。

蓝道行既是道士,也是王学门人,据传其与何心隐交好,因此支持同为王学门人的徐阶倒严,甚至有观点认为此事就是何心隐和徐阶合谋的结果。

严党的垮台,虽然有徐阶精心策划的结果,但是更多的是在明世宗的设计下的新老交替。此时的严嵩已经是八十二岁高龄,远远超过明朝七十致仕的规定,这样的老朽之所以能够坚持在首辅位上,很大程度上是因为严世蕃在内支持,胡宗宪正在东南平叛。但是这个年龄的老人,如何突然暴毙都不奇怪,但是必然会带来巨大的政治动荡。这是一向怕麻烦的明世宗所不能接受的事情。所以大致在陆炳去世、景王就藩的同时,明世宗将严党仅有的两名七卿欧阳必进(嘉靖三十年三月至四十年十一月)、吴鹏(嘉靖三十三年九月至四十年三月)去职,使得严党的势力范围退缩到刑部和大理寺(刑部尚书何鳌年老多病)。旋即,出现了严世蕃守孝、胡宗宪下野的绝佳时机,明世宗必然趁机完成新老交替,让严嵩致仕。但是,一向恣意的明世宗也绝对不会允许言官继续深究弹劾严嵩,一方面是因为与严嵩有旧情,另一方面也是捍卫自己的尊严。

一五六四年二月,伊王朱典楧废为庶人,押往凤阳看管。朱典楧继位伊王二十来年,为非作歹,强取民财、强抢民女、大肆营造宫殿,多有逾矩,又拒绝改正,抗旨不从。在都御史张永明、御史林润等人的弹劾下,明世宗下诏废除伊王爵位,且贬为庶人。

伊王始于朱元璋第二十五子朱彝，封地为古城洛阳。世代伊王评价都非常负面，比如朱彝本人非常暴虐，死后上恶谥号厉，史称伊厉王。

十月，严世蕃再捕入狱。严世蕃戍军途中直接返回老家江西，并未前往雷州。罗龙文也在半路逃回皖南，藏匿亡命刺客，放言要刺杀明世宗和徐阶。徐阶得知此事后，加强护卫防备；严嵩听闻后惊惧不已。但是严嵩罢相后，徐阶对严氏一如既往地优厚恭谨，严世蕃因而愈加骄横，放松警惕，在故乡大兴土木。袁州推官郭谏臣因公路过严嵩家乡，结果被仆人投掷砖块调戏侮辱。郭谏臣因而将此事告知御史林润。林润随即上疏弹劾罗龙文藏匿江洋大盗，意图谋反，严世蕃逃离戍地并与罗龙文诽谤朝政。结果，严世蕃、罗龙文被逮捕入京审讯。

一五六五年三月，严嵩籍没，严世蕃及罗龙文被杀。入狱之后，严世蕃认为明世宗不会介意自己父子行贿、受贿的事情，但是定罪时不能有聚众通倭的罪名，应当代之以杨继盛、沈炼被杀之事，从而激起明世宗对言官的反感，使自己脱罪。经过严党宣传，刑部尚书黄光升、左都御史张永明、大理寺卿张守直上当，将杨沈被杀一事列入罪名，交由首辅徐阶阅览。徐阶指明杨沈被杀虽然是天下公愤，但确实是明世宗亲手勾决，明世宗聪明一世，断然不会认错，反而会认为法司是借严党而胁迫君上，由此主审官员必然遭罪，严世蕃等人反倒会被赦免。于是，徐阶当即改拟罪名，以交通倭寇、潜谋叛逆（与倭寇汪直联姻、与藩王朱典楧联络、囤聚兵力兵器意图谋反或者逃往日本）为罪名，将严世蕃明正典刑。明世宗立即批准。于是，严世蕃、罗龙文被杀，严嵩家被籍没家产一万多两黄金、二百多万两白银以及大量奇珍异宝。严嵩本人只得寄身墓地、祠堂，两年后去世。

徐阶真是集嘉靖朝诸多权臣经验之大成者。张璁等人通过大礼议中支持明世宗获得擢升，但是这些人支持明世宗除了投机取巧以外，确有几分支持继统不继嗣的观点；夏言在此基础上认识到明世宗所需要的不过是一些迎合自己主张、满足自己需求的大臣而已，于是主动顺着明世宗的意见继续修订礼仪，成为首辅，但是又坚决杜绝自己成为杨廷和第二；严嵩则意识到明世宗更喜欢柔媚侍君的大臣而非刚直强硬的大臣，所以坚决贯彻此道。严世蕃则独辟蹊径，将明世宗好面子的缺点利用得淋漓尽致。结果以上经验教训都被徐阶学习并进一步深化，乃至于他精确计算出明世宗、严嵩、严世蕃乃至于三法司堂官的心理和行为。

严嵩自一五四八年夏言被杀至一五六二年致仕，担任首辅十四年有余，入值内阁更是将近二十年。总的来说，严嵩专权对明朝的危害主要有三点。首先是尸位素餐。严嵩为政期间，几乎毫无作为，明朝各种矛盾冲突此起彼伏，特别是北虏南寇问题严重，严嵩应对非常不利。其次是构陷大臣。严嵩最大的污点是构陷杀死了几无瑕疵的首辅夏言，又为了专权用事而打压言路，典型的就是越中四谏、壬戌三子。最后是贪污受贿。严嵩被抄家后，所有家产被登记造册，编为《天水冰山录》，数量之大，数倍于赵文华。

但是，笔者个人认为严嵩专权实际上是嘉靖怠政的表象。其一，如果不考虑杨廷和与徐阶，张璁、夏言和严嵩在任期间的作为其实都不多。后世为张璁平反并认为其勤政时，往往提出张璁、桂萼率先试点征一法、一条鞭法、一串铃法、十段锦法、纲银法等，积攒了大量经验，同时明世宗将各地镇守太监召回也是受到张璁的影响。但是这种试点工作并未在全国推行，甚至可以只看作是明朝中央、应天巡抚欧阳铎以及东南豪强之间拉锯的产物。夏言骤升后，先是长时间忙于与张璁、桂萼、翟銮等人内斗，后是因与严嵩相争失势而变得愈加谨慎，不算"复套"的话，只能说是中规中矩，几无亮点，此外还有奏停市舶司的黑点。不过在个人操守上，张璁、夏言远胜严嵩，至少以清廉著称，不搞贪污受贿。

其二，内阁内部以及内阁和六部之间的冲突，很大程度上是明世宗有意为之。一是，内阁首辅的力量始终被严格限制。虽然张璁以大礼议迎合明世宗发家，但是掌权之后却也出现了杨廷和专权的影子，故而明世宗充分吸取教训，在相当长的一段时间内保持了内阁和吏户兵三部的对立（至少从一五三五年张璁第三次出阁开始，直到一五五六年严党扳倒李默、吴鹏改任工部尚书为止）。二是，尚书经常挑战首辅。大礼议之后接连两任礼部尚书的夏言、严嵩都是凭借与内阁首辅作对而入阁，之后互为死敌的李默和赵文华却殊途同归一般地倒在了与严嵩作对的路上。这种巧合，笔者更觉得是因为明世宗有意无意中挑唆放纵所为。

同年正月,景王朱载圳在封地去世。明世宗听闻景王死讯,向首辅徐阶表示此子素谋夺嫡,今死矣(现在终于死了)。

三月,大学士袁炜因病致仕,返乡途中去世。

虽然明世宗在后世多以生性凉薄著称,但是能够说出如此决绝的言语,却有些让人出乎意料。此外,需要注意的是,明史记载景王无子,而非有子早殇。笔者没有找到记载景王有子的记录。

有关景王的研究很少,反倒是野史小说更关注他。总的来说,无外乎三点假设。第一,明世宗因为母妃的缘故,更喜欢卢靖妃所出的四子景王而非杜康妃所出的三子裕王,一直有心废长立幼;这一说倒是有几分真实性,因为明世宗确实更喜欢卢靖妃,而且景王的衣食用度也比裕王好很多。第二,景王和严党关系更好,因而获得了严党的大力支持;例证除了景王傅袁炜和座师徐阶关系不和以外,还有另一景王傅唐汝辑的父亲唐龙和严党关系匪浅。第三,景王参与了严党谋杀陆炳,明世宗出于裕王无子的原因,只将景王之国,而且也不能因此深究严党,以免严党与景王孤注一掷,自己好不容易争下的江山又送了别人。笔者个人的看法是,这些观点也就是小说家的戏言而已。

同年二月,明朝颁布《宗藩条例》。御史林润前年十月上疏谈论宗藩积弊,认为宗室奉养花费太多,一年仅禄米就高达八百五十三万石,超出太仓一年四百万石收入一倍有余,同时中下层宗室收入微薄却又不许从事生产;奏请商议处置办法。随后,周王系南陵王朱睦㮮也上奏提出新建宗学、准许科举、革除冗员等七项改革措施。于是,礼部尚书李春芳制定《宗藩条例》并获准颁行,通过加强礼部审批权限、降低宗室俸禄、提高折钞比例、削减仪制补贴、延长请封爵位时间、加重削爵处罚等措施减少开支,同时规范对王府官员的选拔和处罚,以便约束宗室言行。经过李春芳统计,明朝此时共有宗室二万八千余人,其中男性一万二千余人,女性一万六千余人。

明朝宗室开支日趋沉重是明朝中后期财政紧张的重要原因之一。洪武二十八年（一三九五年）规定，明朝亲王岁贡米万石，依次减少，至奉国中尉岁贡米二百石，钞粮各半；由此成为定制。除了宗禄以外，宗室还根据爵位享有不同的各类补贴，其中相当多的一部分需要以银钱支付。此外，宗室还有占田、赐田等其他收入。由于朱元璋规定，但凡宗室，均可根据爵位高低领取宗禄；亲王长子世袭罔替，余子降一等或二等。所以，明朝宗室人口激增，约每三十年翻一番，从洪武年间的五十八人增至正德年间仅男丁就有二千九百八十人，嘉靖八年男丁八千二百人，嘉靖三十二年男丁九千八百余人。两项叠加就成了明朝财政的沉重负担。

《宗藩条例》的基本思路比较简单。首先，直接削减宗室待遇，比如提高折钞比例（粮钞各半贬为粮四钞六）、免去除亲王以外的宗室仪制补贴（如婚丧嫁娶用度等）。其次，减少宗室发放待遇的时长和数量，比方说规定亲王五十岁才可以请封庶子为世子（从而减少世子的俸禄）、大肆压低非婚子女的待遇、限制和阻挠宗室婚假（以减少人口滋生）、提高袭爵的年龄和时长等。最后是从重处罚违禁宗室，特别是增加了许多削爵（而不仅仅是罚俸）的措施。此外就是强调礼部在宗室袭爵、请封等事项上的审批权限，从而可以通过吹毛求疵等手段延长审批时间，节省开支。

客观上来讲，《宗藩条例》在一定程度上缓解了宗室开支对明朝财政的压力，但是从长远来看，效果非常有限，因为宗室的人口基数太大，在没有外力影响下，自然会保持较高的增长率，从而对财政的压力越来越大。

海瑞上疏

一五六五年正月以来，明世宗因抱病而更加注意修道。十月，户部云南司主事海瑞上疏，劝谏明世宗停止修道。海瑞在疏中指明明世宗一意修玄而浪费民力,所谓嘉靖,实为家家皆净;现在天下不平,明世宗应当整肃吏治,选贤用能,让九卿百官勤于职守,则天下大治指日可待——此即治安疏。明世宗阅后暴怒,将海瑞廷杖并下诏狱关押。

明代因为言路相对开放的缘故,很多中下层官员都会屡在奏疏中语出惊人,希冀出位,但是这些奏疏能留下名字的却不多,知名度较高的只有《论治安疏》《告养病疏》《酒色财气四箴疏》寥寥几篇。其中,《论治安疏》可能是明代最著名的奏疏。此疏因为开宗明义,"为直言天下第一事,以正君道、明臣职,求万世治安事",所以被称为论治安疏、治安疏以及直言天下第一事疏;所谓天下第一事,就是正君道、明臣职、求万世治安。

与刻板印象所不同的是,海瑞实际上是履历非常丰富而且屡出政绩的从基层做起的优秀官员,而且他的社会影响力或者社会关系网也很不简单。首先,海瑞从福建延平府南平县教谕做起,历任淳安知县、兴国州(湖北黄石)判官,即做过学政、民政、刑事,而且在每一任上政绩都非常不错。其次,才是大家耳熟能详的,海瑞刚直不阿,对上官非但不阿谀,甚至连敷衍都欠奉,还曾痛打狐假虎威的浙直总督胡宗宪的公子,结果因为得罪鄢懋卿而从淳安知县(正七品)贬至兴国判官(从七品)。最后,海瑞的同僚关系非常不简单。实际上,因得罪鄢懋卿而与其一同被贬的官员还有霍韬的儿子慈溪知县霍与瑕,后来海瑞被举荐入京担任主事(正六品)的则是吏部尚书陆光祖。甚至,海瑞上街买肉为母庆生,都能引发浙直总督胡宗宪的兴趣并为之大肆宣扬。

此外,同年三月,大学士袁炜因病致仕,返乡途中去世。四月,吏部尚书严讷、礼部尚书李春芳入阁。十一月,严讷病归。

一五六六年三月,吏部尚书郭朴、礼部尚书高拱入阁。

严讷、李春芳、郭朴都是饱读诗书、为人厚道的词臣,高拱的情况则比较特殊。高拱一方面也是青词高手,另一方面还是裕王傅,与裕王两人情同父子。此外,郭朴和高拱都是河南人,私交甚佳。这几人都是在袁炜去世后,被徐阶以内阁无人为由,举荐入阁。但是这几人按照惯例都理当入阁,特别是高

第七章 嘉靖修道

拱又兼新君帝师,入阁只是时间问题,所以郭高二人对徐阶并不感恩。

一五六六年十二月,明世宗去世。裕王朱载垕即位,是为明穆宗。随后,海瑞被明穆宗释放出狱;出狱后,海瑞得知明世宗去世,痛哭不已,几近昏厥。

一五六七年正月,明穆宗为明世宗上谥号钦天履道英毅神圣宣文广武洪仁大孝肃皇帝,生母杜康妃谥号为孝恪皇太后,下葬永陵。同时,取消明睿宗配享。

二月,立太子妃陈氏为皇后。三月,封两位皇子生母李彩凤为贵妃。

海瑞得知明世宗去世,痛哭不已,几近晕厥,甚至打算殉葬的行为,实在有损其在很多人心中的刚正不阿、敢想敢说、敢为天下先的传统形象。但是这也说明海瑞是一个正常的且务实的符合官场规范的明代官僚,而非类似何心隐、李贽那样的形象。

明世宗作为明代执政时间最长的皇帝,是一个非常难于评价的人。首先,在笔者看来,明世宗的政绩实在堪忧。总的来说,嘉靖年间可以按照核心事件,划分为四个阶段,即大礼议、夏严冲突、严嵩专权、徐阶倒严,没有一个阶段是围绕政务展开,都是赤裸裸的权力斗争。而且,无论是南倭北虏,还是自江西到广西的叛乱,也都不是凭借中央的有力支持和介入得以解决,反倒是因为中央忙于内斗,才使得胡宗宪、戚继光、晋党、王守仁等人有所放肆。其次,明世宗极其自私。明世宗最被人诟病的崇道,与其说是个人爱好、迷信愚昧,倒不如说是为了追求今世长生才会相信道教并身体力行。从其言行来看,至少在其在位的前四十年,明世宗是真心觉得自己能够修道成功,所以对大臣、儿子这些与自己欢愉无关的人非常冷淡,至多只对父母、妃嫔有所动情。能自私到连皇位都不打算给儿子,这样的皇帝可真是不多见。而且明世宗本人虽然平时用度不高,但是用在修道上的花销极为惊人,而且毫不吝啬,乃至明穆宗即位后打算赏赐后妃都得向户部借钱。

但是,明世宗的为君素质极高,堪称明代太祖太宗之下第一人,在相当大的程度上扭转了明朝君权衰落的趋势。明代君权不断衰弱的根本原因在于基于血统而即位的皇帝越来越无法负担越来越多的政务,从而必然不断向大臣让

317

权。内阁在明宣宗时期获得票拟权后，还在继续挤压君权，在英宗、代宗、武宗时期接连出现了可以跳过君主而维持国家运转的情形，甚至出现杨廷和会越过人伦纲常，提出明世宗改认明孝宗为父这种无理要求。明世宗在反对派的支持下击败了杨廷和，但是也开了一个非常恶劣的先例，即挑唆大臣内斗，以此维持君权。张、夏、严三人的党争，是明代第一次脱离了政见时局而单纯为了利益而进行的争斗。明世宗的这种举动，虽然保证了帝国核心决策层中不会出现大臣联合对付皇帝的情况，但是也使得进入这一圈子中的人浪费了相当大的精力用于自保和内斗，更为要命的是，如果核心决策圈出现较为频繁的人员更替，或者圈中人意识到自己的地位并不稳定后，就很难讲他们会把精力用于政务，还是自保。

第八章　隆万新政

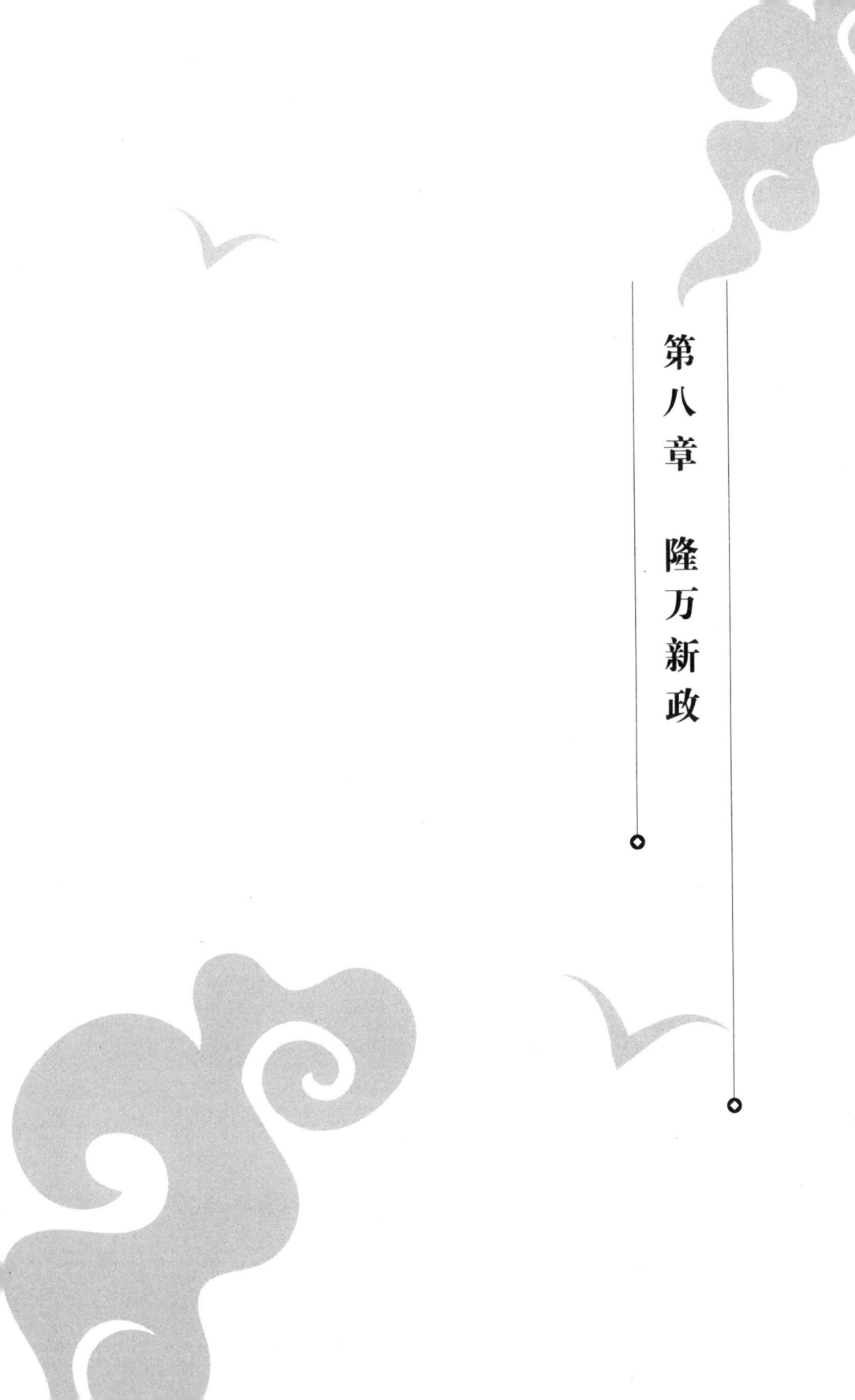

明穆宗本人无心政务，明神宗即位时年幼，明朝首辅成为帝国的实际执政者。面对丛生的社会矛盾，徐阶、高拱、张居正三人进行了一场历时十余年的改革。

第八章　隆万新政

隆庆开关

明世宗晚期，以汪直被捕下狱为标志，东南地区爆发了持续十年的抗倭战争，最终明军以暴力方式彻底消灭了倭寇，并再次开关，进行海上贸易。总的来说，抗倭战争主要包括四场战役，即台州、牛田、兴化、仙游，明军取得四次大胜，分别击破了浙江、福建（两次）、广东的倭寇主力，取得战争胜利。

一五五七年十一月，海商汪直上岸归降，年底被浙江巡按王本固逮捕下狱。汪直下狱后，其养子毛海峰（王璈）统领其部，坚守岑港（舟山）。

一五五九年年中，毛海峰率部突围而去。八月，江北倭寇被刘显、卢镗等人消灭。十二月，汪直在杭州被杀，死前遗言："言死吾一人，恐苦两浙百姓。"

汪直被捕揭开了明军以武力消灭倭寇的序幕。严格意义上讲，围攻舟山才是抗倭战争的第一场大型战役。

一五六〇年秋，戚继光获准在浙江义乌招募三千新兵。一五六一年春，两万余倭寇乘坐数百艘船进逼宁海，与明军对峙。四月十九日，十六艘船载千余倭寇从宁海登陆，戚继光率两千人赶赴迎敌，首次以鸳鸯阵迎敌，倭寇一触即溃，戚家军无一伤亡。随后，戚继光又在新河、花街、上峰岭、楚门、隘顽湾、藤岭等地取得大胜。五月十七日，两千余倭寇在长沙登陆（浙江温岭）；戚继光分兵截断倭寇海上归路，两日后率军迎敌，次日拂晓与其交战，将其消灭。一个月的时间中，戚家军九战九捷，史称台州大捷。是役，浙江倭寇遭到毁灭性打击，几乎全军覆没，戚家军战场伤亡不到二十人。

同年，浙江总兵卢镗等人消灭温州、宁波地区的倭寇。浙江倭寇渐平。

台州之战是戚家军第一次正式亮相。戚家军堪称冷兵器时代的步兵巅峰。从兵种上，包括盾牌兵、狼筅兵、长枪兵、镗钯兵、火枪兵以及专职小队长；从阵型上，包括十一人的鸳鸯阵和五人的三才阵。基本的思路是将小队的防御工作交给盾牌兵，同时长兵器向前，以攻为守。这种作战设计充分汲取了狼土兵的优势，又可以因地制宜制作竹制武器，还充分针对了倭寇多以个人武勇而非配合的弱点进行攻击。同时，更需要注意的是，戚家军的治军思路也非常先进，即挑选兵源、足食足饷、严明军纪、注重训练、紧抓思想。戚家军的兵源非常单一，即义乌地区的矿工、农民，强调头脑简单、性格纯朴，而且募兵的时候还会将市民、书生等排除在外。在军需供给上，戚家军的待遇非常高，而且几乎不存在军官克扣、亲疏有别的情况。戚家军的军纪极为严格，动辄棒打斩首，而且包庇同罪。此外，戚家军日常训练时也非常严苛，既要求团队配合，又要求个人能力，伤残情况时有发生。最为重要的是，戚家军对官兵的思想教育也非常先进，强调官兵对君主、对国家的忠义，也强调官兵保家卫国与安定百姓的责任，已经远远超脱于古代军事的局限。以上种种，使戚家军成为一支非常不同的军队，甚至已经非常接近现代治军思想，这也是为什么笔者认为戚继光可以入选古代一流名将的缘故。

一五六二年七月，戚继光受命首次入福建作战。八月，戚继光抵达福建，至九月，先后在横屿、牛田、林墩、福清四战四捷，几乎荡平福建倭寇。十一月，戚继光率军返回浙江。

同年五月，首辅严嵩致仕。浙江副总兵刘显改任广东总兵。十一月，浙直总督胡宗宪被捕入狱，削籍为民；浙江总兵卢镗受牵连而被免职还乡。明朝废除浙直总督，改由诸巡抚分管各地。

此即牛田大捷。相对而言，福建本土的倭寇更加弱势一些，但是因为地形易守难攻以及地方政府财力，福建很难自己平定倭乱。此外，牛田大捷的政治意义更加重要，戚继光长途奔袭取胜，在一定程度上证明了胡宗宪和浙直总督存在的非必要性，加速了明朝中央拿下胡宗宪。胡宗宪、卢镗一对将相就此谢幕，真是令人唏嘘。

戚继光班师不久，浙江、广东万余倭寇合力侵犯福建，沿海攻打州郡，围攻兴化。胡宗宪奏请起复正在丁忧的福建参政谭纶，调回南赣副总兵俞大猷为福建总兵，并征调浙江副总兵（一说福建副总兵）戚继光率义乌兵入闽，与广东总兵刘显协力平叛，获准。刘显率军救援兴化，但是所部主力留在江西剿灭广东倭寇，只以不足七百疲敝士兵长途驰援，结果刘显信史被倭寇截杀，倭寇趁机伪装身份，攻克兴化。

一五六三年二月，戚继光再次前往义乌募兵，随后第二次进入福建作战。四月，在福建巡抚谭纶的指挥下，福建总兵俞大猷、浙江副总兵戚继光、广东总兵刘显围攻平海卫，俞大猷从海上进攻，戚刘从路上进攻，一举将其攻克，斩杀倭寇两千余人，解救三千余人，收复兴化。福州以南倭寇被平。随后，戚继光因功改任福建总兵，俞大猷改任南赣总兵，刘显调任狼山总兵。

平海卫之战，又称兴化之战。此次率众而来的倭寇，似乎是汪直余部。相较于此前的福建倭寇，汪直余部更擅长与地方官府勾结，而且还能从走私贸易中获得大量的补给，且擅长海战，又有丰富的解围经验，故而明朝集结三总兵，又用以军事见长的谭纶进行指挥，从而一举将其击破。

一五六四年年初，俞大猷改任广东总兵。二月，倭寇万余人再攻仙游（福建莆田）。三月，戚继光率军驰援，将其平定；少数倭寇逃至潮州，又被俞大猷截杀，几乎全灭。

仙游之战可以看作是倭寇的垂死挣扎，但是明军各部配合之势已成，所以无须多言。

此外，俞大猷进攻潮州倭寇和盗匪头目吴平，将其围困两月，迫使其战败投降。旋即，吴平反叛，结果被戚继光派军攻打，吴平只得退保南澳。

一五六五年秋，吴平侵犯福建，结果被俞大猷和戚继光水陆合击，根据地被捣毁，吴平本人下落不明（一说投水而死，一说逃往安南）。

吴平到底算不算倭寇，历史上一直有争议，毕竟倭寇和海盗怎么区分，也是个颇令人头疼却无关紧要的问题。但此时的吴平被灭，标志着抗倭战争结束。

随后，两广总督吴桂芳留下俞大猷征讨河源、翁源盗匪，立功后改任广西总兵；刘显改任广东总兵。按照惯例，明代以勋贵担任两广总兵，与总督同在梧州；在给事中欧阳一敬建议下，两广分置总兵，并不由勋贵负责。

在此之后，俞大猷一直留在广西地区平乱，参与了平定韦银豹等重大叛乱。刘显则从广东调到广西，又从广西调入四川，参与了平定都掌蛮等叛乱。最后，两人都以高龄死于任上。

一五六七年，明朝再开市舶司。明穆宗即位后，福建巡抚涂泽民奏请再开市舶司，提出"易私贩而为公贩，易只通东西二洋，不得往日本倭国，亦禁不得以硝黄、铜、铁违禁之物夹带出海"，获准。明朝在海登县月港开市，准许通商，但是通过船由、商引，控制交易规模约每年一百艘船以内。

隆庆开关可以看作是对明世宗政策的一次拨乱反正，也是终结倭乱的必然之举，而且还符合明朝中央、地方以及朝野之间的利益，故而顺理成章。

隆庆开关带来的影响还是巨大的。首先，隆庆开关抽掉了明代倭乱屡禁不止的最后也是最重要的原因。倭乱屡禁不止，原因无外乎走私有利可图、地方官商士民勾结、明朝武备松弛三点。后两点在愈演愈烈的倭乱过程中，已经得以解决，现在开放合法的官方贸易，倭乱自然告一段落。其次，隆庆开关导致大量白银流入中国。按照当代学者估算，截至明末，当时世界上新生产的白银总量的三分之一流入中国，极大缓解了古代中国货币不足的问题，带动了东南地区手工业的发展，同时也给明朝中央政府提供了相当多的财政收入。

但是隆庆开关并没有解决所有问题。首先，隆庆开关仅限于月港一地，而且每年贸易额仅限于不到一百艘，远远无法满足实际贸易需求，而且明朝海军力量有限，也无法保证海上贸易线安全。久而久之，大海商非但再次出现，更成为垄断海上交通的武装集团，亦即颜思齐郑芝龙集团。其次，隆庆开关并不足以带动中国社会商品经济或者资本主义经济的大发展。除了开关规模不大以外，漳州港缺少经济腹地，难以在福建进行扩大再生产，而且明朝的海运一直比较羸弱，不足以完成东南到闽粤的货物运输，即便是想发展，实际上也不可能。

此外，近年来也有观点认为隆庆开关对明朝特别是明朝中央政府而言弊大于利。这又有大致三个观点。第一种认为大量白银流入引发了中国的价格革命，使得明朝原本就羸弱的财政能力雪上加霜，进一步削弱了明朝中央政府应对内忧外患的能力，同时也加速了农民破产，加剧了社会动荡，极大地冲击了明朝统治秩序。第二种认为伴随着开市，走私贸易也逐渐盛行，不但推翻了抗倭战争的成果，还使得东南豪族与海商集团再次紧密结合，而且紧密程度更胜以往，成了在事实上独立于中央存在的第三方势力，以至于成为坚持抗清最为持久的力量。第三种是明朝市场上流通的大量白银，带给明朝中央政府一种可以开展货币税收的错觉，结果引发了张居正改革；而这种观点还认为张居正改革实际上加速了土地兼并和农民破产，引发了明朝始终没有解决的流民问题。

俺答封贡

一五六七年，给事中吴时来奏请由戚继光、俞大猷等将领训练蓟辽士兵，但是俞大猷正在平叛，故而只调戚继光北上练兵。同年，险山参将李成梁因屡立战功，提拔为辽东副总兵。

一五六八年三月，原福建巡抚谭纶改任蓟辽总督，负责京畿防务。随后，谭纶奏请戚继光练兵，获准。五月，戚继光以都督同知总理蓟州、昌平、保定三镇练兵事，旋即又任蓟州总兵。随后，戚继光整修烽火台，至一五七一年基本完工，同时练兵有成，加之创设车阵，蓟州成为边镇之首。

一五七〇年正月，三边总督王崇古改为宣大总督。

南兵北上是整顿北方边防的重要举措，也是震慑俺答的武力保证。蓟辽有了谭纶、戚继光、李成梁这些名将，自然安稳。宣大一线则由同为晋党的王崇古担任总督，背后则是杨博坐镇兵部。再加上蒙古右翼俺答汗所部正在经营青藏，明蒙边境暂时安稳。

李成梁祖上是归附明朝的朝鲜人，世袭军职，以汉人自居。李成梁因家境败落，四十岁才得以袭职，但次年就从参将提升为副总兵，可见勇猛。此外，值得一提的是，李成梁虽然世居铁岭卫，却考上了生员（秀才），着实不易，称得上是文武全才。

九月，俺答孙子把汉那吉降明。把汉那吉是孤儿，自幼被俺答大夫人伊克哈屯抚养。此时，俺答强纳已经许聘给袄儿都司（鄂尔多斯）的外孙女三娘子为妻，为了平息袄儿都司的愤怒，将许配给把汉那吉的姑娘嫁了过去（另有一说，三娘子是袄儿都司许配给把汉那吉的妻子，被俺答汗横刀夺爱）。把汉那吉极为不满，又不敢对俺答如何，于是负气降明。明朝边将本意将其赶走或者杀之请功，但是王崇古认为奇货可居，应当趁机索回明朝叛徒、白莲教人赵全等人。于是，王崇古将把汉那吉留下，并将此事告知中央。明朝中央哗然，大臣纷纷反对，其中御史叶梦熊尤甚。兵部尚书郭乾不敢做决定，但是首辅高拱、大学士张居正强力支持王崇古。于是，明朝接受并任命把汉那吉为指挥使，叶梦熊贬为陕西合阳县丞。

十一月，俺答交出赵全等九人，换回把汉那吉。赵全早年曾在山西图谋不轨，事发后逃至蒙古，向蒙古传授建城技术和管理手段，在丰州筑城，获得俺答重用和宠幸。把汉那吉降明之后，伊克哈屯担心把汉那吉被明军所害，日夜训斥催促俺答，俺答本人也有所后悔，于是率军压境，要求明朝交出其孙子。结果，在明朝中央许可下，双方约定，以赵全等人交换把汉那吉。

一五七一年三月，明朝封俺答为顺义王。把汉那吉返乡后，俺答汗遣使来谢，并请求封贡。王崇古怀疑有诈，提出要求，结果俺答按王崇古要求，再次派蒙古各部均派使，要求封贡。于是，王崇古上疏中央，提出封贡。但是廷议时，兵部尚书郭乾等人反对，双方争论不休。于是，明朝大臣进行票决，定国公徐文璧、吏部侍郎张罗等二十二人赞同封贡，英国公张溶、户部尚书张守直等十七人反对封贡，工部尚书朱衡等五人赞同封贡但是反对互市。明穆宗只得交给内阁处置。内阁经过商议，决定准许封贡，封俺答为顺义王，三娘子为忠顺夫人，把汉那吉为昭勇将军，同时在宣府、大同、山西、延绥、宁夏等十一处开市，但是开市时长、交易规模、铁器等军用物资受到严格控制。

一五七二年，俺答汗兴建库库和屯（即呼和浩特）。一五七五年建成，明朝赐名归化城。

封贡票决是一件比较有意思的事情。实际上，票决在明代中后期非常常见，特别是在一些不便强推的政策人事上，可以说票决是常规操作。

俺答封贡是一件颇有戏剧性的事情，困扰明蒙百余年的敌对问题就此解决。之所以能够达成议和，原因大致有两点。一方面，明蒙双方军事力量逐渐恢复平衡。明朝南倭问题解决的同时，训练出一大批精兵强将，足以稳定北方边境；与此同时，俺答年事渐高，却迟迟无法通过武力打开局面，年长的儿子黄台吉逐渐独立，被赶到察哈尔部的汗廷逐渐恢复元气，俺答本部相对实力下降。另一方面，明蒙双方高层议和的动机更加强烈。明穆宗对政务不感兴趣，执政的高拱、张居正正在进行轰轰烈烈的大改革，主张议和的王崇古既是晋党，又是其盟友，自然容易在中央达成一致。俺答汗则是急于建立自己的汗位，特别是在年事已高的情况下，即便是接受册封也是可以接受的事情，况且俺答晚年笃信黄教，思想上难免有些变化，求和之心胜于交战。

一五七五年，俺答在青海湖南畔修建藏传佛教格鲁派寺庙，明朝赐名"仰华寺"。一五七八年，俺答邀请索南嘉措来仰华寺传教，尊其为"圣识一切瓦齐尔达喇达赖喇嘛"（达赖三世；此即达赖的由来）；索南嘉措尊俺答汗为"转千金法轮咱克喇瓦尔第彻辰汗"（藏文为"法王大梵天"），认定其为成吉思汗化身、蒙古大汗。蒙古各部由此改信黄教。

虽然大同马市破产后，明蒙再次进入战争状态，但是由于杨博的缘故，俺答汗将重心转移到进攻瓦剌和青藏上去。在征战过程中，俺答不可避免地与陷入低谷但是影响力依旧很大的格鲁派领袖索南嘉措（班禅四世此时年幼）接触。蒙古本来崇信较为原始的萨满教。这种宗教在喇嘛教、伊斯兰教等教派的侵蚀下几乎毫无抵抗之力。早在俺答在漠南推行黄教并扩大到蒙古全境之前，南疆地区早已被伊斯兰化。而且，索南嘉措提出一个俺答汗难以拒绝的说法，即自己是八思巴的传人，来点化成吉思汗的化身，也就是俺答。八思巴在蒙古历史上的地位极高，这种说法对急于寻求法理支持的俺答来说，无可拒绝。所以，俺答由此推动蒙古改信黄教，自任护法。

一五八一年十二月（实为一五八二年年初），顺义王俺答汗去世。一五八三年闰二月，俺答汗长子黄台吉袭封顺义王，改名乞庆哈黄台吉。俺答去世后，三娘子本意以自己与俺答所出的不他失礼接替为顺义王，但是黄台吉兵强马壮，大权在握，因而顺利成为第二任顺义王，并按照蒙古风俗，娶三娘子为妻。

一五八五年二月，顺义王乞庆哈黄台吉去世。一五八六年七月，其子扯力克为第三任顺义王。把汉那吉在俺答后期获得了对板升的管理权，因而势力强大，后来落马而死，余部被其妻子大成比妓统领。三娘子本打算让儿子迎娶大成比妓，但是乞庆哈、扯力克父子不满三娘子实力强大，结果由扯力克迎娶大成比妓。乞庆哈去世后，在明朝劝说下，扯力克继续迎娶三娘子为妻，将妾室全部赶走；三娘子趁机唆使儿子迎娶大成比妓，获得对归化城等地的控制权，并且把持互市的印信。扯力克势弱，无法约束部落犯边，因此明朝在一五八九年停止互市，一五九九年再次恢复。

一六〇七年，扯力克去世。一六一三年，扯力克嫡孙卜失兔获封为第四任顺义王。扯力克去世后，三娘子支持自己的孙子素囊台吉（又作素郎台吉），但是在蒙古各部的压力下，素囊台吉退却。三娘子在一六一二年卜失兔迎娶自己的前夕去世。

一六二八年，察哈尔部林丹汗率部西迁，攻克库库和屯，卜失兔败走河套而死，土默特部灭亡。

因为俺答封贡的缘故,明朝和蒙古右翼保持了半个多世纪的相对和平;明朝北方军事压力逐渐转移到宣大所面对的察哈尔部和土默特部旁支,乃至更加遥远的东北方向。

徐高罢相

一五六四年七月,右春坊右中允张居正升右春坊右渝德兼国子监司业,并担任裕王傅。除高拱、张居正以外,还有陈以勤、殷士儋担任过裕王傅。

中允只有正六品,谕德也只有从五品,都属于詹事府官员。因为明朝太子不常设,所以作为东宫属官的詹事府没有什么实权,逐渐只用于翰林升迁,即俗称的开坊(詹事府俗称春坊)。

总的来说,张居正在嘉靖时期可谓毫无作为,特别是在严嵩专权时期,几乎毫无存在感,完全被徐阶隔离在党争之外。但是,随着严嵩倒台、景王之国,徐阶立即将张居正安排至裕王府,成为讲官,建立帝师关系。与此同时,张居正自一五六〇年开始就负责国子监司业(副校长),与时任祭酒(校长)的高拱建立了深厚友谊。

一五六五年三月,大学士袁炜因病致仕,返乡途中去世;徐阶因内阁独相,提出增补。四月,吏部尚书严讷、礼部尚书李春芳入阁。郭朴任吏部尚书。七月,高拱任礼部尚书。十一月,大学士严讷病归。

一五六六年三月,又是在徐阶推荐下,郭朴、高拱入阁。高拱入阁后,有心进取,不满徐阶作为首辅专权,结果二人多有冲突;郭朴也不满徐阶。自明世宗移居西苑以后,内阁有事在大内办公,无事在西苑侍奉,结果内阁多以在西苑陪同明世宗为荣,造成政务有所不周。明世宗因而下令内阁必须有人在大内处理政务。高拱主动提出徐阶年事已高，可以每天陪伴明世宗，自己和李芳、郭朴可以轮流在内阁学习处理政务。徐阶极其不满，暗中指使给事中胡应嘉弹劾高拱入阁之后嫌弃值庐狭小，将家搬到西华门，每天深夜往返家中，又在明世宗大病之际，将私人物品搬回家中，不知是何居心，暗示高拱趁明世宗病重传递消息，拥立裕王即位。高拱极为恐惧，立即上书自辩。结果赶上明世宗去世，此事无果而终，胡应嘉也没有受到影响。

徐阶和高拱的矛盾具有某种必然性。高拱作为太子帝师，又身兼青词、御札两项技能，完全可以凭借廷推入阁，所以徐阶的买好实际上是加剧了高拱对其不满。更为重要的是，奋斗半生才登上首辅之位的徐阶至少要到致仕的年纪才会选择放权，还有三四年的时间，但是心高气傲的高拱对徐阶吞吞吐吐的为政风格非常不满，早已有心改之，显然不会等徐阶自然退休。笔者没太想明白的是，徐阶一向以隐忍著称，为何却会在打压高拱这件事上不遗余力而且还弄得朝野尽知。

明世宗此时已经六十岁，在明代皇帝中仅次于太祖太宗，随时有可能驾崩，从而让裕王登基为帝。所以相较于陪伴君王，绝对不能放弃在值庐处理政务的权力，况且侍君与值庐应当由首辅安排，而非自行决定，所以徐高矛盾提前激化。高拱作为裕王师傅，在明世宗抱病之际，往返于宫外并掩人耳目，很容易让人联想到裕王和高拱已经着手准备明世宗后事。任何君主都不会纵容或者接受此事，再考虑到明世宗年事已高、喜怒无常，所以此举可以看作是徐阶痛下杀手。

四月，胡松任吏部尚书，高仪任礼部尚书。十月，吏部尚书胡松去世，兵部尚书杨博改任吏部尚书。左都御史张永明致仕，王廷任左都御史。闰十月，宣大总督赵炳然任兵部尚书。

胡松是安徽人，长于军事，后因故被罢在家，经过赵文华举荐而起复；高仪一直抱病，不久病归，后来在高拱的举荐下再任礼部尚书并顺利入阁。赵炳然是赵贞吉的同年兼好友；王庭是徐阶的党羽。

第八章 隆万新政

自倒严开始至明世宗去世（一五六一年至一五六六年），明朝九卿极为稳定，五个职务没有变化，即户部高耀（一五六〇年四月任）、兵部杨博（一五三八年三月任）、刑部黄光升（一五六二年十月任）、工部雷礼（一五五八年九月任）、左都御史张永明（一五六二年五月任刑部尚书，九月改左都御史）；发生变化的吏部、礼部，主要是因为吏部尚书郭朴丁忧（一五六一年十一月初任，一五六二年三月至一五六五年四月丁忧），礼部尚书严讷、李春芳、高拱相继入阁所致。期间只有礼部尚书董份因为被言官弹劾为严世蕃脱罪而被罢为民。

十二月，明世宗去世，裕王即位，是为明穆宗。明世宗去世后，首辅徐阶急召张居正入宫，草拟遗诏。遗诏以明世宗的口吻，承认自己不应修道以求长生、任由奸臣弄权乱政，并下令为建言大臣平反，拘捕道士交给相关部门治罪，停止一切斋醮工作以及宫廷采买，来年天下减税一半并且免除嘉靖四十三年以前赋税。

一五六七年二月，裕王傅、礼部左侍郎陈以勤晋礼部尚书，侍讲学士掌翰林院张居正为礼部右侍郎兼翰林院学士，以中旨双双入阁。

虽然先帝遗诏往往并非先帝所作，但是因以先帝名义发布，故而在新朝有着极强的法律效力，参与者往往能以此获得巨大的政治声望，特别是嘉靖遗诏除了处置道士、停止斋醮、减免税赋这些常规操作外，还以明世宗之口承认错误并为建言获罪大臣平反，必然起复大批旧臣并获得其衷心支持。按照惯例，草拟先帝遗诏应当是首辅秉笔，阁员参与，张居正作为从四品的国子监司业（副校长）连旁听的资格都没有，所以徐阶对张居正不可谓不厚道。虽然张璁之后，中旨入阁被明朝大臣视作佞幸之举，但是张居正可以凭借遗诏和帝师两大身份，再在陈以勤的陪衬下，抢在大批旧臣起复之前，顺利入阁。

张居正有两项非常惊人的政治天赋。第一，能够同时交好所有的政治强人。张居正入选庶吉士时，就被时任礼部尚书徐阶看上并赠号（张居正号太岳，是徐阶所赠），并由此确定徐阶衣钵传人的关系。同时，张居正和高拱的关系也非常好，早在进入裕王府之前在国子监任职期间就与其结下深厚友谊，进入裕王府后又深受裕王信任，虽然可能不及高拱，但是也远甚陈以勤、殷士儋。此外，严嵩专权时期，严徐两党明枪暗箭不断，张居正经常鼓动徐阶主动出击，但严党却对张居正赞誉有加，认为其乃正人君子而不加攻讦。

第二，学习别人看家本领的能力极强。虽然张居正在嘉靖朝可谓毫无政治建树，却学到了非常多的东西。首先，张居正学到了徐阶的隐忍，凭借这一本领，成为隆庆内阁中唯一一个从始至终的内阁大学士。同时，张居正充分认识到了高拱的帝师身份的作用与意义，所以能够主动迎合明穆宗起复高拱，而且成为后来明神宗的帝师。此外，作为心学大师徐阶的弟子，张居正更偏好实学，而且作为前首辅夏言的徒孙，张居正居然是张璁的忠实拥护者，其政治主张可谓是一脉相承。

同年年初，明朝中央命吏部会同都察院审察京官。一月底，京察结束后，参与京察的吏科给事中胡应嘉弹劾吏部尚书杨博包庇同乡，没有罢黜任何山西籍官员，同时挟私报复，罢黜攻击过自己的言官（按照惯例京察很少罢免言官）。明穆宗大怒，认为胡应嘉身为吏科给事中，应当在京察中协助吏部而非事后弹劾攻讦，命内阁处置。首辅徐阶将此事交由轮值大学士郭朴处置，结果郭朴拟定将胡应嘉罢黜为民，激起轩然大波，兵科给事中欧阳一敬等言官接连弹劾高拱。高拱只得上疏自辩，胡应嘉改为调任建宁推官。但是言官依旧弹劾高拱不休，结果高拱门人御史齐康发声弹劾徐阶，揭发徐阶教子不严、任由族人在家乡为非作歹，又在明世宗立储一事中摇摆不定，直到最后才支持裕王。但是，支持徐阶的人多势众，支持高拱的人寥寥无几，最终海瑞主动发声支持按惯例称病在家的徐阶，左都御史王廷讥讽在岗的高拱眷恋权位。五月，高拱因而罢相，齐康也被贬职；九月，郭朴也上书致仕。

高拱是明朝历史上第一位只因言官弹劾就被罢相的大学士（夏言弹倒张璁在于圣眷转移）。虽然自张璁唆使言官围攻夏言开始，内阁首辅唆使言官攻击政敌就成了常规操作，但是始终没有对内阁成员造成实质性伤害。至此，由徐阶掌握并实施了以言官操纵舆论从而迫使六部也加入倒阁行列的技巧。当时的情况被形容为"举朝攻拱"，甚至六部都纷纷表态，要求高拱下野；作为个人操守极佳又非常看重风评的士大夫，高拱很难接受这种局面，故而才会在圣眷在握的情况下被迫罢相。这也从侧面反映了一点，即高拱的权谋水平相较于徐阶要弱一些，只要自己像徐阶一样请罪在家、荒废朝政，熬到舆论缓和，就能够凭借明穆宗的全力支持与信赖，实现逆转。

笔者对此事更深层次的人物关系非常感兴趣。一般认为，胡应嘉弹劾杨博主要是因为被罢言官中有自己的姻亲，欧阳一敬和齐康则是各为其主或者揣摩迎合上意，海瑞代表了大臣中相对中立一派对徐高两人的倾向性，王廷则是受徐阶指使而身为七卿却言行有失身份。这些人的行为都非常符合自身的立场。但是作为天下三才之一的杨博按理来说不可能主动犯下包庇同乡这样的低级错误，所以笔者认为杨博是有意为之，故意引起政斗。通过这些人物关系，考虑到胡应嘉首劾杨博却使得高拱郭朴黯然收场而胡杨二人无事的结果，再加上朝野尽知徐阶和高拱势不两立的关系，此事显然是徐阶和杨博配合的结果。笔者没太想明白的是，高拱究竟把徐阶得罪到何种程度，以至于徐阶会选择与杨博联手，压制圣眷并付出了巨大代价，也要把高拱赶下台。

高拱被罢，表象上是首辅专权，更深层次是党争将兴，关键在于明世宗重新振作的君权又在明穆宗手中迅速衰落。从杨廷和开始，地位比较稳固的内阁首辅就不自觉地开始扮演一个说一不二的宰相形象；张璁、夏言、严嵩、徐阶无一例外。但是，明朝内阁学士与六部尚书、其他朝代的宰相有一个关键差异，即能否入阁取决于圣意而非廷推。所以明代早期内阁即便发生冲突，也是围绕圣意展开，例如，刘珝致仕的原因，就是因为万安构陷而被明宪宗疏远。高拱被罢打破了这一惯例，是明代第一次违背圣意且最终成功的内阁政斗。在这一事件当中，徐阶、高拱都有党羽参战，特别是徐阶出动了有组织的言官队伍接连攻讦高拱。可以讲，这是非常成熟的党争局面，意味着单打独斗的时代已经过去，特别是高拱作为帝师都被迫下野，说明依附于有组织的相权远比依附一位荒于政务的君主更加稳妥。

同年正月，户部尚书高燿闲住，葛守礼任户部尚书。四月，兵部尚书赵炳然告病，前三边总督郭乾任兵部尚书；刑部尚书黄光升致仕。五月，毛恺为刑部尚书。六月，葛守礼回家终养，南京户部尚书马森任户部尚书。十月，兵部尚书郭乾致仕，兵部侍郎兼三边总督霍冀任兵部尚书。

一五六八年三月，明穆宗立皇三子朱翊钧为太子（实为长子）。

七月，首辅徐阶致仕。李春芳晋升为首辅。高拱走后，明穆宗在政务上多不配合徐阶，也不听徐阶规劝。恰好给事中张齐因私怨弹劾徐阶，徐阶趁机坚决求去，获得明穆宗准许。

徐阶在后世声名不显，但是在明代地位极高，因为徐阶既有秉国十年的治世之功，又有倒严成功、草拟嘉靖遗诏并平稳完成新君更替的事迹，所以徐阶生前就已位居少师（文臣当中仅次于李善长、张居正的太师），被人比作杨廷和在世，死后谥号文贞（仅次于李东阳、谢迁）。

但是徐阶也有两个污点。其一是胡宗宪冤死。倒严成功之后胡宗宪不宜再任浙直总督，但是罢职之后再被追究罪责却有些过分，毕竟抗倭期间双方无所不用其极，机会稍纵即逝，根本不可能是事事预先报备，只能事急从权。所以这种秋后算账的行为实在是令人齿寒。况且就整治胡宗宪一事而言，徐阶也未必是为了公心。抗倭期间，胡宗宪推行提编，搞得浙江怨声载道，徐家本身就是松江大户，损失必然惨重，收拾胡宗宪，既可以收拾人心，又可以公报私仇，一举两得。其二是教子不严，为祸乡里。徐家本只是江南富户而已，但是徐阶高升之后，家产增长惊人，甚至谣传光田地就有六万亩，号称半松江，而且子弟飞扬跋扈，为非作歹，被查实的确有不少。海瑞担任苏松巡抚期间，就因为清理田亩一事与徐家发生冲突，已经致仕的徐阶发动攻势，迫使中央换人；此事后来还被编为剧目，即《海瑞罢官》。

八月，内阁大学士张居正上疏提出急务六事，即省议论（即用人不疑，减少不必要的审计监察）、振纪纲（强调纲纪的严肃性，禁止模棱两可和枉发议论）、重诏令（强调诏令的时效性，严期执行）、核名实（禁止官员频繁调动，期满考核后再行升贬）、固邦本（清查田亩，打击豪强，抑制兼并）、饬武备（选择屯边将领，团练乡兵，整顿京营）。明穆宗予以批准，但是难以落到实处。

十二月，辽王朱宪㸅被废。张居正本是湖广荆州卫军户，因父张文明考上秀才得以改籍，但一直被辽王府欺压。其祖父张镇曾为辽王府护卫，谣传被时为辽王世子的朱宪㸅毒死（朱宪㸅比张居正年少一岁）。同年，巡按御史郜光先弹劾辽王十三项大罪，刑部侍郎洪朝选前往荆州审案，结果辽王竖起白色大旗（即白纛），上书"讼冤之纛"，被人视为谋反。但是洪朝选认为辽王"淫虐有实，谋反无据"，提出朱宪㸅削爵禁锢，改由其他宗室署理辽国；获准。张居正对洪朝选没有认定辽王谋反十分不满，寻由将其免官。

郜光先后来成为三边总督，还是山西人，可见必然是张居正的盟友。洪朝选因为得罪张居正而罢官还乡，做文章斥责张居正弄权，结果被罗织罪行下狱而死，数日不准收尸，以致尸体生虫。

辽王案是张居正在隆庆年间为数不多的政务之一。张居正自幼便有神童之名，所以在张镇死因一事上，比较流行的说法是被朱宪㸅因嫉妒而毒死，而张居正主导辽王案，意在复仇。笔者个人认为，张镇死因不好判断，但张居正当属寻仇无疑。

同年九月，工部尚书雷礼致仕，朱衡接任工部尚书。
一五六九年二月，户部尚书马森致仕，南京户部尚书刘体乾接任。

高燿、葛守礼、赵炳然、黄光升、毛恺、马森、雷礼、朱衡都是资历极其老的旧臣（最资浅的为嘉靖十四年进士），此时都已经六十出头，自然会出现新老更替。新上的刘体乾长期在户部任职，郭乾曾担任三边总督（不晚于一五六〇年至不早于一五六三年），朱衡擅长工程建设和水利工程，都是立场相对中立的技术官员。霍冀也曾任三边总督，而且还是山西孝义人。

八月，南京礼部尚书赵贞吉入阁。十一月，礼部尚书高仪因病免职。十二月，高拱被召回内阁为次辅兼掌吏部；吏部尚书杨博丁忧，裕王傅殷士儋为礼部尚书。

徐阶致仕后，一位名为邵芳（或邵方）的人前往拜会，提出自己能够设法将徐阶起复为首辅，结果被徐阶嘲笑拒绝；邵芳又拜访高拱，获得高拱同意和赞赏，随后邵芳入京向宦官行贿，为高拱游说起复。同时，赵贞吉入阁后蔑视张居正，张居正与交好的司礼监李芳暗中谋划，也支持高拱还朝。结果，高拱起复入阁，胡应嘉、欧阳一敬等曾弹劾高拱的言官惊惧而死。随后，在高拱的支持下，御用监太监陈洪为司礼监掌印太监。同月，吏部尚书杨博丁忧，高拱又以次辅身份署理吏部。此外，裕王傅、吏部右侍郎殷士儋也通过行贿，升为礼部尚书。

一五七〇年正月，左都御史王庭致仕。二月，经首辅李春芳举荐，赵贞吉以内阁大学士身份署理都察院；兵部尚书霍冀闲住，郭乾任兵部尚书；刑部尚书毛恺致仕，葛守礼任刑部尚书。七月，大学士陈以勤致仕；户部尚书刘体乾因屡屡违背明穆宗意愿而闲住，户部左侍郎张守直为户部尚书。十一月，赵贞吉致仕；礼部尚书殷士儋入阁，潘晟任礼部尚书，刑部尚书葛守礼改任左都御史，刘自强（河南人）任刑部尚书。

高拱再次入阁后，又被明穆宗委以重任，兼理吏部。高拱推翻徐阶的所有执政举措，强调《明伦大典》，宣布停止借嘉靖遗诏之名抚恤前朝建言得罪诸臣及家属，并反对有关部门以"子弑父"的罪名判处王金等人死刑，强调明世宗是寿终正寝而非被方术道士毒死；这两项主张都获得了明穆宗的肯定。不久，赵贞吉通过首辅李春芳，获掌都察院；随后，赵贞吉又提出改三大营为五军营，每营各设统帅，以免一人掌管三大营，权力过大，结果与兵部尚书霍冀发生冲突。两人均上疏求去，明穆宗留下了赵贞吉。高拱执掌吏部后，利用京察，大肆报复当年弹劾过自己的言官，赵贞吉与之发生激烈冲突。陈以勤因与高拱、赵贞吉私交甚好而难以自处，加之凭借中旨入阁而被士林所轻视，故而主动求去。最终，高赵双方再次上疏明穆宗求去，明穆宗只挽留高拱，准许赵贞吉致仕。

高拱起复一事虽然有些传奇，但是也属必然。明代大学士在致仕之后二度入阁的情况不少，但是在举朝围攻的情况下，还能东山再起的，高拱是第一人。不过考虑到高拱此时不过五十多岁，正是年富力强，又与明穆宗情同父子，所以东山再起并不意外。但是以次辅兼任吏部，可谓是石破天惊，毕竟在明穆宗不理政、李春芳为人温和的情况下，身兼票拟和人事，就等同于掌握了整个国家。

赵贞吉既可以看作是徐阶留在朝中确保政策方向的保险,也可以看作是一个垂暮老官的最后挣扎,毕竟内阁所有人都比赵贞吉年轻,如果不主动强势,赵贞吉在内阁永无出头之日。实际上,赵贞吉身兼内阁中唯一的王学门人和执掌都察院,再加上有过跟严嵩正面冲突而博下的忠正刚直的美名,如果不是高拱打破明代被罢大学士难以复出的先例而且身兼次辅与天官,赵贞吉真的就成了内阁第一人。而且即便是高拱有圣眷和吏部两大杀器在手,最终也只能通过君主打脸这种大失颜面、近乎作弊的手段险胜,可谓大失人心。

在全部推翻徐阶的主张一事上,高拱有挟私报复的因素,但是也确实符合明穆宗的利益。首先,大礼议虽然本质上是君相之争,但是确实对强化明世宗一系合法性有不可忽视的作用,所以必须防止翻案势头太盛,以致推翻大礼议。其次,嘉靖朝建言得罪诸臣不见得都是忠正耿直之人,不乏宵小之徒,况且借遗诏之名大肆平反,一看就是徐阶在邀买人心,所以予以制止合情合理。最后,官方强调明世宗寿终正寝也是合情合理,毕竟若苛责道士方士等同宣布明世宗枉死,实在使作为儿子的明穆宗脸上无光。

同年三月,右通政海瑞改任应天巡抚(苏松巡抚);冬天,海瑞称病还家。海瑞任命一出,苏松一带骚动不已,中下层官吏纷纷辞职,有逾矩行为的权贵商人纷纷改正,戏院青楼纷纷关停。海瑞上任之后,整修吴淞江,打击豪强,为贫苦无地百姓撑腰,同时推行一条鞭法。为清退强占的民田,海瑞甚至与致仕在家的徐阶发生冲突,迫使徐阶交出少量不法土地。久而久之,陆续有官员弹劾海瑞迂腐、不懂政务、庇护奸民。年冬,明朝调海瑞改任南京户部,海瑞因而称病还家,途中前往福建晋江拜会致仕刑部尚书黄光中,感谢当年回护之恩。

随后,明朝改以蔡国熙为应天巡抚。蔡国熙本为徐阶学生,但是因拒绝徐阶儿子们的请托而被当众殴打、凌辱贬职。就任之后,蔡国熙继续推行一条鞭法,抓紧清理土地,重审旧案,迫使徐家交出土地,并将徐阶诸子削籍戍边,甚至徐府都遭人放火袭击。徐阶侥幸逃走,悲愤不已,朝野多有同情,加之张居正暗中接受徐阶贿赂三万金,才使得蔡国熙被罢。

海瑞罢官是明代著名历史事件和文学事件，也是奠定海瑞海青天之名的关键事件。徐阶在民间形象不佳的一个很重要原因就是在此事中扮演了海瑞的对手。海瑞在此期间审理案件时，提出了三条非常重要的判案标准，却成了后世指责明代中国迟迟未能进入近代社会的证据。这三条标准是："窃谓凡讼之可疑者，与其屈兄，宁屈其弟；与其屈叔伯，宁屈其侄；与其屈贫民，宁屈富民；与其屈愚直，宁屈刁顽。事在争产业，与其屈小民，宁屈乡宦，以救弊也。事在争言貌，与其屈乡宦，宁屈小民，以存体也。"因为笔者是先看海瑞的事迹，后看对海瑞的批评，所以实在是没有搞清楚这些所谓的批评意见是怎么想出来的。一方面，海瑞说得很清楚，这三条规则，是对"讼之可疑者"，也就是事实难辨的案件适用，换言之就是事实清楚的案件依律即可，怎么就成了普世原则？况且针对疑难案件制定惯用原则是司法实践中的常见做法。另一方面，这三条规则实际上是两个原则，即维持社会秩序和保护弱势群体，前者高于后者。这与现代法治精神几乎完全一致，至多在两者高低上不会说得如此明确，怎么能说是中华法系落后的证据呢？

一五七一年三月，兵部尚书郭乾因反对俺答封贡而被内阁高拱、张居正疏离而抑郁罢职；丁忧的杨博起为兵部尚书。五月，首辅李春芳致仕，高拱为首辅。十一月，大学士殷士儋致仕。

高拱重用杨博同乡、王崇古外甥、翰林侍读张四维，先是破格提拔其为翰林学士，随后又为吏部右侍郎，以便让其入阁。殷士儋虽然也是裕王傅，但是因为不依附高拱而迟迟无法入阁，只得通过司礼监陈洪才得以以中旨入阁。同时，又有御史反复弹劾张四维父亲谋取盐利，使得张四维无法入阁。高张二人怀疑殷士儋，致使御史弹劾，其中高拱门生、给事中韩楫公开扬言自己能够一击必中，通过一份奏疏劾倒殷士儋。结果在六科按惯例在月初十五拜会内阁时，殷士儋当面诘问难堪韩楫，高拱指责殷士儋此举不得体。殷士儋勃然大怒，当众斥责高拱把持内阁权位，先后将陈以勤、赵贞吉、李春芳赶走，现在又为了张四维要赶走自己，并挥臂殴打高拱。张居正从旁劝解，也被殷士儋怒骂。随后，殷士儋坚决请辞，致仕还乡。

第八章 隆万新政

高拱复相之后，充分吸取教训，在将赵贞吉赶走后，大肆整顿言官队伍，将其发展为爪牙，大肆打击报复。

一五七二年三月，礼部尚书潘晟致仕。四月，原礼部尚书高仪经高拱举荐得以入阁；南京礼部侍郎吕调阳任礼部尚书。

高仪、吕调阳都是饱读诗书、为人谦和的淳淳君子，所以才会在张四维短时间入阁无望的情况下，被高拱推荐入阁或者成为储相。

在此期间，尚宝卿刘奋庸、给事中曹大埜弹劾高拱被贬。高拱复相之后，逐渐跋扈，门生韩楫、程文等人狐假虎威，四处弹劾构陷以求高拱欢心，引起朝野反感。徐阶致仕后曾命三子侍张居正如父，又在海瑞巡抚应天后向张居正求援，结果被高拱发觉，张居正只得指天发誓，才得以过关。此前，东厂太监冯保依序应当接任司礼监，结果高拱先用御用监陈洪、后用尚膳监孟冲为掌印，冯保因此与张居正结盟，试图倒拱。尚宝卿刘奋庸也是明穆宗潜邸旧人，但是因为与高拱不合而久未升迁，因此上书弹劾高拱；给事中曹大埜也弹劾高拱十大罪。高拱门生、给事中涂梦桂和程文弹劾两人动摇国是、渐构奸谋。结果，刘奋庸贬为兴国知州，曹大埜贬为乾州判官。

一般认为，刘曹弹劾高拱是受到张居正和冯保的指使，所以两人只被贬官半级外放而已。而在当时，高拱也认为两人是受到指使才会弹劾自己，结果张居正推脱是赵贞吉指使两人，蒙混过关。笔者个人的看法是，高拱可能怀疑张居正，张居正也可能是幕后主使，但是从事后情况来看，朝中对高拱不满的人很多，高拱很难在没有确切把柄的情况下将张居正如何，甚至不能判断是张居正所为，而以张居正的手腕，让高拱抓不到什么把柄也很容易。就本次而言，刘奋庸是被高拱打压的潜邸旧人，曹大埜是赵贞吉的手下，很难强行安到张居正头上。

但是高拱自身并不能把张居正如何，张居正本人也没有太充分的动机去主动扳倒高拱。高拱和张居正都是帝师，与山西关系匪浅，也是此时内阁中唯二能够处置政务的大学士,政务主张上非常一致。虽然张居正在为人处世上不如徐阶,但是高拱专权也比不上严嵩狠毒,特别是同为帝师,张居正应该很清楚在明穆宗死前,高拱不可能被扳倒,况且高拱只是专权揽政,又不是如严嵩一般臭名昭著,牺牲刘奋庸、曹大埜也并不会加深朝野对高拱的反感。

此外,关于高张不合,笔者有一些个人的看法。首先,高拱并没有特别针对张居正。笔者认为高拱复相之后对人缺乏安全感和信任感,所以才会屡屡要求周围人表态效忠,同居内阁的张居正自然难以幸免;再加上张居正后来倒拱成功,自然更容易被人注意。其次,高拱并不能把张居正怎样。高拱专权的关键在于圣眷,张居正能够快速入阁的原因也是因为圣眷,而且张居正还是太子讲官。所以高拱如果要强行扳倒张居正,很有可能会引起明穆宗的不满,这是非常得不偿失的。最后,高拱和张居正没有太多冲突。高张二人相交相知已久,无论是在国子监还是裕王府,都非常赞赏对方,况且年龄上两人相差十二岁,不存在竞争关系,高拱为人处世又比较讲规矩,所以高拱没必要把张居正如何。

但是,张居正和高拱没有激烈矛盾,不代表张居正和张四维没矛盾。首先,徐阶李春芳赵贞吉下野后,倾向于实学的张居正可谓孤家寡人,但是只比张居正小一岁的张四维本家就是山西豪富,跟盐政关系匪浅,又是王崇古的外甥,自己的两个儿子娶了杨博的两个孙女,可谓家世显赫,很难想象他会屈居张居正之下。其次,相较于张居正在入阁前只有重修《永乐大典》和《承天府志》这样的虚差,张四维从政经历却非常丰富,不但也参与了重修《永乐大典》,还有过主持顺天府乡试等实际政务,而且在同乡杨博、舅舅王崇古的熏陶下,在军事上也有相当不错的眼光,完全可以在功能上取代张居正。

五月二十二日,明穆宗病重,召高拱、张居正、高仪入宫,皇后陈氏、皇贵妃李氏、太子朱翊钧在旁,却与高拱握手并留下遗言"以天下累先生"之后陷入昏迷。太监冯保当场宣布遗诏,规定政务由内阁和司礼监一同负责;高拱只是哭泣明穆宗,未置可否。

五月二十六日,明穆宗去世。六月初十,太子朱翊钧即位,是为明神宗。六月十六日,高拱罢相。旋即,高仪去世。

第八章 隆万新政

明穆宗去世前后，冯保通过陈皇后和李贵妃，取代孟冲而为司礼监掌印，保留兼管东厂，还在明神宗即位时站立一旁，接受百官跪拜，激起官员反感。高拱因而指挥言官弹劾冯保，冯保只得与张居正暂时扣下奏章、试图拖延。张居正对高拱阳奉阴违，表面许诺协助高拱扳倒冯保，暗中指使冯保说服两宫罢免高拱。高拱曾感叹主少国疑，在内阁中说"十岁太子如何治天下"，结果，冯保自己将其改为"十岁孩子如何作人主"一句，并告知陈皇后和李贵妃，趁机诬陷高拱有心拥立藩王，引起两人恐慌。此外，高拱奏请为陈皇后上尊号仁圣皇太后，李贵妃为皇太后（按惯例，生母不加徽号以示区别）；结果又激起李贵妃不满。在两宫支持下，本月十六日上朝时，冯保以明神宗名义宣诏，历数高拱罪状，罢免其大学士职务。高拱伏地不起，被张居正搀扶而出。随后，高拱还乡。满朝大臣惊惧不已，但只有吏部左侍郎魏学曾为高拱不平，要求明神宗明示百官不可以驱逐顾命大臣，并号召百官前往张居正府邸争辩。百官大多不敢前往，张居正也称病不见。结果魏学曾外放南京右都御史，旋即被弹劾归家。此外，大学士高仪一直抱病，此时担心张居正、冯保追究到自己，居然焦虑病重而死。

高拱执政的四年时间，主要功绩有两点。其一是整顿吏治，在任期间提拔任用了一批有真才实学的大臣，比方说贪污问题严重却擅长军事的殷正茂、屡在刑名为官但是长于治水的潘季驯。另一点则是在边防事业上取得了非常大的成绩，除了俺答封贡以外，还以殷正茂平定了两广韦银豹的叛乱。此外，还开始尝试丈量土地，尝试税法改革。总的来说，还是非常优秀的。

高拱二度罢相绝对是明朝乃至古代中国历史上最具戏剧性的一幕。明代的权臣有很多，但是要么受制于皇帝，要么被同僚掣肘，能做到只在一人之下的却很少，细数下来，可能只有于谦、杨廷和、高拱、张居正四人。高拱一方面圣眷在握，另一方面也得益于数年执掌吏部和整顿言路，成为隆庆朝仅次于不理政务的明穆宗的权臣，结果却以这种近乎寡妇骂街的形式黯然下野，实在令有志之士齿寒，同时又开创了明代一个极其恶劣的先例，进一步加剧了嘉靖以来内阁愈加激烈的斗争。

后世名声极大的张居正的事迹其实并不多，高拱二度罢相可能是其仅有的政斗之举。但是通过高拱二度罢相，张居正证明了自己并非只是严徐高等人的陪衬，其权谋手段足以进入中国古代一流政治家之列。

首先，张居正在此事中几乎保全了自己的名声。这是最令笔者佩服的一点，也是经常被人忽视的一点。从内阁打探消息并向宫中告密的是冯保，下旨罢黜定策老臣高拱的名为明神宗实为李贵妃，张居正摆在台面上除了向高拱保证自己的立场以外，就是充当好心人把高拱扶出宫去。张居正作为此次倒拱的策划者和最大受益人之一，在相当长的时间里没有被人识破其真实立场，即便是精明强悍如高拱，也是在出宫许久之后才识破此事。结合张居正作为徐阶得意门生却能得到严党的好评，笔者不禁怀疑张居正是故意如此，进而感到后背发凉。

其次，张居正充分针对了高拱的弱点，以君子欺之有方的方式，短平快地完成了此次倒阁。相较于近乎孤家寡人的张居正，高拱在初次入阁时就有郭朴这样的老臣支持，出任首辅之后更是全面与晋党合作。即便没有全力支持自己的明穆宗，高拱在经过了几年的吏治整顿之后，也有了足够厚实的班底。如果以常规手段倒阁，即便是升任太后的李贵妃、即位为帝的明神宗、担任内阁次辅数年的张居正、新晋司礼监掌印的冯保在有所谓的明穆宗遗诏的情况下联手，也是一场旷日持久且难以取胜的政斗。但是张居正把握住了高拱为人君子的弱点，雷霆一击，以近乎泼妇骂街的形式，将所谓的君君臣臣、礼义廉耻踩在脚下，借太后新君之口，将高拱狠狠羞辱一番，迫使高拱致仕。笔者颇有些同情高拱，居然被徐阶、张居正这一对好师徒，利用同一弱点欺负了两次。

最后，张居正只点杀了高拱，但是既没有推翻高拱的政治举措，也没有大规模清洗高拱的班底，实现了相对平稳的权力过渡。中国古代但凡出现主少国疑的局面，都会出现一场辅政大臣之间的激烈搏斗，从同床异梦到同室操戈乃至最后的同归于尽，短则三两年，长则幼主亲政，即便是人杰诸葛亮也难以避免李严背后插刀；而且其间往往涉及频繁的有关国家大政方针的调整变动，对国家的损害极大。所以历代评价顾命大臣时，能否平稳过渡就成了重中之重的指标；这也是为什么徐阶被称为贤相的缘故之一。虽然张居正扳倒高拱纯粹是权力斗争，却保全了隆庆新政的改革成果，并在自己的执政下，将明朝改革进一步推向高潮，即张居正改革。

随后，兵部尚书杨博改任吏部尚书，礼部尚书吕调阳入阁。七月，户部尚书王守直致仕，仓场总督王国光接任户部尚书；在家讲学的原吏部右侍郎陆树声任礼部尚书；蓟辽总督谭纶任兵部尚书；刑部尚书刘自强（河南人）致仕，宣大总督王之诰接任。

如果说张居正倒阁没有杨博以及晋党的鼎力支持，笔者是不信的。

一五七三年正月，王大臣案发。有一个自称随戚继光北上的南方士兵王大臣伪装成宦官，携带利刃进入乾清宫（明世宗寝宫），结果被捕送入东厂。冯保与张居正合谋，打算趁机构陷高拱，教唆王大臣诬陷攀咬高拱。结果锦衣卫都督朱希孝等人会审时，按惯例需对犯人施以杖责，王大臣大声疾呼，讲出自己被人许以富贵，攀咬高拱；因而审讯中止。同时，吏部尚书杨博、左都御史葛守礼等人也为高拱积极奔走，张居正被迫退让，冯保只得将王大臣弄哑，送至法司论死处斩。

九月，吏部尚书杨博致仕；次年秋去世。十二月，礼部尚书陆树声不满冯保专权，与之交恶而主动致仕，张居正挽留无果。

杨博、陆树声是资历极老、官声极高的老臣，前者是晋党领袖，后者是江南大儒。这两人卸任之后，六部当中再无能够与张居正比肩之人，内阁再一次彻底实现了对六部的压制。笔者有一个感觉，高拱二度罢相之所以如此迅猛，除了张居正抓住了高拱为人君子受不得寡妇羞辱以外，还有一个原因在于，高拱最近几年得罪的人太多，被朝中重臣反感，所以才会坐视高拱被罢。而且相较于根深蒂固的高拱，张居正其实势小力孤，更符合朝中重臣的利益。但是这并不代表这些老臣会放任张居正将高拱逼上绝路。

明穆宗在位只有六年，再加上其父嘉靖、其子万历是明朝除了太祖太宗以及崇祯之外知名度最高的皇帝，所以明穆宗声名不显。但是，明穆宗不似自己父子一般揽权，而是授予徐阶、高拱、张居正等人足够的信任，凭借三相的卓越作为，明朝社会矛盾一度在隆庆年间得以缓和，北方实现了和蒙古的和解，南方又平定了断断续续半个世纪的广西古田韦银豹叛乱，故而被称为中兴之主，隆庆年间也被称为隆庆新政。

张居正摄政

一五七二年八月，张居正请开经筵，亲自为明神宗上课。十二月，又进献《帝鉴图说》。高拱罢相后，明神宗亲自慰劳赏赐张居正，并委以政务。张居正也以天下为己任，劝说明神宗遵守祖宗旧制，同时又尊陈皇后为仁圣皇太后，皇贵妃李氏为慈圣皇太后，两宫无差。随后，慈圣皇太后李氏移居乾清宫，亲自抚养明神宗，同时重用冯保。由此，张居正获得执政大权。

万历初年的张居正是明代权力最大的宰辅。相较于高拱"十岁孩童如何做天子"的名言，张居正也有一句非常著名的自我评价，"吾非相，乃摄也"。此外，被贬官员邱南镇为求起复，自拟一副对联并用黄金打造，被张居正挂在府门外，即"日月并明，万国仰大明天子；丘山为岳，四方颂太岳相公。"可见张居正此时权势之炙。

一五七三年六月，针对官场浮躁、政令拖延，张居正提出考成法，规定六部等中央部门、各地督抚都需要将应办事务编纂成册，一本留给自己，一本送至六科，一本送至内阁。规定各部门逐月检查进度上报情况，六科每半年也要向具体部门索要一次完成情况，内阁也要根据备案考核六科稽查工作；即立限考事，以事责人。

后世被人津津乐道的张居正改革，实际上只包括两项主要的改革措施，即吏治上执行考成法和财政上推行一条鞭法。其中第一项，便是执行考成法。考成法的核心四项，就是以科道监察行政，以内阁监察科道，环环相扣，监督完

第八章 隆万新政

成绩效。整顿吏治是任何政治改革所不能回避的事情，通过拆分任务进度进行考核，其实是一种非常合适且有效的做法。但是，考成法犯了两点忌讳，导致了张居正死后被严厉清算，而且也导致了考成法的废止。首先，考成法将对科道的考核收归内阁。这是科道难以接受的事情；杨博罢黜了几个言官就引发了举朝倒拱，更何况张居正不但将考核明目张胆地收录到内阁手中，更将其常态化。其次，以科道言官监察行政官员，实在是败笔。明朝任用科道言官，多以新晋进士为主，取其资历尚浅，又有冲劲；但是这也造成科道言官不熟悉政务而且书生意气太重的问题。由这样一帮人去监察行政官员，必然会导致考核指标层层加码、考核要求不断提高、由求全责备演变成吹毛求疵，从而激起整个官僚集团的反感。

一五七五年八月，首辅张居正请增阁臣获准，当日吏部左侍郎张四维升为礼部尚书，入阁。入阁之后，张四维如同属吏。

张居正内阁阁员主要由吕调阳（一五一六年生、一五五〇年榜眼）、张四维（一五二六年生、一五五三年二甲第一）、马自强（一五一三年生、一五五三年庶吉士）和申时行（一五三五年生、一五六二年状元）。吕调阳是官声极佳的敦厚君子兼翰林官员，年纪又大，所以几乎不参与政务，故而在二次倒拱之后继续入阁。但是，张四维的情况有所不同。原本张四维四年前就有机会入阁，结果拖至现在，加之二张年龄相仿，但是张居正为人强势，张四维心态可想而知。

一五七六年正月，御史刘台弹劾张居正专擅威福，欺君罔上。张居正大怒而向明神宗请辞，结果明神宗将刘台下狱，廷杖一百，远戍。百官议论纷纷，张居正心中不安，上疏辩解，改为免杖为民。

刘台弹劾张居正一事，从某种程度上说明了两件事。一是张居正确实犯了众怒，所以才会有御史趁机弹劾。二是在时人眼中，张居正并非不可战胜或者扳倒，否则刘台也不会行此险径。但是，张居正和万历的师生之谊并不简单，至少此时还算是深厚，而且张居正还是当朝首辅，所以刘台被罢也属必然。而且，张居正是一个非常记仇的人，几年之后，在张居正的授意下，曾任辽东巡抚、时任户部尚书的张学颜揭发刘台在辽东巡按任上收受贿赂，结果刘台因而被发往广西充军，祸及父亲兄弟，旋即改为流放浔州，并在此地去世。张居正也在刘台去世当天去世。

十二月，根据户科给事中奏报，山东、河南大量地方官员因为未能完成缴纳粮税九成而被降级、革职。

高拱和张居正在整顿吏治上，都采取了异常严厉的手段，甚至可以说彻底走上了矫枉过正的歪路。官员的升贬任免几乎完全取决于考成法的考核结果（以及与高张两位首辅的私人关系），由此导致了两个非常负面的影响。

第一，考成法的制度设计和严格执行，极易激起官僚集团的反感。虽然考核指标名义上由各部门自行上报决定，但是任何有过实际工作经验的人都会意识到指标考核的制定权永远只会掌握在上级部门，而上级部门指定考核指标时都会就高不就低，所以必然会导致考核指标难以完成；在严格执行量化考核从而进行奖惩的情况下，极易激起负责具体事务的官员的不满和抵制，并逐渐获得整个官僚集团的同情和支持。后世论及张居正改革失败时，都会提到本次降级革职，特别是山东部分州县已经完成八成八的考核，结果也在降级之列，这种举措必然会极大地激起官僚集团的反感。

第二，考成法也很容易被投机取巧的官员利用，成为谋升谋利的工具。考成法的初衷和内在逻辑，是通过明确考核任务，督促官员履职；上级部门和具体执行人都会参与考核指标的制定。虽然上级部门有拔高考核指标的倾向，但是具体执行人为了谋求个人升迁，也有虚报指标的冲动；特别是在明朝中后期官员动辄一年几升的情况下（例如，张居正就在一年时间里完成了自五品中级官员到内阁大学士的升迁），通过虚报考核指标并在短时间内突击完成，从而获得擢升，完全具有可行性。随着考成法的持续严厉执行，虚报之风盛行，中央各种徒废财力的活动层出不穷，地方的破产流民也越来越多。

一五七七年九月，张居正父亲张文明去世的消息传至京城。十月，张居正夺情留任首辅。张文明去世的消息传至京城后，户部侍郎李幼孜等人迎合张居正，提出夺情。张居正因而奏请守孝，暗示冯保让明神宗挽留。随后，张居正再请守孝被拒，继而改请在朝守孝获准。但是编修吴中行、检讨赵用贤以星变为由反对夺情，刑部员外郎艾穆、主事沈思孝弹劾张居正忘亲贪位，结果四人下狱廷杖，前二人六十，后二人四十。礼部尚书马自强为营救四人而拜访张居正，结果张居正跪地捻须，说"公饶我，公饶我！"随后，翰林学士王锡爵直接在灵堂劝说，结果张居正屈膝跪地，举手引刀做自刎状，说"尔杀我，尔杀我"。最终，十月二十二日，吴中行等四人受杖贬职；新晋进士邹元标正观政刑部，愤怒无比，又上书反对夺情，结果被廷杖八十，贬成贵州都匀卫。明神宗下旨命张居正夺情，并称其为元辅、太师、先生，尊以师生之礼。此外，吏部尚书张瀚因被张居正越次使用却在夺情一事中装聋作哑、暗中与其他三位尚书劝说张居正守丧而被罢。

十一月，明神宗以星变为由，下令考察群臣。随后，明朝又下令天下度田（清量田亩）。

天下度田、清量田亩是明朝扩大财政收入的基本保证，也是推行一条鞭法的基础。明初天下田亩八百五十万顷，但是由于历代加恩、封赏宗室外戚勋贵、中举投献之类的免税田越来越多，再加上大量土地被隐匿，至此时在册的田亩不过只有三百多万顷。与此同时，明朝在明初开始，户数维持在一千万户左右，口数也一直在五千多万到六千多万徘徊，显然也有大量人口被隐匿。因为明朝财政收入以田税和人头税占绝对多数，所以在册田亩锐减加剧了财政困难，也迫使明朝进行了诸如盐法改革等诸多举措，试图增加财政收入。

夺情事件是张居正改革中无法回避的一个重要事件。之所以出现这种近乎自发的举朝反对之声，一般认为是因为张居正改革触动了官僚集团利益，引起了官僚集团的强烈反弹，再具体一些就会归结到考成法、清量田亩和一条鞭法上去，张居正在政治上和经济上都严重损害了官僚集团的利益。明代内阁学士和六部重臣被夺情起复的案例很多，虽然正德年间出现了杨廷和任首辅期间坚决为其父丁忧守孝的情况，使得正德以后文臣一般不敢轻易夺情，但是这对于圣眷大权在握的张居正而言，也不是什么大不了的事情。再加上张居正本人确实有贪恋权力之嫌，所以有心夺情也容易理解。但是，张居正很明显没有意识到夺情会引起群情激奋的反对声，特别是艾穆、沈思孝还是张居正任考官时取中的学生，学生反对老师之举可谓是前无古人，石破天惊。

从逻辑上讲，笔者很难讲清楚为什么古代权谋水平第一流的张居正会在几年之间就众叛亲离，或者说，为什么张居正会选择这样一条道路。虽然后世提及张居正改革，都会强调此时明朝内忧外患，各种社会矛盾一触即发，但是从万历亲政以后文官内斗乐此不疲，还能轻松打赢三场战争来看，很难讲明朝的财政危机、政治危机已经到了火山口的边缘。所以，套用王安石变法的出发逻辑，是不足以解释张居正改革的动机的。

所以，笔者只能进行几乎没有实证支持的个人猜测。首先，从某种意义上讲，张居正改革更像是张居正主动选择推向高潮的政治改革。张居正作为扳倒高拱的幕后黑手，在主少国疑之际担任内阁首辅，在有太后和司礼监掌印的鼎力支持之下，求稳求和，实现权力的平稳过渡，才是他谋国谋身的最佳平衡点，也是各方势力最期望的局面。所以，张居正延续高拱掀起的隆庆新政，更像是自己的意志发挥作用，而非时人所期望。

其次，高拱张居正的锐意进取，可能是对嘉靖严嵩这一对君相组合的拨乱反正。高拱是明穆宗的帝师，两人情同父子但又都被明世宗冷落半生，而张居正是在嘉靖严嵩时期忍辱含垢二十年的徐阶的高徒。所以，这两人对嘉靖严嵩的真实态度可想而知。这种对明世宗的评价，在嘉靖隆庆年间具有相当的共鸣，也奠定改革顺利开展进行的思想基础。

最后，高张二人发动改革的动机中，个人选择也极其重要。明朝朝野对明世宗的诸多举措有所非议，在徐阶执政时期进行了大量拨乱反正，而且明朝也没有爆发严重的统治危机，但是作为徐阶的继任者，高张二人没有选择徐阶所倾向的稳定朝政、小修小补的执政道路，而是锐意进取，大刀阔斧地进行改革，所以单从官僚集团本身对明世宗的否定以及明朝中央统治危机去解释高张发动改革的动机都不充分，更合理的解释是在选择向左走还是向右走的时候，徐阶向左，高张向右。所以高拱张居正都死了，徐阶还没死。

一五七八年正月，明神宗大婚，娶工部所属文思院副使王伟（正九品）王氏之女（王喜姐）为皇后。上年，在陈太后和李太后的要求下，明朝举行选秀，充实后宫，最终王喜姐被选为皇后。

张居正夺情得到明神宗母子——特别是明神宗支持的一大原因是明神宗大婚需要内阁首辅参与，在内阁其他阁员都不合适代替张居正的情况下，夺情意味着大婚顺延。冠礼是古代男子成年的标志，冠礼和大婚对明神宗而言还多了一层可以开始亲政的意味，所以才会坚定支持夺情。

明神宗共有两位皇后，都姓王。一位是孝端显皇后王喜姐。王喜姐是明神宗通过大婚明媒正娶的皇后，也是明神宗唯一一位亲自册立的皇后，几乎与明神宗共始终，是中国担任皇后时间最长的女性（王政君是后位时间最长）。结合已有材料来看，王喜姐是明神宗的贤内助，两人感情虽然没有达到明神宗与郑贵妃的地步，但是也算是琴瑟相和，两两相知。另一位王皇后是孝靖皇后王淑蓉，生前是李太后宫人，偶然被明神宗临幸而诞下皇长子明光宗朱常洛才被封为恭妃，一直不得明神宗宠幸，晚景凄凉。

二月，张居正推举原河道都御史潘季驯为右都御史兼总理河漕，负责治理黄淮水患。此前，黄河经过治理，改由淮河口入海，但是淮河流域低洼，被黄河倒灌，加之万历初年以来黄河频繁决口，结果凤阳等地遭灾，皇陵受到威胁。张居正只得推荐潘季驯治水。潘季驯经过考察，针对黄河含沙量大的问题，认为应当以河治河、以水攻沙，提出塞决口以挽正河、筑堤防以溃决、复闸坝以防外河、创滚水坝以固堤岸、止浚海工程以省靡费、寝开老黄河之议以仍利涉的治理方略，即综合治理黄淮水患，以堤坝加速河水流速，冲刷河床，缓解水面高度。根据淮清河浊、淮弱河强的情况，修筑归仁堤、清浦至柳浦湾堤（江苏泗洪）等工程，阻止黄河南下，同时修筑高家堰，蓄清刷黄，利用洪泽湖蓄淮河水，抬高水位，引导湖水自清口（江苏淮安），进入黄河，冲刷河道。随后，治黄治淮水利工程九月启动，一年后顺利完工。

潘季驯治河是古代中国治理黄河水患的又一次重大事件。除了本次万历六年治河以外，潘季驯还参与或者主持过嘉靖四十四年（一五六五年）、隆庆四年

（一五七〇年）、万历十六年（一五八八年）三次治河。

当时朝中水利工程专家，除了潘季驯以外，还有资历更老的工部尚书朱衡，两人一正一副负责了嘉靖四十四年治河。朱衡主张开通新河道、辅以吕孟湖以防溃决，潘季驯主张疏浚旧河道，两人因此发生冲突，结果同年秋，黄河在马家桥决口，但是起自镜山直达南阳、长达一百九十里的新河修成，潘季驯又丁忧去职，故而朱衡虽被言官弹劾，但是继续署理河工。但是好景不长，隆庆元年，新河因上游水系流量激增而决口，引发水患。

相较而言，笔者认为潘季驯的治河能力要强于朱衡。朱衡治河思路依旧停留在开通新河、筑高堤坝、分流水势这三件事上，再加上对征调徭役、管理河工比较用心，因此被视为能臣，但是实际上对河流、地理、工程建设之类的专业知识并不了解或并未进行过深入研究，对河工漕运缺少整体规划，而且还存在滥用民力的问题（新河决口前就因为独断专行而屡被弹劾）。潘季驯则不然，无论是工程建设，还是河槽规划，都有非常透彻的理解和布局，而且还能考虑到明朝中央此时捉襟见肘的财政困难，在办好事的同时尽可能节约经费。

三月，张居正奏请还乡治理父亲丧事，获准。礼部尚书马自强、吏部右侍郎申时行通过廷推入阁。六月，张居正还朝。期间，国家大政驰告张居正处理，小事由张四维处理。七月，次辅吕调阳因病回乡。十月，马自强病死。

吕调阳是嘉靖二十九年榜眼，马自强是嘉靖三十二年庶吉士，都属于年事已高的老臣，前者一直抱病在家，后者直接死于任上。申时行是嘉靖四十一年状元，为人圆滑，加之年少，所以并不起眼。

这次返乡途上，发生了一件事，也成为张居正人生的污点，即张居正所乘坐的轿子以及沿途接待。张居正所乘坐的轿子需要用三十二名轿夫才能抬动，大致有五十平方米的使用空间，分为内外套间、厨房厕所等，而且还有两名小童在内服侍。为了返乡顺利，北京到江陵一千多里，都要整修桥梁道路，还要"五步一井，以清路尘，十步一庐，以备茶灶"，这实在是太过浮夸了。

五月，辽东总兵李成梁被封为宁远伯。李成梁祖上为内附明朝的朝鲜人，世袭铁岭卫指挥佥事。李成梁因家贫在四十岁（一五六六年）才得以袭职，之后屡立战功，在一五七三年前便升为辽东总兵。一五七五年春，李成梁大败土蛮部（内蒙古察哈尔部图们汗），加太子太保。一五七八年正月，李成梁再败土蛮，加太保。张居正提出李成梁屡立战功，应当授予显爵，激励将士，于是明神宗封其为宁远伯。

受限于现有材料，笔者不能确定张居正在蓟辽宣大上的布局究竟是故意为之，还是顺势而为。宣大因为俺答封贡的缘故，战事平息，双方关系转为经贸合作，所以军事压力更大的是面对察哈尔部的蓟辽一线。高张时期，蓟辽总督前后有谭纶、刘应节、杨兆、梁梦龙、吴兑五人，但是蓟州和辽东总兵实际上只有戚继光和李成梁两人。相较而言，戚继光所负责的蓟州固若金汤，定期出军练兵，坚决贯彻了善战者无赫赫之功的思想；李成梁则完全相反，在构建防御体系上几乎毫无建树，治军治边思路就是大肆杀掠，将几乎所有冒头的部落全部消灭掉，谁强势就打谁，几乎不接受任何求和之举。

同年年底，张居正下令修纂《宗藩要例》，放宽《宗藩条例》中较为严格的条款，从而安抚宗室。

《宗藩要例》已经散佚，相关的史料很少，似乎是在《宗藩条例》的基础上进行调整和补充，并替代《宗藩条例》使用至明末。虽然名义上张居正下令修纂《宗藩条例》是为了彰显明神宗亲亲之谊，示好宗室，但是在后来的补充修订中，对宗室的限制有增无减，诸如限制封爵子嗣数量、规定一省宗禄总额等。

一五七九年正月，湖广巡抚王之垣拘捕并打死何心隐。何心隐在南方讲学，扬言张居正专政，自己将会入京造势，将其逐出。张居正得知后极为不满，授意王之垣将其捕杀。结果何心隐在湖北讲学时被捕，旋即因受刑不过而死。

同月，张居正下令将所有书院没收充公，禁止聚集会议，扰害地方。先后共有应天书院等六十四处书院被毁。

虽然徐阶是心学大家、江右学派的代表人物，其上位也与王学门人的鼎力支持有极大关系，但是其政治传人张居正却是实实在在的实学者，加之专权揽政，犯了王学大忌，所以与王学门人势同水火。

嘉隆万时期，有两位奇人非常值得注意，这两人分别为徐阶、高拱当上首辅立下了汗马功劳，但是也都被张居正借故打死。何心隐便是其中一位。何心隐原名梁汝元，是阳明心学泰州学派的重要代表人物。泰州学派创始人王艮是盐丁出身，凭借经商有道而成为富户，三十八岁才拜王阳明为师。王阳明认为其人太过高傲，因而改名王艮，进行劝诫。王艮求学期间并不因循师说，有很多自己的见解，例如"百姓日用即道"，将有神化倾向的圣贤形象又还原成人。所以泰州学派相较于江右学派，更加激进，但因受众更多而在社会上也有更大的影响力。何心隐曾在家乡江西永丰实行萃和堂，财产共有，按需分配；后来在嘉靖后期入京，协助徐阶倒阁，安排道士蓝道行在扶鸾中唆使明神宗扳倒严嵩，结果严嵩倒台、蓝道行下狱刑死，他却全身而退。所以，虽然天下名师很多，攻击政府的也很多，但是只有协助倒阁成功的何心隐在放话入京之后，被张居正直接唆使党羽打死。

另一位是丹阳大侠邵芳。虽然高拱起复为首辅存在某种必然性，但是作为古代中国顶级权谋家的张居正并没有因此忽视并排除其他因素，所以在发现了邵芳的存在后，张居正派人将其全家拘杀，邵家婢女因为藏匿幼子甚至被列入了明史（但是邵方本人并没有）。细想之下，以布衣身份起复宰相这种事情，居然一个不行还能换一个，而且邵芳先拜访的是徐阶而非帝师高拱，似乎还在暗示在邵芳看来徐阶更容易起复。这样的危险分子，显然不能轻易留下。所以高拱致仕后，张居正便下令将邵芳家拘杀。

三月，大学士张居正两次上书请求致仕，被拒。旋即，其三子张懋修中了状元。而三年前，张居正长子张敬修、次子张嗣修也中进士，其中张嗣修更是榜眼。

十一月，明神宗夜宴，其间几乎鞭死两名内侍。李太后得知后，重重责备，出示《霍光传》让明神宗学习。明神宗悔悟不已，传谕内阁致歉。

第八章 隆万新政

明朝强势内阁大臣治家都有很大问题，其中张居正又是比较严重的一个。虽然张居正自己就是神童，家族最近几代人抓教育都非常紧，但是张居正三子中举，其中两个位列三甲，显然是底下人的讨好，而且明神宗本人也曾在宣慰中表示取中张嗣修为榜眼是为了犒劳张居正劳苦功高。此外，张居正生父张文明更是在江陵为非作歹，无法无天，成为地方一害。

张居正致仕其实是对各方都非常有利的举措，应该是张居正经过深思熟虑后的决定。在笔者看来，虽然张居正死后清算的根本原因是改革太过激进，从而得罪了明朝君相两大势力，但是如果张居正如愿致仕，可能也就是被稍加折腾，葬礼薄葬一些而已，即徐阶高拱晚景。

第一，明神宗应该亲政但迟迟未亲政，是促使张居正上书致仕的最重要原因。按照历代做法，皇帝冠礼大婚即为成年亲政的标志，但是明神宗已经十六岁，大婚一年有余，却迟迟未亲政，显然会惹来明神宗以及朝野舆论的非议。这一点张居正自己不会不清楚。张居正虽然自诩摄政，但是终究只是内阁首辅而已，皇帝成年必然归政，从长期来看自己必败无疑，所以与其晚归被罢，不如早早主动交出，以保全君臣之谊。

第二，张居正已经到谋身的年纪，并做足了准备。受限于生理年龄，古代比较优秀的政治家一般都会在五十多岁的时候开始谋划身后事（位后事），更何况是在改革过程中得罪了近乎整个官僚集团，且被十余年的内阁工作而摧毁身体健康的张居正。除了动辄举朝反张，张居正的身体似乎也出了很多问题，很多野史都记载张居正晚年搜集大量强身健体的药方。实际上，作为古代顶级的权谋家，张居正也做好了打算，因为在他看来，内阁中的张四维和申时行值得信任，而且老少结合，足以确保自己的改革还能坚持二十年，万一有所差池，自己也可以东山再起，重整山河；而且自己效仿老师徐阶在全盛时期主动致仕，也做足了姿态，赚足了人心，可以保证自己安度晚年。

在笔者看来，碰到李太后，可能是张居正这一辈子最倒霉的事情，没有之一。以张居正的水平，无论有没有李太后，都能以极小的代价倒拱并成为内阁首辅，但是因为有了李太后，张居正的光辉人生以死后清算收尾。

其一，李太后拒绝张居正致仕，并表示到了万历二十年、明神宗三十岁再亲政，亦即张居正要干到六十八岁才许致仕。纵观古代中国，担任超过十年宰相的权臣没有几个得以善终的,更何况明朝首辅并无宰相之名而且还跟走马灯一样地换;况且除了武则天时期的中宗睿宗,笔者实在不记得在大一统王朝还有过哪位三十岁尚未亲政的皇帝。五十五岁的张居正若不是事出有因也不会急流勇退,结果后路被李太后堵死,注定要劳累而死,而且死后一定有清算。

其二,李太后用霍光举例,既蠢又坏。笔者之前提过,霍光作为古代权臣典范,犯了一个巨大忌讳,即身兼外戚和勋贵,具备了篡位改朝的能力,所以才能废立汉帝;寇准被有人教导霍光传不可不读的原因,也是因为寇准身兼副相和外戚双重身份,容易招灾。张居正有能力废帝吗?答案是显而易见的。但是李太后的这种言论,对张居正的伤害是非常致命的。因为这个世界上,除了逻辑,还有一种东西叫作舆论。张居正之所以能够开展改革,是因为占据了权力和道德的双重高地,结果却被李太后捅了这么一刀,实在是令人齿寒。

在笔者看来,李太后对明神宗的教育很成问题,可以说是教坏了明神宗。通观李太后时期的所作所为,真可谓是一无是处,之所以坚决反对高拱是因为高拱歧视自己而不给徽号,秉着用死榨干的态度既拒绝张居正致仕又在背后捅刀,到了争国本的时候居然强调明神宗也是宫女所生的出身。明神宗虽然在张居正不辞劳苦的教导下具备了高超的政治手腕和处政能力,但是也被李太后灌输了一套极为不好的三观:即既自私又贪财的小富即安心态,对朝臣的极度不信任不理睬不合作策略。这套三观其实就是一个内心自卑、手腕不够、唯唯诺诺所以不敢跟大臣接触却又贪小便宜小财的幼年被卖掉后来富贵但是始终没摆脱泥瓦匠女儿的李太后本人的心态。归根结底,李太后的格局狭隘,还是因为朱元璋在立国之初就限制后宫来源,致使小门小户出来的妇人很难撑起太后的职责。但是,如果连子孙长大后凭能力从自家老婆、老娘手中夺回权力的信心都没有,这天下又凭什么是朱家的呢?

一五八一年四月,户部进《万历会计录》。随后,明朝将一条鞭法推向全国。

推行一条鞭法,是张居正改革第二项举措。所谓一条鞭法,即将田赋、徭役以及其他杂征合并为一条,统一只征收银两,按亩折算缴纳;主要是解决明朝税赋种类混乱繁多，征收物资五花八门，各级官员上下其手的问题。通过一条鞭法，明朝中央在财政上的话语权更大，而且只征收银两，也能极大地缓解财政困难，增加财政效率；因为一条鞭法主要是更改形式，所以废止改革措施时，一条鞭法被相当程度地保留下来。

围绕一条鞭法，有几个地方值得关注和说明。一是一条鞭法应当看成是江南地区的经验做法在全国推广，有一个非常明晰的推广过程。因此，既不应当过于强调一条鞭法起源之早，也不应当过于强调张居正的推广功劳。明代江南地区商品经济相对发达，所以出资代役是一种官民双方受益的做法，再加上商贸因素，导致白银大量流入，极大地缓解了通货不足问题，所以才会在嘉靖初年就由张璁、桂萼等人开始试点，而且试点的地点都是经济相对发达的江南、山西、山东地区。同时，也应当意识到一条鞭法实际上并不适用于全国，因为很多地区没有充分的商品经济，对普通百姓而言雇人代役不如自己赋役，而且也没有足够数量的在流通中的白银，强行要求征收银两，实际上加剧了银贵物贱，使得百姓受到了二次剥削。

二是张居正推行一条鞭法的动机主要是解决财政弊政，而非鼓励商品经济发展。明朝财政因为种种原因，弊政极多，所以历代执政都会在这方面投入极大的精力进行改革；一条鞭法之所以被张居正在全国推广，原因主要是为了提高征税效率、减少实物税赋、整顿吏治。虽然强制货币缴税有可能在一定程度上扩大了商品经济的规模，但是笔者不是很认可这种评价，一方面是因为商品经济是生产力发展到一定水平的产物，即便是在明代经济最活跃的时候，商品经济的规模也非常有限，从社会整体来看，也并没有充足的物资用于交换，从上层建筑的角度出发推动商品经济的评价根本无从谈起；另一方面，目前没有任何有价值的材料证明张居正非常重视商业或者商品经济并有意识地推动，反倒是不重视商业商税的材料很多，以至于后世批评张居正改革时的一点就是忽视商业。

三是一条鞭法在改善明朝财政、促进农业生产等方面的贡献，不应当过分夸大。一方面，一条鞭法只是合并了税负种类并限定只收银两，并未减少税负总额，明朝国库充盈更像是因为将原本征收的各种物资统改成白银的结果。另一方面，一条鞭法只是将一部分人头税和徭役合并到田税当中，但是人头税和徭役并未被取消，而且各地情况各异，随着时间推移，地方政府又进行额外摊派，田算徭三座大山依旧没有改变。所以，只能说一条鞭法在一段时间内减轻了农民负担并提高了财政效率，这个时间段非常短，而且到万历中期就遭到了严重破坏。

此外，一条鞭法究竟有没有在全国普及也存在争议。目前比较流行的观点认为张居正颁布了推行一条鞭法的政令，但是也允许地方根据自身情况延宕数年或者有所折扣，以至于在万历后期明朝中央依旧围绕推行一条鞭法进行争论。

一五八二年三月，张居正生病，获准在家中票拟政务。六月，张居正因病重再请致仕，被拒；明世宗又以辽东大捷为由，进张居正为太师。明神宗又派司礼太监向张居正问政，张居正推荐礼部尚书潘晟、吏部左侍郎余有丁，明神宗次日便命二人入阁。旋即，张居正去世，赠上柱国，谥文忠。

传统史家大都认为张居正是病亡，部分野史认为跟服用大量春药（如海狗鞭）有关。结合当时的社会风气，笔者认为张居正极有可能服食了包括春药在内的丹药偏方之类的东西，但是归根结底还是因为操劳过度而死。

六月月底，未及上任的内阁学士潘晟就因御史弹劾而被勒令致仕。十月，吏部尚书王国光也被御史弹劾罢免，改由兵部尚书梁梦龙担任吏部尚书。十一月，蓟辽总督吴兑任兵部尚书。

十二月，御史李植、江东之、羊可立等人弹劾揭发冯保罪行，又牵连出张居正与冯保暗中勾结、隐匿私藏大量财物的行为。结果，冯保被发配南京闲住，吏部尚书梁梦龙、工部尚书曾省吾等人勒令致仕。此外，刑部尚书严清改任吏部，南京户部尚书杨巍任工部尚书；吴中行等人恢复官职。

一五八三年正月，南京兵部尚书潘季驯任刑部尚书。二月，蓟州总兵戚继光被弹劾在北方无功因而调任广东。三月，兵部尚书吴兑致仕。四月，户部尚书张学颜改任兵部，工部杨巍改任户部。七月，吏部尚书严清因病免职，左都御史陈炌被罢；户部杨巍改任吏部，南京工部尚书王遴任户部尚书，赵锦召为左都御史。

与此同时，明朝中央对张居正大肆清算。正月，张居正诸子因御史弹劾舞弊而革除功名。三月，明神宗又下诏追夺张居正上柱国太师兼太子太师。四月，被废辽王朱宪㸅次妃王氏也上书鸣冤，指责张居正擅权废其辽王爵位，并声称辽王府巨额财权被张家贪污。于是，明神宗下令籍没张家，命司礼监秉笔张诚、侍郎丘橓前往。结果荆州知府郝如松得知消息后，直接封锁张家府门，禁止内外出入，等到五月张诚等人抵达后，张府已被饿死十七人。通过查抄张居正兄弟子侄各家，所获不过黄金万两、白银十余万两。丘橓等人污蔑张居正家产二百万两，逼迫张居正长子、礼部主事张敬修承认在曾省吾等人家中藏匿三十万两。张敬修受刑不过，自缢而死，死前血书，指责丘橓等人屈打成招，又讥讽张四维欺君罔上。张敬修死后，首辅申时行联合各部尚书为张居正求情，明神宗准许张家留下空宅一所、田十顷，赡养张居正之母。八月，张居正被夺谥，其弟张居易、其子张嗣修等发配烟瘴之地充军。

一五八四年七月，刑部尚书潘季驯因在先前为张居正求情时言辞激烈，被明神宗削职为民。一五八五年三月，兵部尚书张学颜因病免职。

明神宗亲政后有一个非常清晰的清算过程，首先是尽快将对国政的决定权从张居正遗嘱转移到自己手中，同时清算宫中的其他力量，特别是司礼监掌印冯保；随后，调整前朝人事，彻底消除张居正的影响，同时随着越来越多的检举揭发，明神宗对张居正态度的反转，造成了张家的悲剧。

明神宗亲政以后，必然要收回对司礼监的控制，况且在明神宗眼中，冯保始终不是自己人。虽然有观点通过明神宗称呼冯保为大伴来判断明神宗跟冯保的关系非常亲密，但是在笔者看来，这种看似紧密的关系只是建立在幼年的明神宗无权选择自己的伙伴的前提之上，况且冯保对李太后、张居正几近逢迎，但对明神宗却以监护自居，很容易在明神宗心中埋下不满的种子。不过总的来说，明神宗也只是将冯保罢黜，发配南京闲住，并未太过苛责。

六部在张居正死后必然有一番大的人事调整，不过总的来说，还算是比较正常。嘉靖二十年的榜眼潘晟未及上任主要是年纪太大，时年六十五岁；而严清也是因为老病而免职（嘉靖二十三年进士），而且从张家查抄出的礼单上，也唯独没有严清的名字。陈炌则是因为被人弹劾而请辞，与张居正关系不大。吴兑是高拱、张居正对蒙战略的重要参与者，自然会被罢黜。陈炌、杨巍曾任吏部左侍郎，参与审理王大臣事件，故而得罪张居正，以奉养母亲为由还乡；王遴与张居正同年，但是两人关系不好，故而在张居正执政期间，王遴称病还乡；赵锦是反对张居正夺情四人之一。但是张学颜却得以全身而退，潘季驯若不是言辞激烈也不会被罢黜。

但是，张家的遭遇实在是人间惨案，简直是旷古奇闻，以致对张居正的清算戛然而止。新君亲政后打击贬斥乃至虐杀前朝重臣在历代屡见不鲜，但只要不违背各种政治规则，大多能被时人或者后世所接受，比方说唐中宗虐杀五王、宋高宗赐死张邦昌。结果，一场常规的抄家居然抄成了饿死十七人、长子被逼自尽的惨案，真可谓是抄出了新高度、新形式，以至于嗜好金银财宝的明神宗也只得将此事作罢。

张居正之所以落得死后清算的结局，原因大致有以下几点。第一，幼君亲政必然要清理权臣影响才能实现过渡。这也是古往今来无法打破的规律，尤其是越强势的大臣死后被清算得越剧烈；张居正本意以急流勇退来试图效仿杨廷和、徐阶来逃脱这一宿命，结果被李太后强行留下，所以结局就已经被注定。

第二，张居正执政期间，几乎得罪了整个官僚集团。考成法把行政官员压得喘不过气来，又把"神圣不可侵犯"的言官给狠狠得罪，一条鞭法极大地减少了地方官员上下其手的机会。除此之外，张居正及其盟友又牢牢把持了内阁、天官、户部、兵部等要职，断绝了朝中其他重臣元老的晋升掌权之路。这种全方位地得罪官僚集团，若是死后不被清算，才算是奇闻。

第三，明神宗本人寡情少恩，嗜好金银财宝。虽然都说明朝皇帝中，最不近人情的是明世宗，但是笔者始终觉得最没人情味的是明神宗，还极为固执，目光短浅，势利无比，所谓明亡于万历，正如是也。张居正死后抄家的原因就是万历贪财，而且极度贪财，所以才有人指使辽王妃上书诬陷张家私藏王府财宝，丘橓这种廉吏也会投其所好，拷打张家试图攫取财富邀功。如果不是摊上明神宗这种古今难得一见的贪财奇葩，笔者是万万不信张家会落得如此境地的。

第四，张居正本人布局不足，特别是在身后事上布局不足。笔者个人认为张居正由于自己一路擢升，没有系统培养自己的接班人，再加上并未预见到自己的死期，所以在身后事的安排上非常不足。可能，他在请求致仕前后默认了张四维和申时行是接班人之后，就再未在此事上进行布局。所以临死之时，张居正仓促提出的两人都不是合适的人选，潘晟太老，余有丁抱病。而且张居正在张四维和申时行中也看走了眼，张四维才是扳倒张居正最积极的人。

第五，张四维积极参与扳倒张居正一事。虽然张居正和晋党的合作非常深入，但是这并不能减轻张四维对张居正的愤懑，毕竟张居正对张四维的态度远比不上高拱对张四维的倚重，张四维入阁之后如同小吏一般。张居正死后，张四维成为首辅，为彻底清除张居正影响而出谋划策，起到了不可替代的作用。虽然，张四维的行为有明哲保身和讨好新君之意，但是这种只敢在事主死后发作的做派，实在是让人看不起。

一五八三年四月，清算张居正期间，首辅张四维因父亲张允龄去世而丁忧。张四维不敢仿效张居正夺情而丁忧，辞朝之后日夜兼程，带病至家，结果又碰上母亲胡氏和两个弟弟去世，悲痛欲绝。

同时，吏部左侍郎、詹事府掌府事许国被申时行等人推举入阁。

一五八四年十一月，余有丁去世。十二月，礼部左侍郎王锡爵、吏部右侍郎王家屏入阁。

一五八五年十月，张四维服丧将满，结果病死家中，时年五十九岁。明神宗闻讯悲痛，赠太师，谥文毅。

张居正去世后，特别是申时行担任首辅期间，考成法被搁置乃至废除，度田清理出的田亩作废，南兵逐渐减员复员，一条鞭法的推广被搁置。

申时行（一五三五年生、嘉靖四十一年状元）、许国（一五二七年生、嘉靖四十四年进士）、王锡爵（一五三四年生、嘉靖四十一年榜眼）、王家屏（一五三五年生、隆庆二年二甲第二）四人内阁是一届非常稳定的内阁，直至一五九一年申时行和许国同时致仕才结束。关于这几人的评价，放在下一章再讨论。

有很多材料记载张四维和其父张允龄死状极惨，与赵文华类似，都是自己用手抠开腹腔内脏而死。但是历代史家态度却出奇的一致，几乎都不在张四维一家人的死因上做过多探讨，大多一笔带过。之所以如此，原因有两点。一是有关张四维家人死因的史料记载很少，无从深究。二是张四维的死讯并没有在朝野掀起波澜，说明明神宗和晋党并没有深究此事，也说明其中无诈。笔者比较赞同传统史家的做法，却难以说服自己相信此事真的只是偶然。第一，张允龄刚好死在查抄张居正家族前夕，可谓恰到好处，以清算张居正而揽权的张四维自然不敢夺情，被迫丁忧去职，任由张居正余党凭借张敬修自尽而脱困。第二，张四维丁忧之后与明神宗联络不断，对时局保持了相当的影响力，再加上张四维不满六十岁，一旦复出便又是六七年的强势首辅，这必然会让所有人都不受益。第三，明神宗对待大臣甚似乃祖明世宗，极为薄情，张四维出身山西籍的淮扬盐商却大肆贬斥同为山西人的王国光等人，得罪了自己所在派系，从阴谋论的角度来看，极有可能被明神宗卖了换钱。

一五八五年，广东总兵戚继光称病，加之被弹劾，故而去职返乡。三年后去世，时年六十岁。

作为冷热兵器相交时代最杰出的军事统帅，戚继光的军旅生涯在五十七岁就戛然而止，实在令人唏嘘。笔者之前提过，古代评价历史人物军事成就的时候，除了战绩以外，还有两个很重要的指标，即能够提出新的非常重要的军事思想和能够以军事手段实现极为远大的政治抱负；元明清三代的第一流名将，可能也只有成吉思汗、徐达、戚继光和孙承宗四人。作为中国古代第一流的军事家，甚至可以说是最后一位第一流军事家，戚继光在二十年间平定南倭北虏的不世战功，相较于他的两点杰出贡献，甚至都不值得细说。

一方面，戚继光的治军思想已经完全进入了近代军事理论体系阶段。近代军队相较于古代军队，主要是指长期脱产并进行规范军事训练的有着非常严明的等级指挥系统、装备齐全、令行禁止的正规军。戚继光在胡宗宪的支持下，逐步实现了全编制的足额足饷并以极为严苛的军纪和训练培养出一支近代军队，实现了对倭寇和蒙古骑兵的代际压制，更为可贵的是戚家军建设过程中还强调忠君爱国思想。戚家军的军歌《凯歌》就是戚继光治军思想与做法的高度概括。

另一方面，戚继光意识到了热兵器的作用并积极地加以完善利用。虽然北宋以来屡屡有火器投入战争的记载，但是总的来说，火器还是以重炮攻城为主，在野战中使用较少。但是趁着西洋火器在嘉靖年间逐渐输入中国的机会，戚继光非常敏锐地捕捉到火器的重要性，并积极加以改良和运用，戚家军成建制地使用鸟铳和虎蹲炮，在野战中发挥了极佳的效果。

所以从某种意义上讲，戚家军是一支逐步向热兵器过渡的近代军队，用这样的部队去对付散兵游勇一般的倭寇或者是组织结构非常原始的蒙古骑兵，实在是有些欺负人了。

张居正改革是古代知名度最高的变法改革之一，一般是指张居正在隆庆六年到万历十年任首辅执政期间，围绕考成法和一条鞭法开展的改革。一般认为张居正改革是失败的。一是张居正死后，大部分改革措施都被废除。二是张居正所依赖亲信的大臣大多被罢斥出朝，张居正本人也被夺谥，家族被贬。但是张居正改革在一定程度上延缓了明朝的内忧外患，特别是在万历初年实现了府库充盈、边境安稳、富国强兵的目标。

笔者个人的习惯是将张居正与高拱执政时期合并为隆万新政，一并分析。隆万新政前后大致持续了十四年，主要的改革内容有四方面。首先，整顿吏治。高拱在任期间在整治吏治上投入了相当大的精力，官员风貌为之一新；张居正则进一步提出了考成法，明确职责任务，层层落实，迫使官员难以惰政。其次，清量田亩和推行一条鞭法。虽然高拱派海瑞担任应天巡抚有整治徐阶、公报私仇之嫌，但是也只有海瑞这种名满天下的廉吏才能打开江南清量田亩受阻的局面；随后，张居正再接再厉，通过天下度田和一条鞭法，极大地扩大了明朝税基和财政效率，出现了国库丰盈的状况。再次，推动俺答封贡和南兵北上，整顿北方边防。由此，明蒙进入长期的蜜月关系，直至双方双双被后金灭亡；明朝主要的边境压力转移到东北的关外地区。最后，还有隆庆开关等经济上的措施，具体分析详见对应章节。

之所以隆万改革失败，传统观点认为主要有四方面的因素。首先，也是导致改革失败的根本原因在于，改革得罪了整个官僚集团，遭到了整个官僚集团的抵制。隆万改革的主要方向是吏治和财政，更深层次是要加强中央集权，特别是高拱张居正两任首辅从某种意义上身兼了君相两权；这与官僚集团的利益有根本冲突，而且在官僚集团看来，高张二人的行为还背叛了自己的阶级和集团，必然会在其失势后彻底清算。

其次，本次改革是一次并不彻底的改革，即便不遭到阻挠，也会失败。明朝官制的问题在于为了防范相权过大威胁君权而极大地牺牲了行政效率，比方说严格控制官僚队伍的总人数、各种相互牵制的制度设计等；与之类似，明朝还存在缺少中央财政、轻视商税的财政问题，混乱的京营、边军和军屯的军制问题，越来越多的虚耗国家财政的宗室问题等。可能是忙于优先解决更加急迫的吏治、财政以及担心触及皇明祖制而引发全国范围的更加强烈的反弹，张居正改革其实并没有触及这些深层次的制度设计上的问题，这也决定了改革只能起到一时功效，但是在旧有的制度惯性下，改革措施也会被碾压粉碎。

再次，也是在各种新政实施中常见的问题，本次改革措施在实践过程中产生了很多问题，但是受限于高张内阁的强势压迫，未能及时进行调整和修缮，导致各种问题冲突愈演愈烈。相较于在高张在位期间就引发的官僚集团的消极抵抗和不合作，更为恐怖的是在考成法的压迫下，地方官员强压搜刮百姓税赋，引发了大量流民问题，甚至在京郊都有大股流民聚集。这种结果显然背离了改革的初衷，但在高张这种强势首辅力推改革的情形下，地方官员的反馈声音很容易被压下，结果问题就愈演愈烈，难以处理。至于导致的流民问题，直到明末都始终没有得到比较妥善的解决。

最后，急于树立威信的明神宗和张四维、申时行等君臣，也将废除隆万改革作为争取官僚集团支持、稳定政局的途径，因此主动废止改革措施。明穆宗是明代为数不多主动放权的皇帝，明神宗又是年幼登基的天子，所以导致明神宗亲政时，必须要靠自己的手腕和魄力树立权威；高拱、张居正名为首辅，实为摄政，两人去职之后，接下来的几任首辅必然弱势，如果不能及时向大臣施恩，很容易陷入重臣、言官的围攻之中。所以，张四维亲自下场清算张居正，申时行废除了考成法，明神宗支持言官反攻倒算。

第九章 万历党争

张居正罢相不久，明朝中央爆发了一场旷日持久的国本之争。稍晚于此，明神宗不再理政，放任朝政不管。结果，大臣因政见不同而对立，进而演化成党争，成为明朝后期的重要政治斗争导火索。

鉴于崇祯年间明朝主要政治矛盾已经不再是党争掩盖下的相权内部冲突和君相冲突，所以本章只将时间划界到崇祯初年。因为党争的出现与激化与明神宗关系匪浅，所以笔者将这一时期统称为万历党争。这一时期以明神宗去世为界，分为非常明显的两个阶段。前一阶段主要是在明神宗的干预下，大臣内部，特别是内阁和科道之间展开的各种冲突。这一阶段有两条主线，即六年一次的京察之争（特别是自一五九三年癸巳京察开始的六次京察），以及一系列承前启后的突发政治冲突（主要包括争国本、妖书案、梃击案）。为了更好地体现时间维度，笔者将这一阶段拆为国本之争（一五八二年至一五九四年，重点分析争国本的起始和高潮，核心是君相冲突，特别是皇帝和科道的冲突）和万历党争（一五九三年至一六一九年，重点解释浙党和东林党的起源，核心是内阁首辅次辅之间的二沈冲突、东林党在万历中后期正式成立并盛极而衰的过程）。此外还穿插万历三大征、开征矿税两节，以便解释不易划入相关节中的内容。后一阶段，亦即光宗、熹宗二朝以及思宗初期，"党争"实际上已经演化成君相之间的冲突，即权阉与士林的冲突。为了行文方便，这一阶段分为三大案和魏忠贤专权两节，其中三大案从明神宗时期的继承人问题讲起，以便探查君权直接介入"党争"的过程，从而更好地理解这一阶段的主要矛盾。

国本之争

一五八二年六月，宫女王氏因受孕，封为恭妃；八月，生下皇长子朱常洛。王恭妃本是慈宁宫宫女，一日因明神宗前往慈宁宫向李太后问安而被临幸，继而怀孕。明神宗起先抵赖，但因内起居注和信物均在而被迫承认，在李太后的主张下，封其为妃。结果，王恭妃诞下皇长子。

十二月，皇后王氏生下皇长女荣昌公主朱轩媖。

一五八四年十二月，德妃郑氏生下皇次子朱常溆，旋即夭折。一五八六年正月，郑氏又生下皇三子朱常洵，封为皇贵妃。

二月，首辅申时行等人奏请册立太子，明神宗塞以太子年幼、两三年后再行册立。对此，言官为王恭妃不平，指明明神宗有心废长立幼，要求先提升王氏封号，再进郑氏，结果被明神宗驳斥贬职。

明朝皇帝在后宫临幸宫女非常常见，明孝宗就是因此出生。但是从事后情况来看，明神宗显然没有预计到会因此诞下皇长子。毕竟此时的明神宗年轻，并无诞下皇子的急迫感，而且与明神宗有情的女性颇多，比方说王皇后、郑贵妃，明神宗显然更希望与她们诞下子嗣并立为太子。所以，明神宗试图通过暗度陈仓的方式，先抬高郑贵妃的身份，然后再择机废长立幼，或者万一王皇后去世，也可以通过改立郑贵妃为皇后，顺利以嫡子为太子。

但是，明神宗废长立幼的想法，显然不会被百官接受。首先，明神宗此举意图太过明显，轻易被人看穿，而且其目标有违祖制，触犯了明朝最大的政治正确，自然会引来言官的围攻。同时，言官系统在经历了高拱、张居正十余年的压制后，急于释放压力，再加上此时正处于清算张居正的高潮，已经杀红了眼的言官，显然不会忌惮年纪尚轻的明神宗。

一五八六年九月，明神宗以头晕眼黑、力乏不兴为由，连日免朝。由此开始，明神宗开始经常称病不朝，也不接见除内阁、六部以外的其他大臣，处理政务要么通过接见少数几个大臣，要么通过奏折批阅或者留中不发。

一五八九年元旦，明神宗以日食为由免去朝贺。

三月，潞王朱翊镠就藩卫辉府。一五八八年以来，明朝在卫辉大修潞王府邸，花费三十余万两；明神宗又要求户部调拨三十万两用于潞王就藩。户部提出反对，明神宗只得削减至二十万两，但是调拨人工车舟无数。

十二月，大理寺官员雒于仁上疏，称明神宗沉湎酒色财气；明神宗暴怒不已，经申时行几次安抚，改为留中不发。

申时行有一项非常厉害的能力，就是和稀泥。作为嘉靖四十一年状元，申时行还被选为帝师，负责辅导时为太子的明神宗，并深受后者信任。由申时行担任首辅，明朝就可以迅速结束对张居正的清算，进入一个相对稳定的时期。此外，申时行还有记日记的习惯，很多其与明神宗的互动被记录下来，成为后世研究明神宗的重要资料。其中，本次酒色财气四箴疏事件也被记录下来，特别是明神宗的暴怒，成为后世的重要谈资。虽然很多人认为雒于仁揭破了明神宗沉溺玩乐的事实而引来后者暴怒，但是笔者个人认为明神宗只是做出了一个二十六七岁的青年正常的反应而已。

明神宗不朝的原因成谜。比较主流的看法有三类。首先，明神宗身体有残疾，自觉面见大臣有失君威，故而有意减少乃至最终不见过多大臣。明神宗身有残疾一事已经被证实，所以从某种意义上讲，也算有几分道理，但是细究下来又不太充分，因为明神宗亲政之后有过从故宫走到天坛祈雨的举措，可见明神宗早年并非太过纠结残疾一事，不足以因此拒见大臣。其次，明神宗因争国本一事与大臣交恶，加之对张居正改革矫枉过正，以致对整个官僚集团失去信任，故而不愿面见大臣。这种说法是学界内对明神宗不朝解释的相对主流观点。但是，明神宗不朝之初依旧对张四维、申时行、王锡爵等宰辅大臣极为信赖，况且言官劝谏皇帝在明朝非常常见，攻击明神宗主要是一小撮言官而已，所以很难得出明神宗对整个官僚集团都失去信任的结论。最后，明神宗疏于政务，沉溺淫乐，故而不见大臣。这种说法在民间和野史中相当流行，甚至是持论者最众的一种观点。

但笔者个人的看法是，明神宗本人可能真的没有什么太出格或者太出轨的爱好，原因很简单，因为如果有的话，早就被各种官史野史记载得淋漓尽致，就像宣德促织、嘉靖修道、天启木工，而不像今天只能猜测个大概。实际上，包括笔者在内的绝大多数人都搞不清楚为什么明神宗突然就不朝了，而且同样怪异的是，在经过最初的几年之后，前朝大臣也默认了这种情况，听任明神宗不朝、通过奏章控制政务。

一五九〇年正月，明神宗召见内阁申时行、许国、王锡爵、王家屏，商议册立太子事宜。明神宗表示自己没有嫡子，应当按照长幼顺序册立太子，而且郑贵妃也提过此事，但是考虑到皇长子年幼，打算等到年长一些再册立。辅臣们则认为，皇长子已经九岁，应当出阁接受教育。结果，明神宗将皇长子和皇三子都叫来，一些辅臣趁机要求皇子出阁读书，明神宗口头许诺，但是又不了了之。

十月，吏部尚书宋纁、礼部尚书于慎行率领群臣上疏，要求册立东宫，明神宗因而大怒，下旨夺俸。首辅申时行只得称病乞休，大学士王家屏从中调解，明神宗怒气稍解，出示郑贵妃弟弟郑国泰奏请册立太子的奏疏，表示将在来年立太子，但如果再有大臣提及此事，册立一事就推到皇长子十五岁的时候。

估计明神宗已经看明白自己违反祖制在先，自然无法通过常规方法立皇三子为太子，所以只能选择拖字诀。

同年六月，礼部奏请在河南、陕西、山西议定宗禄定额；获准。万历十一年闰二月，河南巡抚司无力支付周王府当年宗禄，奏告中央；随后，明神宗命礼部和六科进行调查，商议解决宗禄拖欠问题。经过长期商议，礼部奏请议定三省宗禄定额，若宗室俸禄总额多于定额，则除亲王郡王外，按爵位高低进行削减。

宗室开支问题一直很让明朝中央头疼。虽然此前一直存在对宗室俸禄的拖欠，但一般情况下还是会克服困难保证亲王、郡王的宗禄，特别是周王作为与帝系关系最密切的开国王爵，地位最为重要。之所以将议定宗禄一事拖延七年，原因还是在于遭到了广大宗室的抵制；天启五年（一六二五年），定额一事才推广至全国。而且，虽然各布政司议定了宗禄总额，但是由于缺少史料的缘故，实际执行情况和力度待考。

一五九一年六月，大学士王锡爵因母亲生病，获准归省。

八月，内阁和各部大臣再次联合上疏奏请立太子。九月，首辅申时行、次辅许国致仕，王家屏暂为首辅；吏部左侍郎赵志皋、前礼部右侍郎张位入阁。

此前，申时行和官员约定，一年后立储，但在此期间不要奏立太子。因一年期限将近，工部主事张有德奏请准备东宫仪仗，恰好申时行休假，次辅许国认为内阁也应趁此机会发声，因而一同上疏奏请立太子，并将申时行名列第一。结果，明神宗表示官员犯忌，建储一事延后一年。申时行得知内阁和六部上疏后，向明神宗暗中奏称自己并不知情，并表示建储一事已由朝廷重臣和陛下商定，不应当因为张有德这样的小臣上奏而影响国家大计。结果，密奏被泄露出来，言官纷纷弹劾申时行明面联合群臣上疏建储、背地里面却阻碍此事。虽然明神宗将这些言官贬职，但是申时行、许国也坚决请辞致仕。随后，经申时行举荐，吏部左侍郎赵志皋、前礼部右侍郎张位以中旨入阁。

一五九二年三月，首辅王家屏致仕，大学士赵志皋为首辅。同年，礼科都给事李献可因奏请建储而被削籍为民，十余名言官为营救李献可以及奏请建储而被廷杖、贬职、削爵。王家屏为之求情无果，加之王家屏坚决表态支持立太子而得罪明神宗，因而上疏三次请辞，获准，致仕。

已经稳定执政了十年的申时行内阁居然转瞬之间就仓促收场，归根结底还是因为争国本一事中，明神宗的做法既违背祖制，又不得人心，申时行等人既没有办法让明神宗改变心意，又不能压制言官上疏，左右为难，结果被人曝出在密疏中的不当言论，只能黯然下野。

明神宗中后期多次出现政斗激烈时突然出现密疏泄露，导致内阁垮台的情况。这种情形经常被演绎成各种阴谋论，而且其中也确实有已经查实的设计坑害，比方说李三才泄露王锡爵密疏导致后者闭门不出。但是笔者个人的看法是，密折泄露不过是压死骆驼的最后一根稻草或者是点燃炸药桶的一点火星，归根结底还是内阁自身有问题。

出现这种突然集体下野的内阁，无外乎出现三种情况。首先，明神宗作为成年君主，阻断了内阁首辅身兼君相二权的可能，但是内阁仅以行政首脑的身份无法整治言官收为己用，更挡不住举朝弹劾的政潮，所以比较明智的方法就是事情无法挽回后自请致仕，体面收场。更何况在高张之后，明神宗长期执政，明朝官僚集团也不会允许再出现强势首辅。

其次，明神宗本人破坏祖制或者政治规则，导致内阁成为官僚集团的发泄对象。笔者之所以认为明神宗自私且短视，一大原因就在于作为明朝政治体系的最大受益者，明神宗却始终没有履行皇帝义务，即坚决维护现有体系，而是随个人好恶而肆意妄为，引起各种不必要的政治动荡，利益受损的官僚集团必然会将怒火发泄到被视作桥梁和近侍的内阁身上，结果就是明神宗中后期内阁频繁非正常更替，使得明朝内朝和外朝失去联系。

最后，内阁阁员不愿意与明神宗一路走到底。相较于李东阳与刘瑾虚与委蛇，徐阶委身侍严嵩，高拱在举朝倒拱的情况下尚且坚持半年，笔者不得不说，申时行以后的内阁阁员，大多风向有变就立即请辞致仕，几乎没人选择与明神宗同进退。不过，笔者个人认为这也是明神宗本人的问题，毕竟明神宗是什么样的人、值不值得追随，五十来岁就选择致仕的申时行、王家屏显然比笔者更清楚。

一五九三年正月，王锡爵回朝为首辅；明神宗趁机提出三王并封。二月，王锡爵坚决要求册立太子。此时，明神宗共三位皇子，即王恭妃所出皇长子朱常洛、郑贵妃所出皇三子朱常洵、周端妃所出皇五子朱常浩，其中王恭妃母子、周端妃母子都不受宠。王锡爵回朝后，上密疏继续要求明神宗履行承诺，于当年立太子。明神宗表示《皇明祖训》规定立嫡不立庶，万一现在立太子，此后皇后生子，就会于法不合，可以先封现有的三位皇子为王，以备皇后是否在此之后生下皇子。王锡爵担心三王并封会被群臣攻讦，又提出让皇后抚养皇长子作为嫡子的建议，让明神宗选择其一。结果明神宗选择三王并封。朝野哗然，纷纷攻讦王锡爵欺上瞒下。王锡爵原本打算起先坚持三王并封，以便徐徐图之，一步一步让皇长子从亲王成为太子，所以听之任之，结果王锡爵门人、庶吉士李腾芳点破王锡爵的私心和打算，指明即便此事做成，包括太子在内的所有人也不会体谅其苦心，但是万一出现纰漏，王锡爵就会万劫不复，祸及子孙。王锡爵顿悟，改变立场，坚决要求册立皇长子为太子，但明神宗不听。

十一月，李太后生辰期间，明神宗召见王锡爵，王锡爵趁机再次奏请皇长子出阁读书，得到了明神宗的同意。随后，明神宗又有所反悔，但是王锡爵等人坚持，明神宗只得同意。

一五九四年二月，皇长子朱常洛出阁讲学。

一般认为明神宗改口是因为明神宗在李太后面前失言，说皇长子朱常洛是官人子（宫女之子），致李太后暴怒，斥责明神宗也是官人子。事后，明神宗担心危及自身，于是松口，让皇长子出阁读书，默许其太子地位。笔者个人认为这种解读有问题，因为明神宗在裕王即位之前出生，整个王府除了太子妃以外，就没几个有位号的女子，谈不上官人子的问题；而且，明神宗只有一个同母弟，自己又是昭告天下的正牌太子，不存在任何的皇位竞争关系。所以笔者个人的看法是，口不择言的明神宗被自己的老娘臭骂一顿，才发觉老太太属意的是长孙，而且因为这件事情对自己不满；自己这边除了想要讨好的郑贵妃和年纪尚幼的皇三子，没人支持。因为这种状况，对自私的明神宗而言，松口让皇长子出阁读书，顺理成章。

争国本，又名国本之争，一般以一五八六年郑氏封贵妃为始，至一六〇一年皇长子朱常洵被立为太子为终，前后历时十五年。结合行文方便，以及笔者个人的理解，暂以皇长子出阁为暂结，原因是争国本一事在此胜负已分，君败臣胜，同时明朝政治主线迅速从争国本转移到党争上去。

作为一场持续了十余年的君臣之争，争国本的影响极其巨大和深刻，所谓明亡于万历或者明亡于党争的说法，都源于此。首先，明朝君臣关系几乎破裂，明神宗的君权遭到重创。明朝历史上从未有过满朝大臣一致反对君主，最终还以一意孤行的皇帝被迫退让而结束的先例，受教于张居正并自诩胜于张居正的明神宗不会不清楚这意味着什么。所以，明神宗消极怠政即便不出于此，也会因此而加剧，身居后宫、对大臣避而不见可以看成是明神宗不得已而为之的举措。在持续数年政斗之后，明朝君臣都默许了除内阁和少数重臣以外，明神宗不朝不见绝大多数官员的情形，等于变相扩大了相权。

其次，明朝党争初见端倪。经过十年接连不断弹劾劝谏的洗礼，明朝言官的战斗力得以恢复和发展，在明神宗躲避后宫不见前朝的情况下，自然而然会把矛头指向内阁，希冀一鸣惊人。而且，在争国本过程中，大批官员下野，所谓一朝贬官天下知，四处游学讲学，与朝中官员遥相呼应，影响愈大。这种朝野言官的行为取向和万历以来内阁大学士势单力孤的现实情况，简直是孵化党争的温床，这种情形若是没有有心人加以利用，才真是怪事。在明神宗抽身而去的情况下，明代又一次爆发了党争，而且是古代中国规模最大且最持久的党争，一直到江山换代、清初顺治年间都没有结束。

最后，明朝中央执政能力大打折扣，对周边局势逐渐失控。持续十年的争国本，牵扯了明神宗、内阁、六部、言官太多的精力，而且造成了君相之间、官僚集团内部的严重分歧和破裂，使得明朝中央处置政务的能力大打折扣，在稳定政治秩序和应对边境问题时越来越捉襟见肘，流民四窜，蛮夷犯边，屡屡爆发，最终导致中原地区负重难堪，战火不断，义军攻入北京，崇祯在西山自缢。

万历三大征

明神宗亲政之初，明朝先后有三次大规模军事行动并均以明朝中央取胜告终，被史家合称万历三大征，即宁夏之役、朝鲜之役、播州之役。

一五九一年二月，宁夏哱拜发动叛乱。哱拜本是鞑靼部落酋长，在嘉靖年间内附，屡立战功，升都指挥，一五八七年以宁夏副总兵致仕，其子哱承恩袭任。因为久居宁夏，哱拜父子因被边官依仗而逐渐骄横，但是巡抚党馨却总是加以抑制，因此矛盾逐渐激化。结果，哱拜父子于当月十八日发动叛乱，入城杀死党馨。三边总督魏学曾在花马池得知叛乱，遣使招降。哱拜要求明朝准许其自专，世代镇守宁夏，被拒，因而遣使四处出击，攻克灵州等城，庆王出逃灵州（宁夏吴忠），庆王妃自尽。全陕震动。

三月，总督魏学曾檄派军进剿，接连取胜，但是哱拜联络蒙古，使得明军疲于奔命。此外，明朝起复被免职的原宁夏总兵麻贵。四月，明朝任命李如松为宁夏总兵，率军前来平叛；新任宁夏巡抚朱正色、甘肃都御史叶梦熊也率军前来支援。六月，明朝各路大军抵达，开始围攻灵州。七月，三边总督魏学曾因有意招抚而被弹劾罢官，改由叶梦熊代为三边总督。同时，明军引附近水源，水淹城池，并击败蒙古援军。九月，参将杨文率领浙兵抵达。叛军因粮尽援绝而产生内讧。旋即城破，李如松围攻哱拜，哱拜投降自缢，阖室自焚。由此，叛乱平定。

十一月，明朝论功行赏，李如松排名第一。

宁夏之役实际上只是明朝边镇的一场叛乱而已，整个过程乏善可陈。但是此战有一个亮点，就是为求平叛，明神宗在兵部尚书石星的建议下，赐魏学曾尚方剑。这是明代第一次将尚方剑授予监察官员以外的前线文武大臣。

一五九二年三月，日本关白丰臣秀吉进攻朝鲜。丰臣秀吉于一五八八年完成对日本的统一，结束战国时代，旋即着手进攻朝鲜、大明，一五九一年遣使要求朝鲜借道，协助日本进攻明朝，被朝鲜拒绝，因此丰臣秀吉派九军十五万人，分走水陆，进攻朝鲜。朝鲜承平二百年，武备松弛，放弃抵抗，结果日军登陆之后长驱直入，只十七天就在五月初二进入汉城（今首尔）。朝鲜宣宗逃至鸭绿江边，请求内附。随之，丰臣秀吉大喜，五月底制订进攻明朝计划。

不久，明朝经过廷议，决定派军支援朝鲜，同时遣使日本，要求退兵。七月，明朝游击将军史儒等人率兵千余（一说史儒率兵两千，辽东副总兵祖承训率兵三千）抵达平壤，因为不熟地利，又遭大雨，加之长途奔袭，结果在被朝鲜强制出兵的情况下陷入重围，几近全军覆没。

随后，明朝中央以兵部右侍郎宋应昌为经略备倭军务，负责援助朝鲜事宜，不再由朝鲜指挥明军。同时，又以应募的嘉兴人沈惟敬为使者，出使日军，要求日本退兵；日军主帅小西行长要求以大同江为界。明朝经过商议予以拒绝。

朝鲜在开战之初的表现实在是不堪入目，沿途弃城投降无数，日军仅仅用了十七天就不战而入汉城（今首尔）。明军入朝之后，还谎报军情，强迫其出战，却既不提供补给，也不提供援助。所以，明军再次入朝支援后，军政大事均由明军主帅决策，不再听取朝鲜命令。

十二月，宋应昌征集近四万明军，分为三军，于二十五日誓师东渡。

一五九三年正月，明军与日军经过接触、诈降后，初六攻打平壤，初八克城。朝鲜各地日军撤往汉城。明军继续追击，二十七日，左军副将李如松率辽东铁骑追至碧蹄馆，遭遇日军伏击，但是明将杨元率中军来援助，结果包围圈被打破，各自退去，此即碧蹄馆之战。

四月起，明朝开始与日本议和。辽东铁骑经过碧蹄馆之战后，开始拒战，作战多由南军完成，但是南军士气因明朝迟迟未兑现封赏进行犒劳而大受打击。明朝急于结束此战，碧蹄馆战败后，沈惟敬的议和主张开始获得重视。同时，日军因为粮草被明军、朝鲜偷袭焚烧，加之有平壤战败，因此也有心议和。双方经过接触，日军按约定于四月十八日放弃汉城，撤往海边。朝鲜国王返回汉城。明朝由此转而倾向于与日本议和。

六月，沈惟敬与日本使者小西飞（内藤如安）前来议和，要求封贡并割让朝鲜南部四道给日本。七月，日军又送回朝鲜王子等人，并从釜山转移至西生浦。宋应昌因而奏请留兵戍卫全罗、庆尚。明朝廷议决定留下刘綎率川兵五千，吴惟忠、骆尚志率南兵二千六百。但是兵部尚书石星一意主张议和，反对留军，宋应昌担心久劳无功而敦促沈惟敬议和，又急于营造议和有利气氛而只留下刘綎所部。

随后，沈惟敬前往日本，会见丰臣秀吉。日方提出迎娶大明公主为日本天皇皇后、双方开展勘合贸易、两国武官盟好、割让朝鲜四道给日本、朝鲜送王子为质、日本交换朝鲜王子官吏、朝鲜大臣宣誓不叛日本等议和条件。沈惟敬自作主张，答应七项条件，但是向同行的人谎称日本请求封贡，同意称臣撤军；小西行长也向丰成秀吉说明只需要遣使去北京面见明神宗获批即可。

十月，因蓟辽总督顾养谦上疏支持日本封贡一事，明神宗明九卿、科道会议封贡一事。结果反对意见颇多，只有兵部尚书石星坚决主张封贡。

一五九四年三月，宋应昌因病，加之主张留兵协防朝鲜，与石星不合，召回北京，旋即还乡。

八月，蓟辽总督顾养谦再次奏请日本进贡，并建议日本由宁波入贡，日本关白封为日本王。九月，朝鲜国王也上疏奏请明朝许贡保国。明神宗因而重责群臣阻挠封贡，诏小西飞入朝。十二月，小西飞入京之后，石星予以厚礼，但是要求日军迅速撤离朝鲜，只许册封不许通贡，不得再侵犯朝鲜。小西飞同意。

随后，明朝议定册封一事，遣使出使日本，册封关白为日本王，给金印。丰臣秀吉受到册书后暴怒，表示自己已经据有日本、无须明朝封王，但是依旧身着明朝礼服款待明朝使团，旋即将小西行长治罪。

朝鲜战争前后历时七年，但中间其实有一个很长的休战期（一五九三年四月至一五九七年五月）。在此期间，明日朝三国虽然大军对峙，但是没有大的军事行动。

休战期间，明日议和过程实在是令人瞠目结舌。沈惟敬究竟是出于什么目的私自同意日本所有条件如今已经不得而知，但是从小西行长、石星等人极力配合或者促成明日议和来看，笔者估计是因为明神宗和丰臣秀吉都有心停战所致，所以手下大臣试图促成议和，同时暗中修改条款，使得君主虽然不满意但是也不会深究，最终两国罢兵休战，皆大欢喜。但是，明日两国的要求相距甚远，明朝不愿让步，日方自视过高，议和必然失败。

明朝内部对派军支援朝鲜一直存在争议。原因也很简单，毕竟朝鲜名为藩属，实际独立。在很多人看来，明朝完全没有必要花销巨额军费和资源用于协助朝鲜击退日本；况且，此时明朝除了朝鲜以外，西南地区也不安稳，从明缅边境到苗疆腹地，都有规模不等的战争，相较而言，这些地方的战争对明朝的威胁更大；此外，明朝高层此时正因为明神宗称病不朝、大臣争国本而闹得不可开交，朝鲜战争的重要性实在太低。

一五九五年十月，蓟州兵变，南兵一千三百余人被杀。为鼓励诸军参战朝鲜，明朝许诺按募兵出国作战标准（募兵每人每年十八两，出国作战加倍，外加各项补贴，折合每人每年四十三两），向诸军发放军饷。但在实际执行中欠饷严重，特别是平壤大捷后，酬功赏银迟迟未发，导致诸军不思进取。同时，碧蹄馆之战后，李如松部不愿再战，宋应昌和朝鲜只能多依靠蓟镇副总兵吴惟忠所率防海南兵（又称防海兵、浙兵，实由戚家军演变而来），结果后者立功更大。明日议和后，诸军换防撤换，其中南兵返回蓟州。因为离家日久，拖欠粮饷，返回的蓟三协南营兵要求兑现双饷，因而出现躁动；总兵王保先派军袭杀，又引诱其缴械进入练武场，按名册杀人，称其谋反。所部南兵三千七百人只剩不足两千人，约一千三百人被杀。随后，言官或弹劾或支持王保，后者在兵部的支持下占据上风。最终，明朝兵部下令，处置南兵骚乱首领，余部押解原籍；王保等人以平叛有功受赏。

蓟州兵变是明代诸多兵变中并不算起眼的一场，但也是非常重要的一场。之所以不起眼，是因为此次兵变涉及兵力不过蓟州部分南兵，合计三千七百人，经过骚乱、击杀、平乱，还剩下半数近两千人押解原籍，而且明朝中央并未因此大动干戈，对王保的弹劾转瞬即逝。

但是，通过此次兵变，可以看出很多事情。比方说，非常明显的，明朝军政正在遭受严重破坏。虽然嘉靖隆庆之交，明朝先后解决了南倭北虏问题，边防形势一片大好，但是到了万历亲政以后，就出现了很大问题。首先，明朝各军之间的矛盾日趋激化。明朝军队序列主要包括京营、边军、募兵，京营地位最高但是战力最差，边军待遇最高但是边防任务最重，募兵待遇最好但是规模最小，所以各军之间矛盾重重。张居正去世后，戚继光迅速下野，蓟州作为南兵重镇，很有可能成为最先爆发冲突的地方。援朝一战中，边军拒战自保，南军接连立功，却迟迟不赏，引发骚乱，情有可原，是朝廷失信在前。但出身边军的王保的处理方式却让人大跌眼镜，居然试图将所有南军就地正法，使得南军遭受了自建军以来最大也是仅次于萨尔浒之战全军覆没的损失,而且极大地损害了明朝在南方百姓中的威信,使得南方募兵愈加困难。其次,明朝各军之间的冲突,已经被党争所利用。王保是榆林卫人,属于根正苗红的边军,兵部尚书石星也属于反对张居正而东山再起的官员,支持这两人的巡关御史马文卿是北方人;与之对应,先前依赖南兵的宋应昌是浙江人,弹劾王保的给事中戴士衡、御史汪以时都是南方人。双方的攻讦完全是以地域分歧而展开,与事情本身的是非曲直无关。而且之所以王保得以免罪并得以晋升,原因在于吏部尚书、陕西人孙丕扬正忙于与浙党进行党争,自然袒护同省老乡。

在这种情况之下,明朝军力,特别是蓟门的战力迅速下降。在俺答所在的土默特部与明朝议和成功后,蒙古的军事压力主要来自察哈尔部,所以明朝对蓟辽的关注程度逐渐超过三边,历代以来精兵强将不断,以求京城门户安全。到了张居正戚继光时期,蓟门更是力压杀得东北地区哀鸿遍野的辽东军,号称诸镇之首。结果张戚去后,南军备受打压,蓟门的军力也是一落千丈,面对各地四起的流民,明朝中央只能征调更远的辽东军入关作战,加大了财政和军事负担的同时,也加速了辽东军做大。

一五九六年年初,朝鲜驻日使节李宗城因贪淫日本贵族妻子而被逐出日本。九月,明朝再遣沈惟敬等人前往日本,加封丰臣秀吉。结果丰臣秀吉斥责礼物太薄而且朝鲜没有派王子同来,表示不会撤军,留给明朝自决。

一五九七年正月,兵部尚书石星自请前往朝鲜宣谕两国罢兵,被拒。二月,沈惟敬在议和中伪造国书事发,石星和沈惟敬下狱。随后,以兵部侍郎邢玠为刑部尚书总督蓟辽,以麻贵为备倭大将军,经理朝鲜,佥都御史杨镐驻扎天津、进行警戒。因为明军尚未集结完毕,麻贵命令杨元屯南原、吴惟忠屯忠州。

六月,日军大军先后渡海,侵占朝鲜沿海。七月,日朝爆发漆川梁海战,朝鲜水军几乎全军覆没。八月,日军将领加藤清正乘势进攻南原。杨元所部只有三千骑兵和三千朝鲜兵,全州朝鲜将领陈愚衷不敢支援,结果日军四日便攻破南原,乘势占领全州,直逼汉城。

九月,明朝取得稷山大捷。麻贵本打算放弃汉城,退守鸭绿江,经过商议被劝阻，因而驻守稷山，设下埋伏，结果大败日军，遏制住了日军攻势。随后明军组织反击，日军逐步退守尚庆道一线。此外，朝鲜起复李舜臣，取得鸣梁海战胜利，日军水师遭到重创，海上补给线受到影响。

十一月，明军完成集结，杨镐、麻贵率主力，直指加藤清正。

十二月底，明朝联军第一次进攻蔚山。游击将军茅国器率领浙兵先行作战，接连取胜，随后裨将陈寅身先士卒，攻破三重营寨中的两重。但是第三重营寨将破时，杨镐因不愿在李如梅之前抢得首功，下令茅国器撤军。结果李如梅抵达后，明军士气已泄，无力克城，只得改为围攻。

一五九八年正月初，明军攻城时，日军援军抵达。杨镐不及下令，策马西奔，诸军因无统帅而溃败，幸好有副将吴惟忠、游击将军茅国器断后，赶走日军，但是损失无数。经过清点，明军损失两万，杨镐大怒，将需报军情改为只损失百余人。赞画主事丁应泰与杨镐商议善后，杨镐出示内阁张位、沈一贯手书，洋洋自得，致丁应泰大怒而揭发实情，弹劾杨镐篡改军情，指出张位、沈一贯交结边臣，欺君罔上。

六月，奏疏抵达京师，明神宗大怒，但是首辅赵志皋力救，杨镐只被罢官而已，改由天津巡抚万世德经理辽左；但次辅张位还因卷入妖书案，被削籍为民。

九月，明军分三路进攻日军。蔚山战后，邢玠鉴于水军乏力，又征调江南水兵，都督陈璘率两广兵、刘綎率川兵、邓子龙率浙直兵前来增援。随后，邢玠分军三路，分别进攻日军三个主要驻点，即东部加藤清正的蔚山，中部岛津义弘的泗洲，西部小西行长的粟林、曳桥。但因此时李如松战死辽东，李如梅被召回统领辽东，明朝改由董一元统领中路，进攻岛津义弘。东路由麻贵进攻加藤清正，西路由刘綎进攻小西行长，陈璘率水军在海上策应。结果刘綎、麻贵先后遇到伏击，被迫撤退。董一元则一路进逼至日军泗洲老营，十月时大举进攻，结果城破之际，明军后方火药库爆炸，骑兵游击郝三聘、马呈文当即撤走，引发明军溃败。随后，兵部处斩郝三聘、马呈文。

十一月，露梁海战爆发。日军因两月前丰成秀吉去世而有意撤军。加藤清正先从水路撤走，随后，岛津义弘率水军救援小西行长，陈璘率水师截击，予以重创，但副将邓子龙、朝鲜将领李舜臣战死。朝鲜战争就此结束。

一五九九年七月，明朝论功，兵部尚书邢玠晋太子太保，陈璘、刘铤加都督同知，麻贵为右都督，董一元复职。杨镐以原官叙用。杨元弃师、沈惟敬通倭而被弃市。

虽然近代经常会将两次援朝之战一并提起，但是总的来说，即便是到今天，学术界也很少对万历援朝战争有太多兴趣。虽然朝鲜险些亡国，日本几乎经济崩溃，但是此战对明朝而言，无论是规模还是影响都非常有限，而且还独立于明蒙战争、明清战争，实在不值得一提。

一五八九年，四川播州宣慰司使杨应龙发动叛乱，一五九二年十二月其在重庆受审。杨氏自初唐以来，世代统治播州。杨应龙于一五七一年接任宣慰使，残酷嗜杀，多有逾矩违禁，结果被人揭发，随之谋反。贵州巡抚主张进剿，四川巡抚主张招抚，明朝中央命两省会勘，杨应龙表示愿意前往四川而非贵州。一五九二年十二月，杨应龙在重庆被捕，论罪当斩，但杨应龙愿用两万两白银赎罪，又趁朝鲜战争爆发，表示愿意率五千精兵前往支援，明朝中央因而准予释放。但是，杨应龙实际上并未出兵，继任四川巡抚的王继光严提勘结，杨应龙仍然抗命不出，于是，王继光不待中央批复，决定进攻。

一五九三年正月，王继光从重庆出兵，抵达娄山关等地，结果被杨应龙诈降伏击，大败而归。随后，谭希思继任四川巡抚，等待进剿时机。但是杨应龙向明朝遣使自辩，并四处行贿。因此，两省久议不决。

一五九五年正月，四川总督邢玠抵达四川，要求杨应龙前往军前谢罪，否则进剿。五月，杨应龙在松坎跪拜明朝使者，交出十二名叛乱酋长抵命，又缴纳四万两白银，故而只被革职，改由其子代任其职，次子在重庆为人质。但是旋即，杨应龙次子在重庆死亡，双方再次交恶，杨应龙继续纵兵作乱。

一五九八年十一月，趁西南各地被抽调兵力援助朝鲜，杨应龙攻打湖广四十八屯，阻塞驿站，激起明朝中央愤怒。

一五九九年二月，贵州巡抚江东之派军三千进剿杨应龙，结果被杨应龙佯败伏击。江东之因而被罢。

五月，明朝起复前都御史李化龙节制川、湖、贵三省兵事，征调朝鲜各路大军南征，其中，刘綎先率川军出发，麻贵、陈璘、董一元相继支援。六月，杨应龙乘明军尚未集结，大肆进犯綦江，攻克綦江城并屠城。

一六〇〇年正月，明军完成集结，各地土司也派军协助。总督李化龙分兵八路，进剿播州。二月，各军出发，每路约三万人。三月，杨应龙派主力迎击刘綎，结果被刘綎击破，明军长驱直入，攻入娄山关。五月，明军接连取胜，抵达杨应龙核心区域海龙囤，开始修建围墙进行围困。六月，海龙囤被攻破，杨应龙阖室自缢自焚。十二月，明军献俘，明朝将播州一分为二，遵义划归四川，平越划归贵州。

西南地区的土司一个接一个地叛乱也是颇令人头疼的事情。总的来说，只要明朝腾出手来，集中兵力，而且不太顾及滥杀、剿抚并重等非常次要的事情的话，平叛也就是一两年的事情而已。

透过三大征，不难看出很多有趣的东西。首先，明军之所以能够在三大征中取胜，归根结底是因为明朝的国力比对手强出太多。规模最大的援朝战争，也未见明朝投入全力，结果日本就已经濒临经济崩溃；无论是明军主帅还是各军主将，在战争中体现出的军事素养都非常一般，给人循规蹈矩但求积小胜为大胜的感觉，在谋划交战过程中也尽可能避免大战、难战，可能只有平壤和碧蹄馆两战比较艰辛，结果还导致辽东军拒绝再战。其次，京营已经彻底退出明军的作战序列。如果说宁夏时间太短，播州太远，京营无法出战，那缺席前后七年之久，兵部天下调兵的朝鲜战争，足可见明朝君臣非常清楚京营已经不堪大用，听任其尸位素餐，只要不闹事就好。最后，明军已经形成了辽东铁骑、大同兵、防海南兵、川军等地域特色和将兵依附关系密切的派系。李如松对应的是辽东铁骑，麻贵对应的是大同兵，吴惟忠对应的是防海南兵，刘綎对应的是川军；以上四支部队就是明军精锐，除此以外还有少量土司兵。但土司兵方面，除了自家主将以外，所部根本不听他人调令，一旦各军主将拒战，明军主帅便会无计可施。

后世谈及三大征的时候，往往聚焦于两点。首先，三大征维护了明朝在东亚的霸主地位。虽然宁夏、播州都属于中国，只有朝鲜才是实际独立的明朝属国，但是因为宁夏涉及蒙古、播州属于苗疆、朝鲜更是外族，都带有民族和华夷因素，所以后世强调三大征有利于中国（明朝）维持对东亚的霸主地位。其次，三大征加剧了明朝的财政困难。关于三大征的花费，不同史料记载有一定出入，但是总额一般都在一千万两以上，例如，《明史》有两种说法，一种认为是一千二三百万两，即宁夏二百余万两、朝鲜七百余万两、播州二三百万两，另一种认为是一千一百六十万两以上，即播州一百八十余万两、朝鲜七百八十余万两、播州二百余万两。毫无疑问，无论是哪一种可能，对于一向资金紧张的明朝而言，都是一笔天价开支。

笔者个人比较感兴趣的其实是另外一点，即明朝军力的全面萎缩。虽然三大征以三战全胜收尾，但是非常有趣的是，在紧接着的三次类似大战中，明朝以全败收尾，即明缅战争放弃麓川、萨尔浒之战被后金全歼、奢安之乱任其自立。如果再仔细审视三大征的话，不难发现，三大征之所以明朝能够取得胜利，是因为明朝充分利用了双方极为悬殊的国力而不是军力，用持久战的方式，将叛军、土司和日寇的士气、后勤、兵源等耗光，从而取得胜利；相比之下，野战或者攻城战中的胜利或者受挫简直不值一提。所以随着中央政府执政能力的断崖式下降，明朝很难再以此种作战方式取得胜利，再加上缺少适合的军事统帅和决策者，明朝中央主导或应对的战争，自然屡战屡败。所以在三大征之后，明朝的屡战屡败才是正常现象，三大征取胜本身就是特例。

开征矿税

一五九六年年中，因在这年稍早时候，宫中火灾焚烧宫殿，明神宗批准在真定、保定、蓟州等地开矿，以助宫内修缮工程。一五九八年七月，明神宗又命内监李道督税湖口，鲁保经理淮盐，可以节制有关部门。

明代矿税有特指和并称之分。狭义的矿税特指对金、银、汞、朱砂等开矿生产征的税；这是一个非常古老的税种，可以上溯到春秋时期的盐铁国营。明代矿税还有一个广义的含义，指的是明神宗派遣内宦前往各地进行开矿、榷税等行为，充作内库，负责此事的宦官担任矿监、税使；除了开矿、榷税以外，明神宗通过内监扩大内库收入的行为还包括南方采木、广东采珠、大理采石等。

一五九九年，凤阳巡抚李三才认为开征矿税影响社会稳定，造成大量百姓失业破产，加速了流民规模的扩大，而且负责此事的宦官巧取豪夺，肆意诬陷，招募亡命徒，欺压百姓，贪污腐败，叨扰地方。因为这些缘故，李三才奏请停止矿税，然而无果。

同年，南京守备太监前往庐州，询问六安矿产情况，结果庐州知府表示六安有矿，朱元璋担心有人盗采，伤及皇陵山脉，特地设置六安卫负责巡山。于是，明神宗下诏禁止在此地开矿。

开征矿税之后，必然会对民间地方造成很大的负面影响。首先，矿税扰乱了现行官僚系统的运转。在古代中国，开矿非常容易带来腐败、矿霸、流民等严重社会问题，所以官府对开矿都比较慎重，但在矿监开矿时的考虑就会比较简单粗暴，往往开矿不成，地方反受其害。而且，明代商税的问题在于税率低而不是缺少税关等配套措施和制度，凭空出现的税使必然影响税务系统的运转。其次，矿税也扰乱了百姓商人的正常生产生活。比如，内宦到了地方后，往往会不问忙闲，征调大量民夫兵丁，严重扰乱了正常的生产生活；又如，税使往往不认官府的税卡缴税凭证，但是私设税卡的时候又缺少章程，往往随意而动，这样在滋生腐败的同时也大大降低了效率。第三，绝大多数矿监税使只以敛财为要务，恣意妄为。这也是矿税最被人诟病的一点。比方说随意妄称有矿，诈骗富户缴纳赎金，否则扒房推墙，寻找矿根；又如，收受商人贿赂而放行货物，索取贿赂不成则即使有完税凭证也予以扣留没收；再如，前往东南的宦官私自规定每张织机税银三钱或者五钱，造成机主缩减生产规模、机户失业、引发市民起义等。

一六〇五年十二月，明神宗以天象示警为由下旨，停止各地开矿，封闭矿洞，开矿官员内侍返回原部门，不许再次私自开矿；各地税务继续由有关部门按照旧制征收，半数交到内库，半数留在本部门。

由此，开矿行为暂时停止，但是税监一直存在，直到明神宗去世才被废止，前后历时二十多年。关于输入内库的银两总额，实在是难以统计，一般估计是在二百万两以上。

关于矿税的分析和影响，学界主要集中在明神宗横征暴敛、任由矿监税使为非作歹和影响资本主义萌芽发展上，但是近年来也有一些不同的声音出现。

首先，明神宗开征矿税的动机不一定是为了满足私人之欲。矿产课税一直是古代中国中央政府的重要财政来源，明代商税税率太低，明神宗想增加收入的话，从这两方面入手非常正常。传统论及矿税时，往往强调矿税收入要么直接进入内库，要么被矿监税使侵吞，总之是满足了明神宗敛财的需求。但在实际上，明神宗的开支主要集中在封赏宗室上，支出总额远逊于弄兵的明武宗和修道的明世宗，谈不上穷奢极欲。此外，明代国库和内库一直有相互填补亏空的做法，矿税的出现时间恰好在三大征的关键时期，军需开支激增，所以一直有观点认为明神宗是为了满足封赏将士等战争支出而大开财源，同时缓解因废除张居正改革而导致国库赤字的问题，故而在三大征结束一段时间后，财政收支恢复平衡，就停止了开矿。

其次，任由矿监税使恣意妄为可能是明神宗不得已而为之的措施。官僚集团失控且自利是明代灭亡的最重要原因，明神宗作为始作俑者和切身经历者，观感只会更加强烈。经历清算张居正、国本之争，明代君相关系可谓破裂，明神宗对官僚集团失去了信任，官僚集团也在事实上独立运转。明神宗既然想通过矿税增加收入，那显然不能依靠官僚集团，自然而然也就只能派遣宦官。

最后，所谓矿税影响了明代资本主义萌芽的发展，现在也多有不同看法。按照目前史学界的主流观点，明代江南地区出现了资本主义萌芽，矿税的横征暴敛以及扰乱生产在一定程度上影响了萌芽的发展。但是总的来说，明清时期这一萌芽在整个社会经济中占比太低，一直处于非常脆弱的状态，稍加风雨就会遭受灭顶之灾，单独强调矿税对其伤害或者将其列入矿税的诸多危害，都有些小题大做。

中国资本主义萌芽问题是史学界"五朵金花"之一,是明清史无法回避的问题之一;大致包括两层问题,即中国有没有可能独立进入资本主义、出现进入资本主义的征兆。经过四五十年的讨论,大致到20世纪末已经基本讨论完毕。目前学界持肯定态度的意见占主流,主要观点包括三点。一是英国发展资本主义的过程和经验具有普世意义,资本主义会在封建社会中孕育产生并发展壮大,并按照类似于英国发展资本主义的模式发展壮大。二是明代中后期江南地区出现了带有资本主义雇佣生产关系的、以生产商品为目的的、与西欧手工工场非常类似的纺织机场,即明代资本主义的萌芽。三是如果没有外国资本主义的影响,特别是晚清列强对中国的侵略和瓜分,中国也能缓慢地发展到资本主义。

但是对中国资本主义萌芽论的反对意见也一直存在。一是欧美、日本各国仿照英国发展本国资本主义并不能说明英国模式乃至封建社会必然进步到资本主义社会具有普适性,古代中国不可能会发展出如同英国翻版的资本主义社会经济形态,就像东地中海古希腊古罗马连同西欧所产生的人类社会五阶段论一样,不同文明、不同地区会有不同的形态。二是所谓的资本主义萌芽实际上是地主阶级的副业,机工的情况更类似于破产农民而非手工业工人,比较典型的例证就是机场获利之后,机主和机工都倾向于购地置业而非扩大再生产;远远达不到形成一个有一定社会影响力的独立阶级的地步。三是中国与西欧同时甚至稍早出现资本主义萌芽,即以明朝中后期(嘉靖后期至万历年间,即一五五〇年至一六一九年)对应荷兰资产阶级革命(一五六六年至一六〇九年)、英国资产阶级革命(一六四〇年至一六八八年);实际上,北宋自贡井盐盐场比明代江南纺织机场时间更早、规模更大、分工更细致,而且商品生产在古代社会非常常见,特别是古代中国有很多奢侈品都是需要商人雇用工人采集生产的,比方说绸缎、珠宝、大木等。

笔者个人倾向于对中国资本主义萌芽持否定态度。第一,认为明代江南纺织机场是中国资本主义萌芽实在是太过牵强,两宋、晚唐甚至战国时期都有与之类似甚至生产关系更加纯粹的生产模式,而且在这些历史时期,特别是战国时期,商人甚至都不用依附地主。所以如果硬要选择一个中国资本主义萌芽的话，也不应该是晚明的江南。第二，商品经济（商品交易和商品生产）在古代中国一直存在，但是经济占比一直不高，始终没有形成一股独立的政治力量或社会阶层，更为重要的是，古代中国直到晚清，都处于低水平的以种植业为主的小农经济阶段，除了江南、边镇等个别地区，根本没有足够的生产力和动力去进行大规模商品交换或者生产。第三，生产力发展和社会形态变化虽然具有某些共同性，但是除了缓慢进步以外，还有另一种情况，即长期停滞甚至倒退。制约中国社会生产力水平继续提高的各种因素，如古代农业手工业生产潜力接近极限、古代通讯管理水平低下、古代官制的管理能力已经发展到极致等，都没有改变或者改善的迹象，甚至即便以现在后知后觉的"上帝视角"，也难以跳脱出现代科技的范畴而设计出一条古人能够进行实践的路。

万历党争

明末党争是明朝灭亡最重要的因素。所谓明亡于党争，党争始于万历。自明神宗中后期开始，党争高潮不断，依次包括一五九三年癸巳京察、妖书案，一六〇五年乙巳京察，一六一〇年顺天乡试案，一六一一年辛亥京察、梃击案，一六一七年丁巳京察、红丸案、移宫案等事件。癸巳京察迫使首辅王锡爵致仕，揭开了党争序幕。随后近十年间，内阁大学士后为首辅的沈一贯组建的浙党一家独大，结果遭到了次辅沈鲤的反抗，形成了二沈相争的局面；在经历了妖书案、乙巳京察后，二沈双双下野。与此同时，东林党也在一次又一次的暗中操作中逐渐暴露，特别是阻止王锡爵复出一事，使其彻底站在前台，逐渐陷入浙党和秦党的围攻之中。虽然东林党在辛亥京察中几乎成功挑起浙党和秦党相争，试图逃过一劫，但是虽然秦党被灭，新出现的齐楚浙党在统筹指挥下，仍打得东林党节节败退，在丁巳京察中几乎将其全部消灭。

一五九三年二月，癸巳京察完成；随后，科道和吏部、兵部相互攻讦。七月，吏部尚书孙鑨致仕，吏部左侍郎陈有年任尚书。九月，吏部右侍郎赵用贤被罢。十月，左都御史李世达致仕。十一月，刑部尚书孙丕扬改任左都御史。

本次京察由吏部尚书孙鑨、左都御史李世达和考功司郎中赵南星主持。由于考察标准非常严格，赵南星亲家都给事中王三余、孙鑨外甥吏部文选员外郎吕胤昌、次辅赵志皋弟弟赵学仕等纷纷罢职。同时，按照惯例，公布京察结果之前，应当先交内阁，结果此次京察公布结果前避开内阁，引发首辅王锡爵不满。由于被免官员太多，京察标准过严，本次京察引来言官弹劾，加之内阁推波助澜，赵南星以及为之求情的大批官员削籍贬职，吏部尚书孙鑨、左都御史李世达被迫致仕。王锡爵本意以礼部尚书罗万化为吏部尚书，但是被文选司郎中顾宪成联合吏科给事中反对，结果由陈有年担任吏部尚书。此外，王锡爵揭发赵用贤因贪图财力而让女儿悔婚、改嫁富豪，将其免职；行人高攀龙为孙鑨等人不平、弹劾首辅王锡爵，结果被孙丕扬驳斥，贬为揭阳县典史。

一五九四年五月，首辅王锡爵致仕，赵志皋为首辅；原礼部尚书领詹事府陈于陛（陈以勤之子）、南京礼部尚书领詹事府沈一贯入阁。七月，吏部尚书陈有年致仕。八月，左都御史孙丕扬改任吏部尚书。

赵南星等人被削籍后，朝野多在攻讦王锡爵弄权，王锡爵自辩难明，只得连上八道奏疏请辞，获准。因内阁少人，吏部主持廷推；因为陈有年告假，故而侍郎赵参鲁、盛讷，文选司郎中顾宪成等人经过商议，推举原大学士王家屏、原礼部尚书沈鲤、原吏部尚书孙鑨、礼部尚书沈一贯、左都御史孙丕扬、吏部侍郎邓以赞、少詹事冯琦七人候选。明神宗对此极为不满，因为王家屏支持建储而致仕，孙鑨、孙丕扬并非翰林，冯琦只有四品，而且此前没有过推举吏部尚书、左都御史入阁的先例。于是，明神宗要求将此前吏部两次廷推的阁臣名单罗列报上，结果吏部报上沈鲤、李世达、罗万化、陈于陛、赵用贤、朱赓、于慎行、石星、曾同亨、邓以竖等人。明神宗大怒，指出自己已经下诏禁止推举左都御史，却还报李世达（以左都御史致仕），而且王家屏作为致仕大学士，不应当擅议起用。随后，明神宗命陈于陛、沈一贯入阁，并将顾宪成等人削籍贬职。陈有年上疏抗命，指出推选致仕大学士是惯例，王锡爵就属于此例，而且原大学士谢迁吕本都是四品入阁；明神宗不听，陈有年连上十四疏致仕，获准。

赵南星和顾宪成都是非常重要的东林党人，后世也多以这次癸巳京察为明朝中后期党争的起点。需要注意的是，赵南星自一五八三年冬进入考功司，担任主事，至此时被罢，已经近十年；顾宪成与之类似，在文选司至少任职八年（不迟于一五八六年任职至今）。正是因为把持了吏部两大要害部门，才造就了东林党。这就意味着顾赵二人控制了近十年明朝中下层官员的升迁调动，对这一年龄段的官员近乎垄断，亦即意味着十到十五年之后，东林党会突然变成一只庞然大物。

王锡爵致仕的原因比较复杂。首先，最重要的原因是王锡爵的政治主张是缓解君臣矛盾、明确内阁六部职责，前者自然会引起明神宗的不满，后者也会让群臣猜忌王锡爵的真实意图，陷入君臣互相不信任的局面。其次，王锡爵在争国本中失分不少，又因京察的缘故而站到清流对面，遭到了舆论的强烈抨击，在有前车之鉴的情况下，王锡爵不会选择死扛到底。

这两份廷推名单实在是令明神宗愤怒。第一份名单中，除了王家屏、孙铖、孙丕扬不合适以外，邓以赞是王学门人，而且常年称病，多次弃职而去，几无从政经验，而冯琦只有三十五岁，还没熬出足以出詹事府的资历；只有二沈可堪选择。第二份名单中，罗万化一直生病（同年就去世），左都御史李世达、吏部侍郎赵用贤刚刚因癸巳京察被免，礼部尚书于慎行曾经领衔要求立太子，兵部尚书石星正忙于三大征，曾同亨也不是翰林，邓以竖在明史中连传记都没有；只有陈于陛、朱赓可供选择。此外，《明朝纪事本末》暗示陈有年参与了本次廷推，并明确表示陈有年是因为主张阁臣必当廷推、王家屏实至名归而被明神宗勒令还籍，改由孙丕扬为吏部尚书，顾宪成等人是因为上疏支持陈有年而被削籍。

此次廷推反映出了两件非常重要的事情。其一，争国本的后遗症逐渐显现。争国本期间，大批官员要求早立太子，但是内阁中只有王家屏与之配合呼应，申时行、王锡爵虽然婉转调护，但是内心却认为这些官员多事。这批官员逐渐形成一股潮流，有意无意地彰显自身存在并处处与君相作对。王锡爵曾与顾宪成聊到，如今最奇怪的事情是朝廷（内阁）做出的决策，都会被天下反对；顾宪成则指出是朝廷（内阁）违背天下人心所向；两人因而不合。顾宪成下野虽然与王锡爵关系不大，甚至很多材料认为王锡爵还积极营救求情，但也引发了反对力量对王锡爵的围攻，促使政斗常态化。其二，东林党、浙党、秦党逐渐产生。东林党以东林三君为核心，实际上最先登场并因上疏被罢而名满天下、四处讲学的是邹元标，他早在万历十八年（一五八九年）就已经辞官在家讲学，并与稍晚而来的赵南星、顾宪成交好；相较于邹元标担任的吏科给事中，赵南星、顾宪成作为考功司郎中和文选司郎中权力更大，廷推的结果也从侧面说明了东林党已经初具规模。与此同时，入阁的沈一贯也不是善茬。作为两次廷推中唯二让明神宗满意的人选，沈一贯非常不简单：一方面，沈一贯的科举成绩在明代首辅中可谓倒数，以三十八岁的高龄仅为三甲一百余名，几近落榜，却能选为庶吉士；另一方面，沈一贯以才高自诩，不甘为人下，因而大肆提拔任用浙江同乡，使得浙党迅速登上历史舞台。此外，孙丕扬也利用自己担任吏部尚书之便，培植自己的党派，即秦党。

一五九六年闰八月，吏部尚书孙丕扬、兵部侍郎沈思孝免职。孙丕扬就任吏部尚书后，为避免宦官请托，创立掣签法，大选急选时，由候选官员自己掣签，由此杜绝请托，但是也使得铨政大变。一五九五年，孙丕扬负责外察，将与沈思孝交好的浙江右参政丁此吕免职戍边，首辅赵志皋等人求情无果。同时，吏部文选郎中蒋时馨被人弹劾，怀疑是沈思孝指使，于是上疏自辩，指责沈思孝包庇丁此吕又自求改任吏部不成，所以联合光禄寺卿李三才，打算通过陷害自己，达到牵连吏部尚书孙丕扬从而达到取而代之的目的。孙丕扬因此和沈思孝交恶，相互攻讦，言官也纷纷参与。明神宗宽慰孙丕扬，逮捕丁此吕，斥责沈思孝。但是同年，明神宗罢斥言官三十余人，孙丕扬与九卿力劝，引发明神宗大怒。孙丕扬不满主张不被采纳，于是连上十余疏求去。结果，内阁大学士张位拟旨允放，孙丕扬大怒，再次指责张位、沈思孝等人结党，但是陈于陛、沈一贯为张位说情。最终，孙丕扬获准致仕，沈思孝也被孙丕扬弹劾，免职养病。

万历二十四年的沈思孝事件，是一场非常明显的党同伐异的政治斗争，亦可以看作是明末党争的第一次较大规模的政斗。虽然丁此吕不是东林党,但是沈思孝、李三才却是东林党。在党争初现的情况下,作为陕西人的吏部尚书孙丕扬必然首当其冲。但是,孙丕扬是干臣,官声极佳,东林党以如此方式将其罢去,实在是有些过分,也难怪孙丕扬再掌吏部后,差点儿将东林党团灭。

十二月,大学士陈于陛去世。

内阁只剩下首辅赵志皋、大学士张位和沈一贯三人。

一五九八年五月,吏科给事中戴士衡、全椒知县樊玉衡削籍谪戍。六月,次辅张位被罢,值赦不宥。十月,首辅赵志皋养病。内阁只剩下沈一贯。

刑部侍郎吕坤曾在山西任上采集历代烈女事迹,编成《闺范图说》;郑贵妃看到后,又增加十二人事迹,以东汉马皇后开篇,自己为终篇,印刷分发,抬高身价。后来,吕坤上疏规劝明神宗减少开支花销,疏命《忧危疏》,结果被吏科给事中戴士衡弹劾吕坤包藏祸心,勾结内宫,迎奉郑贵妃。吕坤只得自辩郑贵妃增补《闺范图说》与自己无关。结果,有自称"燕山朱东吉"的人写了一篇《忧危竑议》作为《闺范图说》题跋,四处散发,指明马皇后由侧室扶正,暗示郑贵妃母子当为皇后、太子。朝野哗然,吕坤自辩无果,只得自请致仕。郑贵妃一党认为此文是戴士衡或者今年稍早弹劾郑贵妃一党的原御史樊玉衡(已经被贬全椒知县)所作。明神宗怒而将两人流放岭南。随后,又有御史弹劾《忧危竑议》是次辅张位、右都御史徐作等人所作,加之张位包庇掩盖平壤战败事发,明世宗又将张徐二人罢免,遇赦不免。

此即第一次妖书案;所谓妖书指的就是《忧危竑议》。所谓燕山朱东吉,意指住在北京(燕山)的太子(朱姓,东宫)吉祥。郑贵妃在吕坤本的《闺范图说》上再加工发行,基本就宣判了吕坤不为清流士林所容,早早致仕也算是体面收场。总的来说,此事虽然看上去非常诡异,但是考虑到明朝中后期言官穿凿附会、风闻言事的本领,《忧危竑议》只能算是中规中矩,加之此事不宜声张彻查,所以被明神宗以处置两个小官草草收场;如果没有第二次妖书案,可能都不会被史家强调。但是需要注意的是，此案深究之下，案情会变得非常有趣，比方说，吕坤和沈鲤同为归德府人（河南商丘）。

一六〇〇年正月，礼部尚书余继登奏请册立皇长子，然后行冠礼、大婚；大学士沈一贯也奏请皇长子行冠礼大婚。无果。三月，明神宗传谕内阁，表示自己已经确定册立太子时间，大臣不得打扰。十月，明神宗传谕内阁，表示来年春天册立太子。十一月，外戚郑国泰奏请皇子先行冠礼、大婚，然后再册立太子，结果被言官弹劾。

一六〇一年五月，郑国泰奏请册立太子并行冠礼、大婚，被夺俸；言官多有附和，也被一同贬职夺俸。八月，首辅沈一贯趁李太后庆生，上疏要求年内册立太子，以便早日婚娶，繁衍子嗣，获得明神宗批准。

十月，明神宗又反悔，提出改期册立太子，被沈一贯封还。当月十五日，明神宗立皇长子朱常洛（时年二十岁）为太子，册封其他诸子为王；五天后，太子行冠礼。

经历了数年争国本，皇长子朱常洛的太子之位愈发稳固，而且明神宗也放弃了抵抗，所以立太子可以说是水到渠成；至于明神宗临时反悔，可以看作是一个习惯性动作，无须过多分析。

同年九月，首辅赵志皋病死；已致仕的礼部尚书沈鲤、朱赓廷推入阁。当时廷推九人，明神宗本已选中朱国祚、冯琦，结果沈一贯提出这两人年轻，不如先选老人，故而改选沈鲤、朱赓（一说，明神宗忌惮内阁大臣结党营私，故而选择致仕老臣）。致仕在家的首辅申时行特地写信给沈一贯，让他小心沈鲤，还蔑称其为蓝面贼（沈鲤脸黑）；沈一贯也意识到了身兼士林敬仰和神宗信任的沈鲤会与自己争夺首辅之位，故而写信给凤阳巡抚李三才问计，意图拉拢李三才，但被李三才拒绝，只讲两人同心为国即可。结果，沈鲤联合同年左都御史温纯、门生礼部右侍郎郭正域等人，与沈一贯争斗不休。

沈鲤是河南人，一五三一年生，嘉靖四十四年进士（一五六五年）；朱赓是绍兴人，一五三五年生，隆庆二年进士（一五六八年）；朱国祚是嘉兴人，一五五九年生，万历十一年状元（一五八三年）；冯琦是山东人，也是一五五九年生，万历五年进士（一五七七年）。

沈鲤入阁可能是沈一贯的巨大失策。笔者估计，沈一贯是为了助力同乡朱赓入阁，才迎合明神宗而推举故旧大臣沈鲤，结果引狼入室，二沈相争。更为有趣的是，明代内阁首辅中，申时行、沈一贯都以圆滑著称，但是偏偏沈鲤早年得罪申时行，导致迟迟未受重用，不得入阁，致仕回家后才在沈一贯的帮助下入阁，结果又与之交恶，真可谓奇葩。不过从事后情况来看，沈鲤的入阁一事应该还有东林党支持的因素，用意应为阻止王锡爵复出，所以，李三才才会拒绝沈一贯的好意。

一六〇二年六月，刑部尚书萧大亨署理兵部尚书。一六〇三年三月，因尚书冯琦去世，礼部侍郎李廷机署理部务。

由于明神宗长期不理政务且将大量奏疏留中，导致候补官员迟迟无法获得任命，只得纷纷兼任。至一六〇六年三月，大学士沈鲤等人上疏，指出北京部院堂官约三十一人，其中缺员二十四人，还有数人因老病在家，但依旧无果。

以一六〇三年三月礼部尚书冯琦去世、妖书案爆发前为界，明朝七卿为吏部尚书李戴、户部尚书赵世卿、礼部侍郎署理部务李廷机、刑部尚书署理兵部尚书萧大亨、工部尚书姚继可、左都御史温纯，其中李戴、姚继可是沈鲤同乡，温纯是沈鲤同年，李廷机是沈一贯的门生。所以，立场有些模糊的只有萧大亨和赵世卿。考虑到署理两部是极大的殊荣以及首辅沈一贯善于结党又说一不二，不难想象萧大亨在二沈相争中的立场；而在妖书案爆发后不久，李戴因故致仕，赵世卿也才得以身兼吏户，立场自然有所倾斜。

一六〇三年四月，楚王宗室朱华越等二十九人揭发楚王朱华奎冒充宗室。朱华奎兄弟是楚恭王宫人所出的遗腹子，出生之初就有传言其冒充宗室，但在楚王妃支持下，朱华奎得以继承楚王王位。由于朱华奎年幼，楚王宗室代理府事，逐渐骄横，轻视朱华奎。朱华奎亲政后，双方矛盾激化，结果被朱华越等人揭发楚王身世疑点。朱华奎不愿大肆声张，暗中行贿，于是首辅沈一贯暗示通政使沈子木暂时压下奏折。

六月，楚王朱华奎弹劾宗室的奏疏也到达京城，两本奏疏被明神宗批给礼部。礼部右侍郎郭正域认为应当派人勘验实情，获得与之交好的座师、次辅沈鲤支持；首辅沈一贯认为楚王乃亲王，只能体访，不能勘验。郭正域偏向宗室，沈鲤偏向郭正域，但是户部尚书赵世卿等人偏向楚王，因此内阁与六部有所分歧。结果，明神宗同意派人勘验。

八月，湖广巡抚赵可怀等人经过勘验，奏称无法证明楚王为冒充。明神宗又命大臣商议，结果与会者三十七人观点各不相同。郭正域本想将所有人的观点全都录下上报，但是礼部左侍郎署尚书事李廷机（沈一贯门生）认为只报纪要即可。结果沈一贯趁机唆使给事中钱梦皋和巡城御史康丕扬弹劾礼部隐匿众人观点，郭正域则揭发沈一贯指使沈子木滞留奏疏、接受楚王贿赂等事。首辅沈一贯回应通政使有权封还奏疏，而且封还奏疏可以保留亲王体面，此外封还一事包括沈鲤朱赓在内满朝皆知，并非隐匿滞留；并趁机弹劾郭正域勾结朱华越陷害楚王。沈鲤则会同朱赓上疏，将礼部留存的三十七人意见上报，为郭正域解围。

九月，给事中杨应文指控郭正域父亲曾被楚恭王笞责，故而挟嫌报复，给事中钱梦皋则劾奏郭正域陷害宗藩。郭正域上辩无果，愤而提出辞官。随后（一说十月），明神宗下诏认定楚王为真且将郭正域罢官，拒绝楚王宗室诸王继续勘验楚王朱华奎真伪，就此结案。

此案即伪楚王案。本案案情非常简单，既然有人告发楚王冒充宗室，明神宗自然派人勘验，在无法验明真伪、楚王又非常识相地进献大量金银的情况下，理所应当选择息事宁人。

十一月，《续忧危竑议》突然在京城出现并被传播。此文为问答体，回答人名为郑福成。郑福成认为明神宗是不得已立太子，等待时机更换，起用老臣朱赓的原因就是因为朱赓谐音"更"，寓意更换太子，并罗列其他参与更换太子的大批重臣：沈一贯为人奸贼，故而会在太子和福王之间左右摇摆；落款吏科都给事中项应祥所写，四川道监察御史乔应甲刊行。一夜之间，此文贴遍京城，甚至贴在朱赓门上。明神宗闻之大怒，一方面命厂卫在京进行搜捕，另一方面安抚太子，朱赓请求致仕被拒，沈一贯悬赏五千两和指挥佥事征求线索。缉捕愈演愈烈，人人自危。巡城御史康丕扬通过缉捕嫌疑人而怀疑礼部侍郎、清流领袖郭正域；给事中钱梦皋因试图营救被揭发为妖书作者而下狱的女婿，也转而指责郭正域亲朋也多牵连此事，认为妖书案与楚宗案同时出现是郭正域以及与之交好的沈鲤在背后指使，应当将郭正域正法、沈鲤闲住。结果，明神宗勒令郭正域还乡待审，又命加紧搜查。郭正域回乡途中，所乘舟船遭到巡逻围攻，甚至被人逼迫自尽无果，沈鲤家也被围攻。但是，康丕扬获得的供词始终难以自圆其说，而且牵连不到郭正域。太子也出面质疑为什么要杀其讲官郭正域。

十二月，吏部尚书李戴被勒令致仕；户部尚书赵世卿兼任吏部。李戴女婿是锦衣卫都指挥使周嘉庆，妖书案起后被属下揭发与之相关，结果审问拷打周嘉庆时，李戴心中不忍而躲入内堂，使明神宗不快。旋即，周嘉庆无罪释放却罢官还乡；李戴被牵连致仕。

一六〇四年四月，妖书案结案。妖书案发后不久，东厂根据线索抓到京师落魄秀才皦生光，拷问案情。被捕的皦生光哥哥皦生彩揭发皦生光专以刊刻打诈（受雇写东西时加入犯禁语，从而敲诈勒索）为生，曾经勒索郑国泰，现在有心报复而妄做文章。于是，此案结案，皦生光被凌迟，家属流放充军。此外，刑部尚书萧大亨本意趁机牵连郭正域，但被郎中王述古制止。皦生光被杀后，京城又谣传妖书为中书舍人赵士祯所作，但是不了了之。次月，郭正域还乡。

此即第二次妖书案。由于妖书只提及沈一贯和朱赓两人，因此舆论很快就转移到唯一幸免的沈鲤身上。此案虽然起自党争，但是牵连甚广，愈演愈烈，重臣黔首都无法幸免，李戴便是一例，故而也被匆匆结案。

闰九月，劫杠案发。楚宗案结后，楚王奏请进献两万两银子，用作大内宫殿工程，获准，结果宗室朱蕴铃等数百人在汉阳地界打劫，将银两劫走。随后，朱蕴铃等三十余人被捕下狱，湖广追回赃银近三千两。本月初，宗室纠结闹事，冲击官府，试图抢回被捕宗室和官银，湖广巡抚赵可怀被杀（一说审讯时被朱蕴铃、朱蕴訇挣脱枷锁打死）。明朝中央震动，明神宗暴怒，沈一贯将事定为叛乱，拟调三省五路大军进剿；幸好湖广巡按吴楷、湖广右参政薛三才、湖广按察使李焘等人奏称已经控制局面，因而休兵。

一六〇五年四月，劫杠案结案，朱蕴铃、朱蕴訇处死，朱华堆等三人自尽，另有宗室二十三人监禁、二十二人革爵幽禁，以及多人降级、革禄。时人多认为处罚过重，加之恰逢地震，因而纷纷议论。

劫杠案是伪楚王案的延伸，但是依旧匪夷所思。笔者实在是无法理解，一群宗室要跋扈和无脑到何种地步才会去劫杠？几百号宗室就为了两万两银子去劫财，还是认定法不责众而要把事情闹得无法收拾？结果沈一贯趁机将其一网打尽，并试图再次兴风作浪，幸好被地震制止。楚王朱华奎一直活到明末，才被张献忠沉江而死。

在展开对两次妖书案、伪楚王案、劫杠案（为行文方便，合称妖书案）的分析之前，先补充一点有趣的人物关系。吕坤和沈鲤是同乡，同为归德府人（商丘），关系匪浅；吏部尚书李戴也恰好是河南人。吕沈二人加之郭正域，还被称为天下三大贤，可见除了学术水平相近且高以外，还有一簇拥趸；更为重要的是，吕坤与孙丕扬交好，还家之后还被孙丕扬坚持推举为左都御史。沈鲤还有一位同年，即时任左都御史的温纯，是陕西咸阳三原人。

所以妖书案涉案官员，大致可以分为以下三系。首先是沈鲤、李戴、吕坤、郭正域一系，也是妖书案中损失最为惨重的一系，吕坤下野、李戴致仕、郭正域免职。其次是沈一贯、钱梦皋、李廷机（万历十一年榜眼、沈一贯门生）等浙党，趁妖书案而大肆打击政敌沈鲤等人。最后一系是赵世卿、萧大亨等人；这些人本身并非浙党或是沈鲤一系（赵世卿无党），也未受妖书案牵连受罪，但因立场以及利益交换的缘故，得以身兼二部，所以选择支持浙党，打击沈鲤。

从更深层次角度讲，妖书案可以看作是一次剧烈的明代党争。妖书案的主线就是二沈相争，沈鲤落入围攻而败。第一次妖书案案情尚不明了，而且也未展开，就以吕坤仓促下野而匆匆结束。伪楚王案中，郭正域本已获得先手，结果被沈一贯抓住明神宗不愿将此事扩大的心理而反手一击，将郭正域罢免。第二封妖书虽然意图隐晦，但是迅速就被沈一贯用作打击沈鲤一党的机会，沈鲤一党几近团灭。在此期间，各方重臣也纷纷参与对沈鲤一党的围攻，加速了沈鲤一系的落败。

沈鲤一系之所以陷入围攻并落败，大致有三方面的原因。一是沈鲤一系与科道关系不睦。沈鲤入阁之后与沈一贯势同水火，但是沈鲤一系与已经被赶出朝廷的孙丕扬关系匪浅，很难获得东林党的支持，人数势力上先天落于下风，特别是科道系统，完全是浙党和东林党的天下，虽然有温纯的支持，但沈鲤一系几乎无法发声。二是两次妖书都是直指沈鲤一系软肋，和郑贵妃有不清不楚的关系以及涉及构陷同僚，使得沈鲤一系在道义上落了下乘。三是沈鲤一党的党争水平还是弱于沈一贯一系，居然没有利用第一次妖书案大做文章，特别是近乎沈鲤一党二号人物和未来领袖的郭正域始终没有体现出足够强硬的手腕，在伪楚王案形势一片大好的情况下被沈一贯翻盘，在第二次妖书案中完全一副人为刀俎我为鱼肉的放弃态度，居然没有利用太子师傅的身份，去争取明神宗的支持。

一直以来，关于妖书案究竟是有人故意设计还是突发事件扩大化，一直有争议。笔者个人的看法是，第一次妖书案是有人在戴士衡弹劾吕坤的时候推波助澜，试图置吕坤于死地，但是这个人的身份不好判断；伪楚王案中，郭正域有可能得知楚王宗室之间的矛盾，也有可能参与唆使宗室上疏，但是也就是蜻蜓点水而已，并未打算大做文章；第二次妖书案极有可能是沈一贯或者其门人故意构陷沈鲤一党，是实实在在的蓄谋已久。之所以如此判断，原因大致有三。首先，郑贵妃盗用吕坤作品、楚王宗室内部矛盾都是既成事实而且难以事先设计，所以只能在时机合适的时候大做文章，并根据走势随机应变。其次，两本妖书的指向性太过明显，就是故意要把事情搞大，让处在舆论旋涡中的一方陷入万劫不复，而且投入成本很低，只需要趁夜大肆张贴抄录而已，不易被人发现。最后，沈鲤郭正域一系在妖书案中可谓毫无作为，任人宰割，如果说这还是在事先谋划的基础上取得的战果，那笔者实在是无话可说。

值得一提的是，东林党在妖书案中，只是配角而已；所以三大案并没有妖书案。因为东林党的名声太大，习惯上对明末党争的解读往往以东林党为主视角展开，强调争国本和妖书案中东林党以及与东林党做对手的浙党的作用和举措，忽视沈鲤、赵世卿等其他大臣的作用。但在实际上，东林党在争国本期间尚未形成独立的政治派系，只能说是清流中的一股力量，尚未独立作战；妖书案中因为核心人物都不在京城，加之品级职务较低，所以只能配合主流摇旗呐喊而已，根本没有足够的力量和沈一贯这样的强势首辅殊死搏斗。而且需要注意的是，虽然在诸多叙事中，特别是在三案中扮演了极为光辉的角色，但是实际上东林党人并没有担任过太子明光宗朱常洛以及之后明熹宗天启朱由校的帝师，对其父子本人的交情和影响力都非常有限。

此外，在妖书案中，明神宗的行为非常有趣，深究之下，很容易得出几个有意思的结论。一是明神宗的政治眼力和手腕有了很大的提升，懂得利用党争从中渔利。相较于争国本中，动辄亲自上阵与朝臣对阵，既无法调动舆论，又无法争取大臣支持，明神宗在妖书案中的表现显然大为改观。明神宗很明显意识到了妖书案无非是大臣之间利用争国本后形成的支持太子、反对郑氏的政治正确，相互倾轧而已。所以，明神宗有意识地进行了利用，在第一次妖书案中捍卫了郑氏的地位，伪楚王案中敲打了楚王宗室并勒索了一笔大财，并且放任内阁冲突，造成首辅和次辅的决裂，在一定程度上捍卫了自己的地位。至于党争对朝政的损害，显然不在明神宗的考量范围之内。

二是明神宗的政治禁区暴露出来。妖书等一系列案件涉及朝臣、太子、后宫、宗室，案情极为复杂，结果明神宗虽然从中渔利不少，却也暴露了自己的诸多禁区。最先暴露的禁区是郑贵妃一家，两次妖书、楚王、劫杠四案，明神宗只在第一次妖书案案发后立即出手制止而在其他三案中作壁上观许久，显然是因为只有第一次妖书案直接将郑氏牵连在内。其次，明神宗先是赞同勘验楚王真伪而不是体访，而且在获得楚王行贿后立即改变立场，随后又纵容沈一贯在劫杠一案中大肆打压屠戮宗室，显然根本不关心宗室死活。此外，明神宗还暴露了自己最大的禁区，就是不能把事情搞得不可收拾，一旦事情有失控的危险，明神宗就会立即出手干预，如任由楚王案或者第二次妖书案扩大化，沈鲤在垮台危机之下，很有可能会向太子求援，使得事情不可收场，导致国本动摇。

三是明神宗对太子的态度非常复杂。郭正域作为太子师傅，却积极参与党争本身就是大忌，结果还先胜后败，处于下风。以明神宗的水平以及历史上的常规做法，也应当是及时终止此事，要么鼎力支持郭正域，禁止再议，要么是直接由郭正域背锅，下野归乡，避免动摇国本，偏偏明神宗在楚王案中，只让郭正域停职却不还乡，任由浙党继续围攻；甚至笔者感觉，第二次妖书案就是因为郭正域迟迟不走，浙党担心日久生变而冒险张贴妖书，置其于死地。明神宗这样做无非是想趁此机会让朝臣进一步分裂，却也将太子置于险境，归根结底还是未将太子放在心上；但是随着第二次妖书案愈演愈烈，太子又开始就此事表态，明神宗也被迫出面干预，使此事不了了之。

一六〇四年十月，东林党在实质上形成。顾宪成等人被贬官后四处讲学，在常州知府、无锡知县等地方官的支持下，修缮东林书院（原龟山书院），作为讲学场所。同年十月，顾宪成会同顾允成、高攀龙、安希范、刘元珍、钱一本、薛敷教、叶茂才（时称东林八君子，均为常州或无锡人），发起东林大会，制定了《东林会约》，规定每年举行大会一次，每月小会一次。

此即东林党正式成立的标志。东林党的一大特点就是政治目的极强，不然其领袖顾宪成也不会做出"风声雨声读书声声声入耳，家事国事天下事事事关心"这样的对联。讲学可以看作是养望和结党的混合，是在野士人扩大影响力、影响朝政或者谋求东山再起的常见选择。但是顾宪成等人的行为，更确切的称呼是结党，特别是制定《东林会约》使得东林党与古代常见的朋党有了极为显著的区别。一是定期集会使得东林党的组织更加紧密。二是制定会约更易规范东林党人行为和统一价值观。三是东林党人的入党条件非常高，确保了东林党的高度同质化。由此，东林党成了一个极具战斗力的政党，甚至可以说已非常接近近代政党的组织模式了。

一六〇四年五月，因户部尚书兼理吏部赵世卿请辞，吏部左侍郎杨时乔署理部务。杨时乔是次辅沈鲤、左都御史温纯同年。钱梦皋同年考满九年，吏部拟升为湖广参政，但是并未告知内阁；沈一贯不愿钱梦皋外放，故而唆使钱梦皋上奏质疑，结果成功获得留用。赵世卿因而请辞吏部，并建议由侍郎代管，获准。

一六〇五年正月，吏部左侍郎杨时乔、都御史温纯受命京察。沈一贯对杨时乔颇为忌惮，提出以兵部尚书萧大亨为主，结果明神宗认为杨时乔廉洁正直，故而命其负责京察。

三月，明神宗下中旨，将被罢斥的给事中钱梦皋、御史钱一鲸等人留用，并质疑科道言官不称职者居然有十一人之多。两京京察结束后，沈一贯门人纷纷被罢，故而沈一贯通过密折，以两京同时京察但是北京被罢官员数量远多于南京为由质疑问难。

四月，刑科给事中钱梦皋再提楚宗案，要求将郭正域削籍，并且弹劾左都御史温纯结党庇佑，结果激起言官相互弹劾，有弹劾京察大臣的，有要求被罢官员去职的，也有为某些官员开脱辩解的。

七月，沈一贯因被诸多言官弹劾包庇党羽，转而奏请执行该年的考察结果，获准。钱梦皋被明神宗批示另有任用，左都御史温纯获准致仕，钱梦皋等言官旋即去职养病。此外，沈鲤同乡、工部尚书姚继可致仕。

一六〇六年七月，首辅沈一贯、次辅沈鲤致仕。沈一贯屡屡被言官弹劾，连年请求自己与沈鲤一同致仕，连续上了八十道奏疏，获得批准。因而两人同时致仕，但沈鲤的待遇相对沈一贯要差一些。

乙巳京察也是二沈相争的一部分。简单讲就是沈鲤等人希望借助京察打击沈一贯，特别是剪除沈一贯在科道的羽翼，结果沈一贯再次成功翻盘，实现了对沈鲤的打压。原因也很简单，沈一贯组建的浙党是朝中第一大朋党，沈一贯自身的水平和圣眷又比沈鲤高，所以不难翻盘。但是，二沈相争折腾了六七年，搞得前朝鸡飞狗跳，显然不是明神宗期望的局面。同时，沈一贯虽然屡战屡胜，但是得罪的人也越来越多。他先是利用郑贵妃去打压政敌，中间又对宗室痛下杀手，而后对同僚也是驱逐殆尽，自己的羽翼也损失惨重，加之自己已经七十六岁高龄，自然萌生退意。至于沈鲤，笔者认为明神宗将其安排入阁，就是为了制衡沈一贯，既然沈一贯要走，同龄的沈鲤也没有留下的必要，况且沈鲤本人也未必愿意再留在内阁。

一六〇七年四月，明神宗同意内阁增员。五月，礼部尚书于慎行、礼部左侍郎李廷机、南京礼部右侍郎叶向高增补入阁。

二沈去职后，内阁剩朱赓。朱赓屡请增员，终于获准。工科右给事中王元翰、户部尚书赵世卿建议改九卿会推、中旨为吏部廷推（吏部尚书依旧空缺，侍郎杨时乔署理部务），被明神宗拒绝。随后，九卿会推于慎行、赵世卿、吏部侍郎刘元震、叶向高，礼部侍郎掌翰林院杨道宾、李廷机、孙丕扬七人。王元翰等人反对屡被弹劾的李廷机，但是李廷机还是在赵世卿、杨时乔等人支持下而列入名单。随后，明神宗圈中于慎行、李廷机、叶向高，同时斥责攻击李廷机的言官。

七月，漕运总督李三才奏请补大僚（填补重臣）、选科道、用废弃（起用被贬官员）。九月，江西参政姜士昌入京，奏请甄别遗奸（王锡爵、沈一贯），录用遗逸（被贬官员）；朱赓、李廷机只得自辩，最后，姜士昌被贬为广西佥事。

十一月，大学士于慎行、叶向高抵京。旋即于慎行去世。叶向高奏请按资历排序，故而李廷机在前。

李廷机是沈一贯学生，王元翰被后世认定为东林党（实际上更认同东林党的理念），所以王元翰反对李廷机入阁很正常。李廷机虽然被推举入阁，但是始终处于围攻之下，加之沈一贯致仕之后不涉朝政，故而浙党暂时陷入低谷。

一六〇八年九月，言官弹劾朱赓暗中结交王锡爵。在前一年，明神宗选三人入阁的同时，依旧属意王锡爵，特加少保，命朱赓与之联系，试图召王锡爵为首辅，被王锡爵拒绝三次。但是，王锡爵针对言官言辞过激、扰乱政务的情况，在密信中写道"皇上于章奏一概留中，特鄙弃之，如禽鸟之音不以入耳"，认为无需对言官太过重视，留中即可。王锡爵密信在传送过程中，被其门生、漕运总督李三才拆开。因密折为王锡爵孙子王时敏所写，王时敏书法一绝，所以李三才无法篡改，只得抄录散布，激起公愤。言官闻讯纷纷弹劾王锡爵，王锡爵只得规避，不再回复明神宗来信。

后人在顾宪成和李三才的书信往来中，找到两句大逆不道的言论，即"木偶兰溪（赵志皋）、四明（沈一贯）、婴儿山阴（朱赓）、新建（张位）而已，乃在遏娄江（王锡爵）之出耳"和"人亦知福清（叶向高）之得以晏然安于其位者，全赖娄江之不果出……密揭传自漕抚（李三才）也，岂非社稷第一功哉"。东林党与王锡爵的分歧和对立由来已久，这里不加赘述，但是因为此次李三才坑害王锡爵一事太过著名，故而经常将这两件事情联系起来。首先，这封书信的存在，证明早在东林党成立之前，不会迟于一六〇一年首辅赵志皋去世（张位一五九八年以次辅被罢、赵志皋去世后沈一贯为首辅、沈鲤和朱赓入阁），顾宪成、李三才等人就已经有目的地参与朝政，并且目的非常明确地以阻止王锡爵为要。其次，这封书信也从侧面证明，明神宗不止一次有心让王锡爵复出，但东林党也不止一次成功地阻止王锡爵复出，并最终成功地彻底封死王锡爵复出的希望。

同月，已致仕的孙丕扬起复为吏部尚书。吏部左侍郎杨时乔因为同情姜士昌等弹劾内阁朱赓、李廷机或者要求对被贬官员进行起复的官员而被明神宗疏远。

孙丕扬再掌吏部的原因很简单，明神宗以秦党填补浙党留下的力量空缺，保证前朝处于自己的控制之下，免得被东林党这样的反帝派系乘虚而入。

十月，因言官弹劾不止，大学士李廷机决计不出，称病不赴内阁。十一月，首辅朱赓去世。叶向高因为内阁只剩下自己，因而奏请增员并建议将李廷机放还故乡，均无果。

叶向高由此成为明代首例独相，并持续五年之久。虽然魏忠贤、钱谦益等人都将叶向高视作东林党党魁，但是实际上，叶向高也仅仅和东林党相互认可而已，达不到同党的地步。究其原因，一是因为叶向高出身福建而非东林党扎堆的江浙，二是因为叶向高登第远早于顾赵在吏部任职，三是叶向高几乎没有参加东林党任何殊死一搏的行动，而是经常像申王沈一样急流勇退、明哲保身。

一六〇九年二月，工科右给事中王元翰被弹劾，四月罢职。翰林院编修、右中允宣城人汤宾尹和左谕德昆山人顾天埈分别以乡谊为基础，组织宣党和昆党。汤宾尹谋求入阁，其门生户科给事中王绍徽故而试图与王元翰交好，希望其协助汤宾尹入阁，结果被王元翰拒绝。汤宾尹转而联合浙党，攻击王元翰贪腐。东林党纷纷上疏营救，但是王元翰依旧被迫去职。

一六一〇年三月，庚戌科会试案发。汤宾尹门生、浙江归安学子韩敬被本房考官黜落，但汤宾尹强迫吏部侍郎萧云举、王图点其为会元。舆论哗然，礼部侍郎吴道南本意弹劾汤宾尹，被人拦下。殿试时，叶向高将其列为第三名，结果明神宗改为状元。

此事主要是宣党和秦党之间的冲突。明神宗点韩敬为状元表明明神宗此时倾向宣党，而且这一调整也使得韩敬成了明神宗禁脔，否定韩敬才学，等于明神宗承认犯错；故而此事必然不了了之。不过在次年辛亥京察中，汤宾尹所在宣党几近覆灭，韩敬也称病去职。

一六一一年二月，漕运总督李三才被免。左副都御史李三才自一五九九年五月开始在两淮地区担任督抚十余年，整治盐政有功，结交广泛。都察院掌院事詹沂请辞还乡后，叶向高趁机奏请增补左都御史，推举李三才，但是被明神宗屡屡无视，结果改由仓场总督孙玮兼署院事。王元翰等人去职后，李三才又被浙党宣党猛烈弹劾。李三才家资丰厚，加之性情不能持廉，最终被迫连上十五道奏疏请辞获准。

王元翰、李三才相继下野的原因在于东林党在廷推一事中太过招摇，泄露密奏又引起了明神宗的极度反感。虽然王元翰只是东林党的盟友而已，但是李三才是东林党核心中的核心，地位甚至高于赵南星和顾宪成。他的下野既说明了东林党已经陷入了诸党围攻，另一方面也说明了东林党的力量尚不足以抗衡诸党。

三月，辛亥京察开始，党争再起。本次京察由吏部尚书孙丕扬（陕西人）、左侍郎萧云举（广西宣化人）、右侍郎王图（陕西人）、副都御使署都察院事许弘纲（浙江东阳人；年初新掌院事）主持。本次京察前，孙丕扬收到同乡、东林党人礼科都给事中胡忻书信，信中提到有人要依次扳倒保定巡抚王国和吏部右侍郎王图兄弟、吏部尚书孙丕扬、首辅叶向高，并暗示沈思孝是主谋。同时，宣党、直隶巡按金明时曾经弹劾吏部右侍郎王图之子，担心此次京察难以过关，在王绍徽的唆使下，弹劾王图勾结东林党。孙丕扬得知金明时弹劾王图，认为金明时意图逃避京察，于是在京察前一天弹劾金明时。金明时被迫上疏自辩，结果疏中有"四面受敌，垂绝于雷霆万钧之下"一句，因没有回避明神宗名讳，被明神宗怒而免职。随后，孙丕扬大肆打击浙党宣党，国子监祭酒汤宾尹、浙江道御史刘国缙等七人考核不过。结果，刑部山西司主事秦聚奎攻击孙丕扬包庇陕西人（秦人），结党欺君；又引来东林党反驳。孙丕扬将考察结果送至内阁，叶向高票拟同意。

四月，浙党、兵科给事中朱一桂上疏弹劾王图，认为王图为了入阁，先是指使党羽王元翰四处弹劾他人，后利用孙丕扬老迈昏聩大肆打击政敌。孙丕扬、萧云举、王图、许弘纲等人上疏自证；萧云举也从孙丕扬处看到胡忻书信，提醒孙丕扬小心有诈，孙丕扬有所醒悟。浙党也逐渐意识到东林党在挑唆党争，因而又弹劾东林党。加之同情汤宾尹的人越来越多，首辅叶向高奏请颁布考察结果，了结此事。

五月，考察结果颁布，秦聚奎闲住，汤宾尹、刘国缙、王绍徽等七人各有降职。但是此事中出力甚多的礼部主事丁元荐等人也被劾倒。

一六一二年二月，吏部尚书孙丕扬、左侍郎萧云举请辞获准。此前，王图兄弟已经请辞。

辛亥京察是东林党挑起的一次成功的党争，昆党、宣党和秦党都几近覆灭。历代以来，几乎所有人都认为胡忻书信中提及的扳倒秦党和叶向高的事情是东林党杜撰，意图激化矛盾，挑起孙丕扬所在秦党与浙党、昆党、宣党的冲突（亦即北党与南党的冲突），转移诸党对东林党的追击。因为孙丕扬年近八十，轻易上当，使得这一计划得以顺利实施，东林党成功脱困，并削弱了政敌力量。

九月，李廷机在连上一百二十余道请辞奏疏无果后，自行去职。

同时，经叶向高奏请，刑部尚书赵焕改任吏部尚书，副都御使署都察院事许弘纲兼署刑部。明朝此时只剩下不到十名给事中和五六名御史。十月，在赵焕的强烈要求下，明神宗批准将三年前考核合格的十七名官员任命为给事中，五十人为御史，各部又任命四名侍郎，填补空额。

赵焕增补缺员，又催生了齐党、楚党、浙党的出现或壮大，合称齐楚浙党，成为东林党新的对手。赵焕是山东人，所谓齐党，就是以给事中山东人亓诗教、周永春为首的一些山东籍官员；楚党就是以给事中湖广人官应震、吴亮嗣为首的一些湖广籍官员；原本损失惨重的浙党也补充了新鲜血液，力量有所恢复。此外，叶向高推荐赵焕并任由齐党楚党发展、浙党复生的行为，也侧面说明了叶向高不是东林党。

同年十月，顺天乡试案发；十一月，考官邹之麟（江苏武进人）降为散官。同年顺天乡试结束后，东林党弹劾考官邹之麟舞弊，兵科给事中赵兴邦（河北人）、礼科给事中亓诗教（山东人）趁机弹劾主考官、东林党右庶子署翰林院事郭淐渎职。于是，东林党又重提庚戌科会试舞弊，指责韩敬与邹之麟勾结舞弊，同时郭淐引咎请辞。结果，明神宗将所有奏疏留中，命吏部、礼部会同都察院审察顺天乡试。吏部尚书赵焕、礼部左侍郎署部务翁正春、左副都御史署院事及刑部许弘纲经过讨论，认为乡试案应当追究郭淐责任。但是东林党强调庚戌科会试，明神宗故而又将此事下批部院共议，最终以邹之麟降为散官、考生革除功名收尾。

闰十一月，礼部会同吏部、都察院、六科议定庚戌科会试舞弊，认定汤宾尹越房将韩敬的落卷与其他考房交换，其他考官也效法调换考卷，共有十八名进士涉嫌调换，但是无法认定韩敬行贿汤宾尹，加之汤宾尹已被免职，故而建议只将韩敬以不谨免职，允许冠带闲住，其他十七人另查。但是浙党御史拒绝签字，要求将十八人全部交由部院共议。结果，双方再次相互弹劾。

一六一三年正月，仓场总督孙玮（陕西渭南人）为左都御史。二月，东林党、御史荆养乔弹劾南直隶提学御史熊廷弼。荆养乔弹劾汤宾尹抢夺生员妻子为妾，致使其家破人亡，结果，生员芮永缙因揭发此事而被与汤宾尹交好的提学熊廷弼杖责打死，是以品行不端为由。荆养乔上书弹劾之后便自行离职，熊廷弼等人则证明芮永缙确实人品低劣并弹劾荆养乔。左都御史孙玮提出将荆养乔革职，熊廷弼解职勘问，以示公平，获准。但是官应震、吴亮嗣等楚党转而攻击孙玮搬弄是非。结果，应天巡按徐应登查明，证明芮永缙等人确实犯法，而且芮永缙在众人中并非受刑最重，也不是当场被打死，而是二十天后去世；至于汤宾尹抢妻为妾纯属子虚乌有。于是，齐楚浙党纷纷弹劾孙玮。孙玮因而上书请辞，七月出城待命，十月致仕；工部尚书刘元霖兼署都察院。

东林党之所以攻击熊廷弼，在笔者看来，原因有二：一是因为熊廷弼是湖广人，是楚党必救之人，可以有效转移朝廷对科举案的关注；二是熊廷弼为人刚直，但又有些意气用事，围攻之下很容易有出格之举，从而露出破绽。只可惜在此案中，熊廷弼所作所为无可指摘，加之反汤宾尹又不是政治正确，故而东林党偷鸡不成蚀把米，反被将了一军。

三月，明神宗命礼部审察十八名进士试卷。四月，礼部左侍郎署部务翁正春改吏部侍郎，礼部侍郎孙慎行（江苏武进人）署理礼部。七月，左副都御史署院事及刑部许弘纲致仕，兵部侍郎魏养蒙（河南洛阳人）署理刑部。九月，吏部尚书赵焕致仕获准。十月，兵部尚书王象乾（山东桓台人）兼署吏部，左都御史孙玮获准致仕，工部尚书刘元霖（河北任丘人）兼署都察院。十二月，东林党、礼部左侍郎孙慎行奏报部院会勘结果，承认韩敬考卷成绩优秀，但是仍然建议按照舞弊论处，其他十七人不问。这一结论再次引起争议，但最终不了了之。

在此期间，九月，吏部左侍郎方从哲、原任礼部左侍郎吴道南以中旨入阁。叶向高抱病已久，但是被拒致仕；由于政务繁忙，叶向高甚至被迫在同年会试考场上处理奏本。在叶向高屡次要求内阁增员的情况下，明神宗才以中旨命方从哲、吴道南入阁。

一六一四年二月，南京吏部尚书郑继之（湖北襄阳人）被召为吏部尚书。三月，工部尚书署理都察院刘元霖去世，刑部侍郎林如楚（福建侯官人）署理工部，刑部侍郎张问达（陕西泾阳人）署理刑部、兼署都察院。八月，兵部尚书王象乾屡请致仕无果而自行返乡，侍郎李铉（浙江丽水人）署理部务；礼部侍郎署部务孙慎行也自行免官回乡，侍郎何宗彦（江西金溪人）署理部务。

八月，首辅叶向高在连上六十二道奏疏请求致仕，终于获批；次辅、浙党领袖、浙江湖州人方从哲为首辅。

虽然后世多将叶向高看作东林党，方从哲为浙党，但是实际上两人相交甚厚，如果不是因为万历四十一年（一六一三年）叶向高推举赋闲在家十余年的方从哲担任主考，故而明神宗命其辅佐叶向高而再出仕，新一任首辅之位也落不到方从哲头上。实际上，东林党几乎从未染指过内阁，就连部院也只是昙花一现。

叶向高去职的原因大致有三点。一是东林党败局已定。虽然看上去东林党四处出击，取得了不错的战果，将昆党、宣党、秦党赶出朝廷，又重创了浙党，但是实际上东林党获得部院重任的极少，而且对科道的控制力也在下降，加之几年下来得罪的人太多，清流也有非议，围堵歼灭之下，必败无疑。二是叶向高担任独相时间太久。自胡惟庸李善长等案以来，明朝对宰相一职严防死守，即便是强如杨廷和、张居正，内阁也不至于只有一人，但是偏偏在李廷机去职以后，叶向高以抱病之躯却成了真真正正的独相。纵使叶向高有心许国，也不可能跨越雷池太多。三是明神宗对东林党的态度日趋明显，宁可把失势的秦党一而再再而三地召回中央，也不对东林党委以重任，显然是积怨已久。

十一月，御史刘光复弹劾李三才侵占皇厂、盗用皇木营建私邸，齐楚浙党纷纷附和，明神宗命给事中吴亮嗣前往勘验；吴亮嗣奏称情况属实，结果李三才被贬职，旋即削籍。

一六一五年正月，刑部侍郎署都察院事张问达勘验熊廷弼案完毕，认定此案为荆养乔轻信谣言，建议将二人起复。

四月，张问达交还都察院印。八月，兵部侍郎署理部务李铉改任吏部侍郎，署理都察院。九月，兵部侍郎魏养蒙署理部务。

庚戌科会试、熊廷弼、李三才三案，东林党屡战屡败，再加上叶向高去职，可谓板上鱼肉，任人宰割。

五月，梃击案发，有人闯入太子宫中意图行刺，主使直指郑贵妃，结果京城舆情汹汹。明神宗被迫打破不朝惯例，主动召见大臣，并以太子作陪，平息议论；首辅方从哲只是磕头不语，吴道南一言不发（吴道南屡次入阁不准，只得入京，结果抵京恰在梃击案案发后）；御史刘光复越次进言，被明神宗呵斥，下狱关押。

梃击案的分析见相关章节。结合梃击案之前明朝后宫的情形，笔者个人倾向于郑氏主谋此事，但是弄巧成拙，将一场出气事件险些弄成灭顶之灾。

一六一六年三月，吴道南因被弹劾而请辞。吴道南受命担任当年戊辰会试的主考，选右副都御史沈季文之子沈同和为第一名会元。结果舆情纷纷，认为沈同和不学无术，必然在考试中作弊。在礼部侍郎署部务何宗彦的建议下，明朝进行复试，沈同和果然文理不通、被判戍边。言官趁机弹劾吴道南，吴道南只得闭门不出，不再理政，并请辞致仕。

一六一七年七月，吴道南终因母丧获准丁忧。

吴道南陷入围攻，除了科举舞弊，还跟他此前率先试图揭发韩敬舞弊而被三党嫉恨有关。方从哲自一六一四年八月叶向高致仕而继任首辅开始，至一六一九年十二月致仕，期间只有吴道南一名阁员，但是吴道南只在一六一五年五月至一六一六年三月短暂理政，之后就一直在家直至丁忧去职。

一六一七年三月，丁巳京察，东林党遭到重创。本次京察由吏部尚书郑继之、刑部尚书兼署都察院事李鋕主持，刑部河南司主事王之寀等大批东林党官员被免职或外放。

按照惯例，京察都是年初确定方案，但是由于方从哲的奏疏被明神宗屡屡留中，使得本次京察被一拖再拖。不过无论明神宗是否有心放过东林党，齐楚浙党都一定会将反对势力彻底消灭。不过从事后来看，被清洗的东林党主要是三党的反对者，其他诸如八君子之一的薛敷教未在党争中表现亮眼的东林党人依旧在科道任职无碍，侧面说明了齐楚浙党依旧停留在古代中国朋党的范畴之内，没有掌握近代政党的精髓。

一六一八年二月，吏部尚书郑继之致仕；六月，赵焕起复为吏部尚书。十一月，刑部尚书兼署都察院事李鋕改任左都御史。

十二月，吏部复核邹之麟出位妄言、擅自离任，被革职闲住。齐党领袖亓诗教是方从哲门生，两任吏部尚书的赵焕也是山东人，因此齐党强势，主导齐楚浙党。主事邹之麟党附亓诗教，希望谋求在吏部任职，被拒之后，转而攻讦亓诗教等人，倡言重用浙江人，结果被罢官。但是，由此引发齐浙两党猜忌。

一六一九年正月，仓场尚书张问达兼署刑部尚书。八月，左都御史李鋕致仕。十一月，吏部尚书赵焕去世，暂由户部尚书李汝华署理吏部。十二月，张问达又兼署都察院。

同年，会推阁员，再次引发三党冲突。在廷推阁员时，吏科给事中张延登拒绝署名，致使礼部侍郎何宗彦落选。御史薛敷教、左光斗等人表示惋惜，但是亓诗教等人支持张延登，双方都归责于方从哲。此外，礼部侍郎刘一燝也因依附首辅方从哲而被舍。最后，明神宗圈定吏部右侍郎史继偕、南京礼部右侍郎沈㴶二人。但是，未及两人上任，明神宗便已去世。

明神宗在位时期的党争，有明显的两个阶段。第一阶段是浙党独大。沈一贯自一五九四年入阁之后迅速组建了明代第一个乡党浙党，并以此独霸内阁近十年之久；直到经历妖书案、乙巳京察，沈一贯才因年高致仕，并带走了次辅沈鲤。第二阶段则是诸党混战。原本潜在暗处的东林党因为曝光王锡爵密信一事而被曝光，虽然取胜多次，但是始终无法染指六部和内阁，最终在齐楚浙党的围攻之下，被赶出朝廷。

从严格意义上讲，齐楚浙党以及稍早出现的浙党、秦党、昆党、宣党等，都是以籍贯为基础、掺杂了因科举而带来的座师、同年等情况的乡党，所以从这两个方面入手，很容易搞清楚人物关系。与浙党、秦党、昆党、宣党等略有不同的是，齐楚浙党在东林党的压力下，在一定程度上打破了基于各省区划的地域，凭借彼此之间错综复杂的关系，形成了联合和同盟，共同对付强大的敌人东林党。齐楚浙党能够建立的基础，除了齐楚浙三地同乡自动结盟以外，还有齐党领袖亓诗教是浙党方从哲的门生这一关系，只不过是乡谊在明、座师同年在暗。所以，在东林党被赶出朝堂、三党重要纽带赵焕去世的情况下，三党必然转而相互争斗，瓜分战果。不过由于彼此之间联系紧密，关系错综复杂，加之取胜时日不长，所以也只是相互牵扯而已，还没有爆发新一轮的剧烈冲突。

相较于齐楚浙党，东林党的概念则略显复杂。首先，狭义的东林党，即最开始的东林党，必须要与东林书院相关，要么是曾在东林书院讲学，要么是在东林书院求学，而且对为人处世也有极高要求，既要清廉，又要忠贞、刚猛，同时还得服从组织纪律，特别是必须得是两榜进士出身。其次，广义的东林党，即后期的东林党，则是指认同东林党观念、同情东林党人境遇、支持过东林党人或者与东林党人有过各种亲近关系并予以保持的官员。此外，东林党还可以看作是以苏州、常州、无锡等苏南地区为基础的乡党；这是东林党最重要的来源，也是为什么作为科举大省的江苏乍看之下没有乡党的原因。

党争是万历年间一个无法回避的话题。关于明末党争的成因，主流看法是因为明朝统治阶级日益腐败，大臣派系林立，加之明神宗不理朝政，所以才会爆发党争冲突。笔者个人认为这一判断有些过于宏观和粗犷，明末党争的出现更多还是因为争国本的后遗症、心学的影响以及明神宗推波助澜。争国本对明朝后期的朝局影响已经有过专门分析，简而言之，造成明神宗不朝以致出让君权、内阁六部科道斗成一团形成新的政治冲突、明朝中央政府行政能力因不朝和内斗而大打折扣；可以说前两点，特别是第二点直接导致了党争。心学的影响也很简单，心学的流行在某种程度上造成或者加剧了士林对离经叛道、对抗权威的青睐，故而才会有王锡爵、顾宪成有关朝廷与天下意见分歧的问答。

根据这些分析，再加上诸党在党争过程中的表现，不难看出，万历中后期开始的党争依旧是一场旧式党争，主要的政策分歧或者说窘境在于，中央政权在逐渐发展到瓶颈时，整个统治集团自然而然地朝向试图变法的执政党和以"祖法不可变"为由进行反对的在野党进行分化，但是受限于中国古代的相对落后的生产力水平无法负担无限膨胀的统治集团（亦即生产力水平相对恒定的情况下，土地兼并使得中央财政趋于破产）这一根本问题无解，这种党争最后也会因为无法达成共识而演变成纯粹的政治斗争。至于支持或者反对商税的问题，在笔者看来，只是双方就与民争利等原则问题以及士绅特权存废等改革措施的争论中的一小部分，商业还没有重要到需要被独立讨论的地步。

这里重点分析一下明神宗本人对党争的出现和兴起的推波助澜。首先，明神宗本人的行为极大地加剧了明末党争的激烈程度。明神宗没有意识到除内阁和六部以外的大臣，其实只是让自己免于直面科道，却把内阁和六部置于火上，更何况相较于皇帝本人贤明与否，士林更介意皇帝身边是否出现了佞幸。同时，明神宗将大量奏折留中不发，造成了原本在职官员数量就非常少的明朝官员队伍缺员严重，使得三五个人就能结党，就能搞风搞雨。

其次，明神宗很明显在不断操弄党争。自北宋以来，江南地区出仕官员数量始终处于绝对优势，所以首辅沈一贯组织的以乡谊为基础的浙党和长期在各地讲学、以东林书院为基地的东林党（苏党），是诸多党派中的最为强劲的两派。但是非常诡异的是，到了万历末年，浙党只是齐楚浙党中的末席，东林党更是几近灰飞烟灭。原因就在于明神宗先是为沈一贯安排了死对头次辅沈鲤而重创了浙党，又放任齐楚浙党清洗东林党，其间放任秦党、宣党、昆党等相互争斗，而且还反复起复诸如孙丕扬、赵焕这样党派色彩浓厚的老臣担任吏部尚书，使得党争愈演愈烈。

最后，明神宗在操弄党争时，有着非常明确的目标。结合明神宗事后的言行，笔者认为，明神宗对争国本一事进行复盘以后，得出了三个重要的结论。一是朝臣其实更希望明神宗充当橡皮图章，甚至在不触碰祖宗之法等原则下不介意明神宗的缺席。二是即便身为天子，也难以承受满朝大臣，特别是科道的全力劝谏。三是不能让朝政过于依赖某个大臣，避免自己反被其所制以及其对朝政的巨大影响，例如，申时行去职后王锡爵改变立场，导致自己在争国本一事上一败涂地。所以总结经验教训的明神宗，采取了虚君实相的策略，自己不轻易发表政见且不轻易接见大臣，改由内阁部院去直面愈演愈烈的科道清流，任由党争不断。结果明神宗虽然数十年不上朝，但是君权反倒比争国本时期更盛，乃至明神宗在梃击案、妖书案中都可以一语定乾坤。

三大案

一六〇一年十月，时年二十岁的皇长子朱常洛被立为太子。一六〇五年十一月，太子才人王氏生下皇长孙朱由校。一六一〇年十二月（实为一六一一年二月），太子淑女刘氏生下第五子朱由检。

朱常洛一共七子，但是只有长子朱由校和五子朱由检成年。

一六〇六年，王恭妃先封贵妃，后封皇贵妃。一六一一年九月，去世。死前得见太子，遗言"儿长大如此，我死何憾"。一六一二年七月，王恭妃得以下葬，谥温肃端靖纯懿皇贵妃。一六一三年十一月，太子妃郭氏去世，但是因明神宗迟迟不按太子妃的仪制批准下葬，故而一直停柩。

总的来说，朱常洛在被立为太子之后的十余年里依旧过得非常不如意，明神宗对其的冷淡溢于言表。

一六一四年二月，慈圣太后李氏去世，上谥号为孝定贞纯钦仁端肃弼天祚圣皇太后，合葬昭陵，别祀崇先殿。
三月，福王朱常洵之国洛阳。

皇三子朱常洵之国的时候已经二十八岁。虽然很少有人提及此事，但是笔者个人认为福王之国与李氏去世有一定关系，毕竟在几个孙子当中，李氏显然更倾向自己宫人所出的太子，临终交代的时候肯定会有所涉及。

七月，太子淑女刘氏暴毙。刘氏位号低下，又不被太子朱常洛所喜，因小事得罪太子朱常洛而被责罚，结果突然去世。太子朱常洛后悔不已，担心明神宗得知此事，于是禁止左右谈及此事，并且将刘氏草草葬于西山。

有观点认为刘氏是因小事被太子命人杖责打死,或者被逼自尽。就冲此事,笔者也不认为朱常洛有本事策划梃击案。

一六一五年五月,梃击案发。本月初四,一名男子手持枣木棍撞入慈庆宫（太子寝宫）,打伤守门内官,直至前殿檐下,才被闻讯前来的宦官侍卫拿下。巡视皇城御史刘廷元经过审讯,男子供认自己名叫张差,是蓟州井儿峪百姓,但是说话颠三倒四。于是,此案改由刑部郎中胡士相、岳骏声等人审理,随后主审官员奏称张差自称被人放火烧了柴草,因而来京城申冤,因为不认路才一路向西,结果两个男子给了他一条枣木棍,表示以此可以申冤,结果张差闯入宫中,从东华门直至慈庆宫,沿途打伤守卫而后被捕;拟定斩立决。但是,刑部提牢主事王之寀认为事有蹊跷,发现张差吃饭的时候非常平静,因此认定张差并非疯子,故而再次审讯,表示招供给饭,否则饿死。张差回应称不敢说。王之寀撤去旁人,张差招供,说自己樵猎为生,被一个太监带到京城,约定事成之后可以拿到几亩地,另一个太监给他木棍,领到宫门,约定冲进去打死一个算一个,即便被捕也会被救出来。明神宗命人再审,张差又供出两个太监分别是庞保、刘成以及其他涉案人员,目的是打死太子朱常洛,还画出路径地图作为证据。明朝按其线索缉捕涉案人员,发现涉案人员口供大多能对上。由此,群情激愤,怀疑郑贵妃想要谋害太子,改立福王,纷纷弹劾外戚郑国泰专擅。在此期间,次辅吴道南抵京入阁;此前,吴道南屡次请辞大学士被拒,只得入京,恰逢梃击案发之后抵京。

二十八日,明神宗打破不朝惯例,与太子一同召见百官,平息此事。张差事发后,明神宗前往王皇后宫中商议此事。王皇后认为需要与太子当面商议。太子抵达后表示此事必有主使,明神宗变色,郑贵妃指天发誓否则自家万死灭族。见状,明神宗又对郑贵妃怒骂:"此乃了不得的大事,谁稀罕你家。"太子变色,表示此事到张差为止,获得明神宗赞赏。随后,已经二十五年不见大臣的明神宗在慈宁宫与太子召见百官,先祭拜母亲李太后,又表示外廷谣传张差闯入东宫伤人一事,是在离间自己与太子的父子关系,下令将张差、庞保、刘成处死,不许株连其他无辜之人;又牵手太子,向大臣表示自己厚爱太子。太子也表示此事至张差为止,不必株连。其间,方从哲只是磕头不语,吴道南一言不发；御史刘光复越次进言，被明神宗呵斥缉拿，下狱关押。

旋即，张差被杀。六月初，其他涉案人员被流放判刑，庞保、刘成在宫中处死。此外，明神宗又追加了王恭妃陵园待遇，并追谥故太子妃郭氏为恭靖太子妃，按礼下葬。

梃击案是三案其一。案情本身非常简单，但是疑点重重。一是张差作为一介平民，即便有内应，想进入慈宁宫也是困难重重，但是按其所说，一路同行，似乎没遇到什么困难。二是既然是行刺，为何要用木棍击打，而且还只用一个充其量是有些强壮的农民？三是为何只有王之寀揭发此事，其他所有涉案大臣都装聋作哑，而且明神宗从未表露出深究此案的意图，而是急于平事，甚至为此打破不朝的传统。

至于本案主谋，一直以来众说纷纭。第一种是认为太子自导自演了此案。因为太子傅郭正域等人早已被赶出朝廷，太子妃郭氏去世将近两年仍然无法以礼下葬，太子最大的靠山和支持者太后李氏上年已经去世，作为孤家寡人的太子只得冒险策划此事，激起朝臣对郑氏的反感，自己再趁机以退为进，巩固太子地位。但是对于此说，反对者也指出了两点。其一是太子朱常洛的政治水平极低，为人胆小怕事，不明事理，既不可能有胆量、有能力谋划如此冒险的事件，更不可能以演技瞒住明朝君臣后宫。其二是太子的势力太弱小，不足以打通宫内外联系，更无能力唆使张差赴死而不反水，特别是庞刘二宦官是郑贵妃亲信，实在不像是太子卧底。笔者个人也认为此说最假，基本可以排除，因为太子朱常洛的政治水平实在太低，对其威胁最大的福王上年已经之国，他既没有胆量也没有能力，甚至不会有意识去谋划此事。

第二种是郑氏策划了此案。因为庞刘二宦官是郑贵妃亲信无疑，所以一直有观点认为是郑氏策划了此案。但是反对者认为郑氏不可能会以如此低劣的手段谋害太子，而且郑氏的政治水平也一直堪忧，始终停留在一哭二闹三上吊的程度，上升不到谋害太子更替储君的层次。但是，笔者个人认为在此说基础上对梃击案进行解释，最有可能得出真相，因为只有飞扬跋扈的郑氏的亲信，才会策划如此匪夷所思的闹剧，只不过原本目的只是欺辱太子而非行刺，结果事情搞大，难以收场；而且只有以太子或是郑氏而非朝臣为主谋，明神宗才会急于平事，不然事情就变成了内外勾结，明神宗肯定要彻查此事。

第三种是东林党谋划此案。因为梃击案发后，齐楚浙党对东林党的围攻被打断，东林党又继续苟延残喘了两年。若此说为真，则很容易理解明神宗急于平事、众臣装聋作哑是为了避免东林党金蝉脱壳，结果被后世认定为东林党的王之寀果断踢爆此事，助力东林党得脱。笔者不赞同此说的原因也很简单，内外勾结是朝廷大防，明神宗绝对不会在没有排除这种可能的情况下就立即着手平事，使得很容易变成朝野大事的梃击案前后历时不过一月。

一六一九年三月，皇长孙朱由校生母王才人去世。随后，皇长孙由李选侍（西李）抚养。

太子朱常洛有两位李选侍，分别被称为东李和西李，都非常受宠；在后世更为著名的是西李。根据朱由校即位后昭告天下的说法，王才人是被西李殴打凌辱致死。笔者实在无法理解太子朱常洛是怎么治家的，两个孩子的娘都被治死了。

一六二〇年四月，皇后王氏去世，谥号孝端皇后。王皇后贤惠但多病，明神宗在争国本时坚持立嫡不立长，被大臣怀疑明神宗在等王皇后去世后册立郑贵妃为后。结果，王皇后养生长寿，明神宗年事已高，太子地位稳固，故而不了了之。

孝端显皇后王氏是古代在位最久的皇后，长达四十二年，而且性情恭谨，以慈孝著称。虽然明神宗更宠爱郑贵妃，但是一直对王皇后非常敬重。比较可惜的是，王皇后只在早年生下皇长女荣昌公主朱轩媖，之后再未生育。

七月，明神宗去世。三月以来，明神宗开始长期卧病，太子难被召见。御史左光斗、兵科给事中杨涟等人要求方从哲密切留意明神宗状况，以防有变。七月二十一日，明神宗病情恶化，召方从哲等人入宫；太子朱常洛不敢在旁侍奉，只在自己宫中，杨涟、左光斗派人告知东宫宦官王安，让其把太子带至明神宗面前。当日，明神宗去世，遗命封贵妃郑氏为皇后。

作为明朝在位时间最长的皇帝，明神宗是一个很复杂的人，也是一个很难评价的君王。总的来说，在笔者看来，明神宗是一个看上去没有大恶但实际上却是最需要为明朝灭亡负责的皇帝。首先，明神宗并无太多恶政。在明代诸帝中，明神宗花钱不算多，也没有宠幸佞幸，内政外交没有什么重大失误，不参与祭祀经筵等规定典仪或者长年不见大臣也不是独他一人；能放到台面上说的最大的问题可能就是奏章被大批留中，很多奏章不批。但是从事后情况来看，明神宗很有可能是审阅过所有的奏章，只是没有批复那些在他看来不算要紧的事情（比方说官员补选），但是若是诸如军事等要紧事项则未见有批复不及时的。

但是，明神宗要对明朝灭亡负最主要的责任。一是明神宗一手策划或促成的党争，在大大削弱明朝中央执政能力的同时，进一步削弱了明朝原本就十分脆弱的君相关系。二是明神宗没有培养出合格的继承人，时年三十八岁、后为明光宗的太子朱常洛和时年十五岁、后为明熹宗的皇孙朱由校的政治水平之低下，实在是令人发指：一个即位月余就淫乱暴毙，另一个则可能是中国古代唯一一个太平年间的文盲天子。结果，明朝君权又在红丸、移宫两案中再次被重创，旁落到宦官手中，养出了古代权阉的集大成者、被党羽尊称为"九千九百岁"的魏忠贤。

后世提及明代皇帝的时候，经常将明神宗和其祖明世宗放在一起谈论。从某种意义上讲，二人确实非常相似，比方说都非常聪明，政治水平也非常高，在位时间也非常长，但在处理政务和君相关系上都令人扼腕，而且在培养储君上实在不堪入目；如果一定要说两人处理政务的区别，应该是明世宗更多的是凭借自身惊人的政治天赋，而明神宗则是张居正细心教导加之个人努力的结果。所以，在处理政务和君相关系上，明神宗比明世宗要温和得多，廷杖规模要小一些，对大臣的处置也较轻，但也导致明神宗时期与明世宗时期相比，党争状况要严重得多。

八月初一，太子朱常洛即位，是为明光宗。初二，明光宗命明神宗圈定的吏部右侍郎史继偕、南京礼部右侍郎沈㴶二人入阁。初四，明光宗按遗命准备封郑贵妃为皇后，结果被礼部尚书孙如游强烈反对，故而停止。此前，郑贵妃向明光宗进献美女数人。

初五，明光宗起复邹元标为大理寺卿。初九，明光宗在吏部尚书周嘉谟奏请下，赦免建言得罪诸臣王德完等三十三人。

初十，明光宗病重，取消了次日万寿节庆典。同时，明光宗命礼部准备册立李选侍为皇贵妃；钦天监选定九月初六日举行。十二日，明光宗身体有所恢复，御门视事，圣容顿减。十四日，明光宗服用了司礼监秉笔崔文升的通利药，结果一天之中如厕三四十次，因而无法下床。十六日，明光宗没有上朝，方从哲等人前往请安，明光宗下旨安抚。

十九日，明光宗命礼部侍郎何宗彦、刘一燝、韩爌入阁；但是何宗彦并未当即入阁。同日，言官开始弹劾方从哲没有劝阻明光宗使用错误药方，特别是给事中杨涟矛头直指崔文升，言辞激烈。

二十日，明光宗又命南京礼部尚书朱国祚入阁，并召叶向高回京入阁。同时，御史上疏方从哲，要求册立皇长子朱由校为太子，并移居慈庆宫。

二十二日，锦衣卫传杨涟入宫，又召方从哲、刘一燝、韩爌，英国公张维贤，尚书周嘉谟、李汝华、孙如游、黄嘉善、黄克瓒（工部尚书空缺），都御史张问达，以及科道数人。时人怀疑明光宗要廷杖杨涟，结果明光宗注视杨涟许久，传谕"国家事重，卿等尽心，朕自加意调理"后解散。

二十五日，明光宗再次召见群臣，并命皇长子朱由校、皇五子朱由检见大臣。二十六日，明光宗又召见群臣，皇长子在一旁侍立。明光宗命诸臣近前，方从哲奏请皇长子移宫，被明光宗拒绝。方从哲等人要求明光宗慎用医药，明光宗表示已经停药十余日。明光宗又提及册封李选侍，要求速封，礼部尚书孙如游提出应当在加封王皇后、王恭妃、故太子妃郭氏、皇长子生母王才人之后再举行。

二十九日，明光宗再召见诸臣，提及册立皇贵妃，方从哲等人表示已经从速准备；明光宗又叮嘱诸臣辅佐太子，并询问自己陵寝事宜。期间李选侍在帷帐后面叫走皇长子，厉声叮嘱，大声呵斥；随后，皇长子出来传话，要封李选侍为皇后，明光宗不语。此外，明光宗还下旨驱逐崔文升，又停止尊郑贵妃为太后的旨意，并指定杨涟等人为顾命大臣。随后，明光宗又询问鸿胪寺献药，方从哲表示不敢轻信鸿胪寺丞李可灼所献仙丹，但是明光宗召见李可灼问诊并服用所献仙丹（红丸）。服用之后，明光宗状态大好，身体舒畅，诸臣欢跃而出，只留下李可灼和御医。下午，李可灼出宫，辅臣询问明光宗情况。李可灼回应称担心药力衰竭，所以又献了一颗，明光宗服用之后效果很好。

当夜五更（实为九月初一凌晨），诸臣被急召入宫。大臣未及入宫，明光宗已经驾崩。明光宗驾崩后，给事中杨涟找到吏部尚书周嘉谟、户部尚书李汝华，认为李选侍并非可以寄托之人，应当尽快见到太子，移居慈庆宫。两人又告知方从哲，方从哲赞同，于是众人入宫。有宦官进行阻拦，被杨涟厉声喝开。此时，皇长子正被李选侍拦在暖阁，太监王安哄骗住李选侍，皇长子才得以见到群臣。群臣当即磕头，山呼万岁，请其前往文华殿。随后，王安在前开路，英国公张维贤、内阁大学士刘一燝、礼部尚书周嘉谟、给事中杨涟抬轿而行，李选侍派人三次试图叫回皇长子，被杨涟喝止。抵达文华殿后，群臣议定太子初六登基，这几日暂居慈庆宫，由王安等内侍保护，新君即位之前不再答应李选侍任何事情。结果众人出宫之后，太仆少卿徐养量、御史左光斗唾弃杨涟今天没有直接拥立皇长子继位；杨涟醒悟害怕，又叮嘱锦衣卫指挥使骆思恭暗中保护。

初二，吏部尚书周嘉谟等人联名奏请李选侍移宫（移出乾清宫）。其中，左光斗上疏，乾清宫是皇帝寝宫，除皇后外，妃嫔只能被召幸时才能暂居；如今明光宗驾崩，皇长子已经十六岁，无须乳哺褓负，李选侍既非皇长子嫡母，又非生母，却占据乾清宫，阻碍新皇登基，让人怀疑李选侍有心借抚养之名行专制之实，再现武后之祸（一说讥讽李选侍有心与皇长子乱伦）。

初三，李选侍用内侍李进忠的计谋，邀请皇长子同居乾清宫，结果杨涟在宫中遇到李进忠，大声斥责李进忠误国，又暗示皇长子年长自立，李选侍操控不成但地位犹在，但是党羽必然会被追责。李进忠（即魏忠贤）默然而去。

初四，湖广道御史王安舜弹劾李可灼误进红丸，导致明光宗去世；结果被罚俸一年。但是不断有言官弹劾郑贵妃、李选侍、李可灼、崔文升等妃宦弑君，首辅方从哲参与包庇。之后，弹劾议论红丸、移宫案的奏章接连不断。

初五，李选侍依旧无意移宫。杨涟上疏要求皇长子今天必须将李选侍移出乾清宫，又面见方从哲，要求其协助移宫。方从哲迟疑，表示移宫可以等到初

九、十二日。内侍也赞同。结果被杨涟怒斥，声彻大内。皇长子派人传谕杨涟出宫，但是李选侍也搬到仁寿殿。李进忠等人因盗窃财物被捕。

初六，皇长子朱由校即位，是为明熹宗。

初八，李可灼因被弹劾进献红丸致死明光宗，得旨回乡养病。

李选侍敢于折腾的一个重要原因在于此时后宫没有更高地位的妃嫔。明神宗皇后王氏（孝端）与明神宗同年去世，明光宗生母王氏（孝靖）去世更早；明光宗的太子妃郭氏（孝元）、两个皇子的生母王氏（孝和）和刘氏（孝纯）也都已经去世。后宫中可以与恃宠而骄的李选侍相提并论的妃嫔只剩下臭名昭著的郑贵妃。实际上，郑贵妃也没少在红丸、移宫案中兴风作浪，比方说向明光宗献十个美女，又教唆李选侍索取皇后并尊自己为太后等。

红丸案一般是指明光宗使用崔文升药方、又服食李可灼进献红丸后速死一案；移宫案是指明光宗去世后，朝臣与李选侍斗智斗勇，最终太子顺利登基为帝一案。因为《三朝要典》将这两个案子和梃击案并提，因此合称三案。

相较于梃击案毫无头绪，红丸案的疑点主要集中在明光宗的死因上。所谓红丸，又称为红铅，通常认为是一种以辰砂（水银）为主要原料、配合女子月经初血等其他辅料炼制的丹药。传统史家往往由此出发，认为明光宗和红丸有直接关系，甚至直接认定明光宗死于急性铅中毒，进而结合方从哲等人的行为，认为明朝大臣放任明光宗死于庸医误诊甚至参与弑君。但是也有少数派观点认为，明光宗暴毙的主要原因是纵欲过度，红丸只是诱发猝死，所以也就不存在内阁和妃宫弑君的问题。笔者个人比较赞同少数派观点，认为红丸只是明光宗猝死的诱因，根本原因还是明光宗纵欲过度。首先，明光宗即位十余日便圣容顿减的原因，历代解读都非常一致，就是明光宗纵欲过度。但以常理来看，如果不服用药物，明光宗再放纵自己，也不会到如此地步；而且自明朝中期以来，宫中常备春药已是公开的秘密。其次，明光宗采纳崔文升药方、李可灼红丸，都是半公开进行，有大量人员在场，如果有人有心弑君，不会如此简单粗暴或者铤而走险，而且如果药方、红丸有问题，方从哲也不会冒险放人还乡。最后，红丸是明世宗时期的常炼丹药，安全性非常有保证，不易造成急性中毒，而且铅很难因口服而发生急性中毒（大都是污染之下的慢性中毒），史料中也没有反映出明光宗有中毒症状。

所以笔者个人倾向明光宗因纵欲过度而死。明光宗即位后大肆淫乐，而且服用了过量的春药，严重损害了身体健康。所以崔文升才会使用泻药，以毒攻毒，让明光宗去火、排泄药力，但是也造成了明光宗肾虚体弱。故而明光宗才会服用有强身健体功效的红丸，但是由于身体状况实在太差，或者服用红丸过量，导致暴毙。方从哲等人基于为尊者讳的考虑，放归李可灼等人，试图淡化影响。

移宫案的案情实际上更为简单，即一帮老臣从先帝遗孀手中夺回太子并拥立其即位。虽然整个过程既惊险，又充满戏剧性，但是并没有太费周折，还由此产生了两个重要影响。一是成功阻止了非常可能发生的一场糟糕的太后临朝。从李选侍及其身边人的表现来看，显然不具备临朝称制的能力，特别是在明朝内忧外患、君相失衡的情况下，如果让其控制太子，显然对朝政的危害极大。二是为杨涟、左光斗等人获取了极高的政治声望。此时的杨涟不过是区区一个给事中，凭借弹劾崔文升而获得明光宗欣赏，隐约有托孤之意，与诸多重臣一同多次被临终召见，但是底气不足，直到经过移宫一案，杨涟等人声望骤升，成为众人归心的托孤大臣。由此连带东林党东山再起（杨涟曾任常熟知县，举廉吏第一，以此历任户科给事中、兵科给事中）。

此外需要注意的是，移宫案除了很明显的朝臣与后宫冲突，还有在明代历史上极为罕见的宦官与外戚之争。虽然新继位的皇孙朱由校已经十五岁，但是无论是在心理上还是能力上，都不足以撑起君权。于是，明光宗的遗孀李选侍先跳出来，试图控制明熹宗朱由校，从而实现被尊为太后甚至临朝听政的目的，结果明光宗的亲信、东宫太监王安联合外朝，夺回并立即拥立朱由校即位，粉碎了李选侍的计划，自己也成了大功臣。但是，无论是李选侍还是王安，两人的身份在明光宗去世后都非常尴尬。李选侍既不是太子妃，也不是明熹宗生母，没有成为太后的法理基础，也难以在天启年间兴风作浪；王安因为明光宗去世仓促的缘故，很难控制司礼监等内廷机构，而且王安只是明光宗亲信而非明熹宗亲信，所以地位其实并不稳固。实际上，李选侍和王安的中官、权阉身份很快就被明熹宗信赖的客氏和魏忠贤取代。

十月，明神宗、王皇后合葬定陵，明神宗谥号范天合道哲肃敦简光文章武安仁止孝显皇帝，王皇后谥号孝端贞恪庄惠仁明媲天毓圣显皇后；皇贵妃王氏（王恭妃）尊谥号为孝靖温懿敬让贞慈参天胤圣皇太后，迁葬定陵。

十一月，明熹宗追谥嫡母故太子妃郭氏为孝元昭懿哲惠庄仁合天弼圣贞皇后，生母王才人为称孝和恭献温穆徽慈谐天鞠圣皇太后。

十二月，首辅方从哲获准致仕。同时，针对在此期间有御史弹劾诸臣欺压先帝妃嫔李选侍一事，在杨涟建议下，明熹宗下诏回应，解释李选侍在移宫期间所作所为，认为其有心垂帘擅政，而且自己生母王才人就是被李选侍殴打凌辱致死，自己被交给李选侍抚养后也备受折磨，故而自己既不会追究李选侍责任，但也不会予以加封。

虽然方从哲被认为是浙党领袖，但是如同叶向高被认为是东林党一样，方从哲的大部分精力还是用在政务上，而且在党争上调和纷争远多于推波助澜。之所以致仕，一是因为年龄较大（方从哲生年不详，但是万历十一年中进士，估计当时在六十五岁上下）；二是长期担任独相；三是已经顺利完成新君即位相关事宜，所以致仕顺理成章。

一六二一年九月，明光宗下葬庆陵，谥号崇天契道英睿恭纯宪文景武渊仁懿孝贞皇帝；孝元贞皇后郭氏、孝和皇太后王氏迁葬庆陵。

明光宗是一位历史存在感极低的皇帝，在位时间最短，如果不是三案的缘故，可能知名度比倒数第二的明仁宗还低。虽然明史努力为其粉饰，但是治家无方、李选侍跋扈，自己放纵淫乐、死于红丸，实在是一位难以让人称赞的君主。

梃击、红丸、移宫合称三案，得名自魏忠贤授意编写的《三朝要典》。从某种意义上讲，如果不是因为魏忠贤和东林党的对立关系，三案可能都不会有如此大的名声，很可能只是某个历史小片段。比方说，梃击案可能会用于解释为何明神宗在怠政之后会破例召见一次朝臣；红丸案则会因为尊者讳而被特意隐去，可能只会出现在方从哲等人的传记中，暗示明光宗死因另有解释而且难以启齿；移官案可能会被提到，但是篇幅也不会太长，而且也不易引起重视，毕竟朝臣欺负先帝遗孀的戏码实在是有违道德。而且即便是在三案已经有了较高知名度的情况下，后人也往往强调东林党人在其中的卓越表现，挫败了浙党、阉人、宠妃等各种反派角色的阴谋，而非对案情本身进行分析。

在笔者看来，三案其实是明朝君权盛极而衰的表现。明神宗在其长达四十八年的在位时间内建立了极其稳固的君权，所以明神宗可以放纵甚至主动促成前朝党争愈演愈烈。但是，明神宗并不满意太子朱常洛，不但没有给予其应有的待遇，甚至连基本保障也没有，使得太子朱常洛并没有接受系统的帝王教育，也不具备基本的执政能力。类似梃击案的涉嫌谋杀太子的案件在历朝历代都是一场血雨腥风，结果被明神宗直接遮掩过去，虽然维系了皇家体面以及朝政稳定，但是也进一步打压了太子，加剧了太子的不安。在一系列事件叠加之下，身为太子的明光宗虽然顺利即位，但是能力堪忧，特别是多年的压力一朝释放，结果放纵过度而死，与明神宗的威势形成了鲜明的对比，而且还留下了形似木偶的明熹宗、恃宠而骄的李选侍、里通外朝的东宫太监王安。所以，前朝大臣在君权一事上显得极为强势，咄咄逼人，明朝君权陷入了与土木堡之变后不相上下的低谷之中。

魏忠贤擅权

一六二〇年九月，明熹宗封乳母客氏为奉圣夫人，加魏忠贤兄弟为锦衣卫千户。一六二一年四月，选秀入宫的张氏被立为皇后。大婚前，在大学士刘一燝等人建议下，明熹宗将客氏遣送出宫；大婚后，明熹宗又将客氏召回。八月，魏忠贤绞杀太监王安。九月，明熹宗以客氏有功，命户部择田二十顷赐给客氏，又以明光宗下葬有功为名，给魏忠贤记功。

魏忠贤年少时沉溺赌博，走投无路而被迫自宫，经原司礼监掌东厂太监孙遑的举荐得以入宫，凭借巴结司礼监宦官魏朝，得以侍奉时为皇太孙的明熹宗。后来，魏忠贤又趁魏朝忙于侍奉皇太孙朱由校、上司王安等人，与明熹宗乳母客氏结为对食，互为依仗。明熹宗即位后，早已出宫的客氏被明熹宗召回。魏忠贤虽然也因属李选侍旧人而被王安勒令改过自新，但是经过魏朝说情而过关。随后，魏忠贤与魏朝因争夺客氏，发生冲突，惊扰明熹宗，明熹宗将客氏指给魏忠贤；魏朝旋即被矫诏流放凤阳，途中被缢杀。同时，通过客氏，魏忠贤虽然不识字却得以进入司礼监任秉笔。明熹宗本任命王安为司礼监掌印，王安按例推辞，结果在客氏的劝说下，明熹宗竟然同意其辞让。随后，魏忠贤唆使言官弹劾王安，将其流放，结果在客氏的坚持下，逼其自杀（一说饿死、扑杀）；后又自掌东厂（一说一六二三年冬）。魏忠贤盟友王体乾为司礼监掌印，但是自愿位列魏忠贤之后。此外，客氏对明熹宗大婚极为不满，哭闹不已，乃至明熹宗许诺今后由客氏安排自己临幸妃嫔。

一般来说，后世多把魏忠贤取代王安当作魏忠贤专权的开始，但是对此分析很少，往往一带而过。在笔者看来，此事有三点值得关注。一是魏忠贤其实并不足以凭借自己的力量控制宦官队伍。比方说，王安实际上是魏忠贤遥不可及的存在，跟魏忠贤对标的结拜兄弟是身为王安下属的魏朝，举荐魏忠贤入宫的也不是司礼监掌印而是东厂提督，魏忠贤本人也当不上司礼监掌印。二是魏忠贤在明熹宗处的圣眷也非常羸弱，否则也不会出现魏朝敢在客氏已经转投魏忠贤的情况下继续争抢客氏的情况，所以笔者认为客氏被指给明熹宗更像是客氏自己的选择而非二魏在御前比拼圣眷。三是魏忠贤和客氏的关系非常稳固。从某种意义上讲，如果没有客氏，魏忠贤根本不可能在如此短的时间内逐杀王安，自任东厂；偏偏客氏又非常死心塌地支持魏忠贤并为之谋划，不能不让人生疑。所以笔者是倾向于某些野史所说，魏忠贤未净全身，保留了部分性功能，让客氏无法拒绝。

同时，客氏也是一个非常值得分析的人物。史料上对客氏的记载非常少，对其身份认定往往以明熹宗乳母的身份一笔带过，主要事迹也只有三点，即配合魏忠贤为非作歹、获准安排明熹宗临幸妃嫔、迫害明熹宗妃嫔。但是，值得注意的是，客氏是在明熹宗大婚前才被遣送出宫，可见其自幼便陪伴明熹宗。

由此不难推断出，客氏深受明熹宗信赖，再结合明熹宗对客氏的许诺，加之此时明朝后宫无人，不难看出明熹宗将客氏当成养母甚至大老婆，颇有几分类似明宪宗和万贵妃的关系。

由于明熹宗长期放任政务，所以魏忠贤以一种匪夷所思且十分怪异的方式，在短时间内将原本四分五裂的君权集中到自己手中，即魏忠贤凭借与名为熹宗乳母、实兼太后和皇后的客氏结为对食，在缺少圣眷、又没有担任宦官核心司礼监掌印的情况下，可以随心所欲地玩弄批红权。

六月，户部尚书李汝华因病致仕，同年去世。十月，叶向高入阁为首辅。十二月，吏部尚书周嘉谟致仕。一六二二年三月，次辅刘一燝致仕。

吏科给事中侯震旸因揭发客氏与魏忠贤逼杀王安、大学士沈㴶暗中结交客氏等人被贬两级。吏部尚书周嘉谟营救无果。随即，刑科给事中孙杰等人受魏忠贤指使，弹劾吏部尚书周嘉谟、次辅刘一燝等人暗中结交宦官王安、奉其意图行事。结果，虽然叶向高大力挽留，但是周嘉谟、刘一燝先后致仕。

移宫案的六位主要功臣，除了执掌禁军、地位稳固的英国公张维贤，只剩下原给事中、时为都给事中的杨涟一人。笔者不认为移宫案功臣被废杀是偶然事件，这很明显是大功不赏的经典案例。杨涟之所以能够幸免于难，是因为官职太低，实在无关紧要。

四月，礼部尚书孙慎行弹劾致仕首辅方从哲。七月，孙慎行致仕。孙慎行上疏质疑明光宗死因，认为李可灼进献红丸一事疑点重重，方从哲有包庇嫌疑，而且方从哲作为首辅，坐视明神宗遗命郑贵妃为皇后违背礼制、曾提议为明神宗上谥号恭皇帝暗示亡国、在移宫案中拖延不决至明熹宗被李选侍操弄，应当从重治罪。左都御史邹元标等东林党人上疏支持孙慎行，但是户部尚书汪应蛟、刑部尚书王纪等人认为孙慎行矫枉过正。最终，明熹宗只将李可灼治罪戍边，崔文升依旧贬至南京，方从哲不问。随后，孙慎行又认为秦王朱谊漶是兄终弟及即位，反对封其子为郡王，无果，因而称病致仕。

七月，大学士沈㴶致仕，刑部尚书王纪革职为民。此时大内盛行私练禁军

（内操），驸马都尉王昺（尚明穆宗六女延庆公主）也奉诏募兵。科道怀疑沈㴶与此勾结而纷纷弹劾。结果，沈㴶因此事，加之又被科道弹劾勾结客氏、魏忠贤等人，被迫致仕。随后，兵部尚书王纪因弹劾沈㴶、宫人时言辞激烈，也被革职为民。

十月，左都御史邹元标致仕。十一月，赵南星任左都御史。邹元标上年十二月被任命为左都御史，结果被御史弹劾设坛讲学，于是邹元标连上五疏致仕。

虽然此时魏忠贤已经控制宦权，而且后世往往也喜欢将明熹宗即位与魏忠贤专权联系起来，但是笔者个人的看法是，此时前朝党争与内朝魏忠贤专权还处于相互独立状态。浙党由于方从哲致仕而遭到削弱，东林党因叶向高复出而重来，再加之明熹宗无心政务而导致君权旁落，从而使得朝野宦相之间相互攻伐政斗，一片乱战，但是彼此之间有着非常明确的发展路径，即东林党大肆清理浙党而控制相权，魏忠贤清理后宫攫取君权，双方在完成了对自己势力范围的全面控制之后，才在天启五年开始激烈冲突。

同年二月，帝师、兵部侍郎孙承宗晋升兵部尚书、入阁，兼掌兵部。八月，孙承宗出镇山海关。

作为古代中国最后一位一流军事家，孙承宗还曾在万历三十二年（一六〇四年），以四十一岁高龄中进士第二名，堪称文武全才。不过鉴于其主要言行都与辽东有关，故而略去不提。

一六二三年八月，裕妃张氏被废黜饿死；十月，皇后张氏产下死胎。明熹宗任由客氏、魏忠贤矫诏把控后宫，残害妃嫔。裕妃张氏本是宫女，因为怀孕而被册立为裕妃，结果到期未生产，继而被废位号、圈禁饿死。此外，皇后张氏本已怀孕，结果客氏派人前去按摩，趁机重锤其腰，致使皇后产下死胎，即皇长子朱慈燃。此外，还有选侍赵氏、胡贵人等人被客氏、魏忠贤谋杀。

这是令笔者非常费解的事情，残害怀有身孕的妃嫔古往今来都是奇闻，况且明熹宗并非同性恋，也不是性冷淡，更有厚待家人亲属的习惯。所以，笔者倾向于客氏更像是熹宗养母，甚至有几分大老婆的色彩，故而明熹宗才能任其为非作歹。

同年正月，礼部侍郎朱国祯、礼部尚书顾秉谦、礼部侍郎朱延禧、南京礼部侍郎魏广微入阁。其中，朱延禧是明熹宗讲官，而顾秉谦和魏广微是通过勾结魏忠贤得以入阁。

二月，吏部尚书张问达、左都御史赵南星主持京查。赵南星大肆打击齐楚浙党成员，将亓诗教、赵兴邦、官应震、吴嗣亮四人称为四凶，以不谨论处。

四月，大学士朱国祚致仕。朱国祚为人素行清慎，曾经营救邹元标、王纪等被魏忠贤所厌恶的重臣无果，因而连上十三道奏疏致仕。

七月，大学士史继偕致仕。史继偕曾与方从哲、张问达同为万历四十七年（一六一九年）考官，因录取同乡庄际昌为状元而与其他两人发生冲突，故而弃官返乡，途中恰逢明神宗去世，又被召入阁。此时，阉党成员、给事中阮大铖旧事重提，史继偕连上十八疏，获准致仕。

八月，因内宦索取冬衣而大闹工部大堂，工部尚书钟羽正被迫致仕。

九月，吏部尚书张问达考满年老致仕，左都御史赵南星改任吏部尚书，刑部尚书孙玮任左都御史，杨涟为左佥都御史、协理都察院。

一六二四年正月，大学士何宗彦去世。

笔者真的非常想说，东林党人真是糊涂，就写写文章骂骂人还能跟官场老手过两招，一旦需要真才实学，就迅速暴露了水平。魏忠贤除了大肆扩充阉党势力，还努力控制内阁，虽然失去了沈潅，但是挤掉了次辅刘一燝、朱国祚、史继偕，安插了顾秉谦、魏广微两人入阁，同时还积极抢占财源，打压工部。与此同时，东林党却大肆向齐楚浙党寻仇报复，这种格局差距实在是让笔者无话可说。单就阉党与东林党此时只是磕磕碰碰而已来看，朝中还有相当势力并非两党；但凡有点儿政治头脑，特别是经历了万历党争的人，都应当明白无休止的党争是无法彻底消灭对手的，尤其是以组织优势掩盖人数劣势的东林党，没有能力消灭所有反对势力，只会让未来的反扑越来越强。况且，此时明朝主少国疑，明熹宗放权态势明显，任何政治力量都应当先争夺明朝最大的两项权力，即批红和票拟，结果东林党放任魏忠贤一手把持批红，一手侵蚀票拟，却既不听从己方盟友、大半张票拟在手的首辅叶向高的意见，也不与能够圣眷在手、影响批红的蓟辽督师孙承宗联手，实在是可悲。

四月，中书舍人汪文言被捕下诏狱。五月，许显纯掌北镇抚司理刑。六月，汪文言被杖为民。

汪文言本是狱吏出身，富有谋略，因监守自盗而逃至京城（一说是被东林党人、刑部郎中于玉立派入京城），投入东宫太监王安门下，曾在明神宗驾崩前夕，配合杨涟说服王安速迎时为太子的明光宗朱常洛前往明神宗身边以防万一，故而与东林党众人交好。在汪文言的帮助和运作下，齐楚浙党逐渐分裂，从而在京察中被赵南星各个击破。魏忠贤逼杀王安后，曾将汪文言下狱，结果汪文言通过私下活动得出，并被首辅叶向高扶为中书舍人。此时，给事中阮大铖等人弹劾汪文言勾结左光斗，图谋不轨；汪文言因而被下诏狱。但是，东林党御史黄尊素拜访北镇抚司事指挥刘侨，使其暗中回护；首辅叶向高、吏部尚书赵南星等人也上疏营救。结果，魏忠贤只将刘侨免职，改由阉党许显纯接替。随后，汪文言被判杖刑，贬官为民。

汪文言初次下狱，其实是因为魏忠贤在完成对后宫、内阁的操控和侵蚀后，开始进一步向前朝扩张权力的试探。汪文言虽然是东林党的关键人物，但是奈何自身条件太差，既不是两榜进士，又不是清廉之人，所以成为魏忠贤的突破口；但因为这次试探遭到了东林党的及时反击，汪文言只是被贬官为民而已。

六月，左副都御史杨涟弹劾魏忠贤。杨涟不满魏忠贤大肆任命官员，决心死谏，本意趁朝见时直接面奏明熹宗，但是恰好明熹宗罢朝，只好转呈奏疏。杨涟疏中弹劾魏忠贤结党擅权，犯有二十四条大罪。魏忠贤见疏后惊惧不已，试图说服韩爌扣押不发，被拒。奏章公开后，群臣附议，舆情汹汹。魏忠贤只得在明熹宗身边哭诉求情。结果，明熹宗因不识字而命魏忠贤读奏章，魏忠贤趁机偷换罪行，客氏又出面求情，明熹宗转而下诏安抚魏忠贤，切责杨涟。

此外，皇次子朱慈炔夭折，追谥为悼怀太子。

七月，首辅叶向高致仕。叶向高屡屡与魏忠贤发生冲突而交恶。杨涟上疏后，叶向高向明熹宗暗上密疏，结果知其不可为，故而连上疏三十三道求去，获准。

十月，吏部尚书赵南星、左都御史高攀龙致仕。高攀龙弹劾御史崔呈秀贪污，赵南星上疏赞同，结果崔呈秀连夜拜见魏忠贤，魏忠贤矫诏斥责赵南星结党。赵高二人因而去职。随后，署理部务的吏部左侍郎陈于庭、署理都察院的都御史杨涟、左佥都御史左光斗被削籍为民，给事中魏大中等人也被纷纷贬职。

十一月，大学士韩爌致仕。十二月，大学士朱国祯、刑部尚书乔允升致仕；顾秉谦为首辅。叶向高致仕后，魏忠贤传谕韩爌不得专断草拟之权；韩爌因而害怕致仕。朱国祯因入阁时列名在前，故而接替为首辅，结果又被阉党李蕃弹劾，只得求去。

枝繁叶茂的东林党，面对跳梁小丑一般的魏忠贤，反击手段居然只是杨涟上疏弹劾而已？纵使杨涟再过刚猛，也于事无补，特别是叶向高再次致仕，更是加剧了局面的恶化。在笔者看来，若是这样一批老臣联合起来，阉党焉得横行霸道？

年底，汪文言再次被捕，投入诏狱。一六二五年三月，阉党以收受熊廷弼贿赂为由，逮捕杨涟、左光斗等六名原东林党官员。四月，汪文言死于狱中。

辽东经略熊廷弼与广宁巡抚王化贞不合，结果导致广宁大败，明军在东北退缩至山海关，两人也因此下狱。熊廷弼试图通过汪文言花四万两银消灾免罪。汪文言打算通过间接买通魏忠贤来为熊廷弼免罪，但是汪文言打通关节后，又因熊廷弼拿不出钱来而作罢。魏忠贤因未收到钱而打听此事，才知道中人是汪文言。为了将杨涟等人治罪论死，魏忠贤又将汪文言再次下狱，指使许显纯严刑拷打汪文言，试图得到杨涟收受熊廷弼贿赂的供词。汪文言受刑不屈，怒斥许显纯伪造供状。许显纯担心事发，将其杀死在狱中。

六月底，太仆少卿周朝瑞、河南道御史袁化中、礼部员外郎顾大章、吏科都给事中魏大中、杨涟、左光斗履行被捕至京，投入诏狱。二十八日起，许显纯每五日拷问一次，诈称汪文言已经招供，逼迫六人承认收受熊廷弼贿赂。六人要求与汪文言当面对质，从而识破此事，并坚决拒绝认罪。七月十六日，魏忠贤斥责许显纯办事不力，次日起改为三日一审。二十一日，左光斗学生史可法通过行贿狱卒，得以在狱中见到左光斗，发现左光斗受到炮烙，故而痛哭不已，结果被左光斗训斥而走。约二十五日，魏大中、杨涟、左光斗死于狱中；魏大中疑似伤重而死，杨涟则是铁钉贯耳、土囊压身而被杀。八月十九日，许显纯奏称袁化中病死，实则疑似被杀。二十六日，熊廷弼被斩首，传首九边。二十八日，周朝瑞被单独押出，死于大监。九月初六，顾大章转至刑部大狱；十四日投缳自尽。至此，"六君子"全部遇难。

在此期间，同年七月，吏部尚书崔景荣致仕；八月，礼部尚书周如磐、侍郎黄立极、丁绍轼、詹事冯铨入阁；大学士魏广微致仕。杨涟等六人下狱后，魏忠贤命令从速从严审理，但是在吏部尚书崔景荣的劝说下，魏广微劝说魏忠贤小心六人若是受刑不过而死会难以收场，结果激怒魏忠贤，二人被迫致仕；黄立极、丁绍轼、冯铨则积极参与构陷熊廷弼一案，因而破格入阁。随后，在黄立极、冯铨极力构陷之下，熊廷弼被斩首，传首九边。

六君子之狱是阉党迫害东林党的高峰。整个迫害过程实在血腥，难以下笔。虽然东林党点将录上的人大多受到阉党迫害，但是总的来说，这份名单更接近于阉党的反对派，与一般意义上的东林党还略有区别。

此外，大学士朱延禧因不愿在公文中尊称魏忠贤为元臣而在六月致仕，镇山海关、大学士领兵部尚书、帝师孙承宗因被魏忠贤排挤而在十月致仕，大学士周如磐因劳累过度而在十一月去世。

一六二四年，孙承宗曾以贺寿为由请求入朝面奏，并已动身启程。在魏广微、顾秉谦的劝说下，魏忠贤矫诏勒令孙承宗返回驻地，并下令如果孙承宗入京，就将其拿下。结果，孙承宗已经抵达通州，接到明熹宗命令后又返回辽东。后世多认为孙承宗此举在于打算趁机劝谏明熹宗,扳倒魏忠贤。结合魏忠贤的举措,似乎确有这种可能。这就令笔者十分费解了,为何一个出仕时间不长、还在外四年之久的帝师,就有把握扳倒魏忠贤呢?

同年,魏忠贤党羽、左副都御史王绍徽仿照《水浒传》,编制《东林党点将录》,罗列一百零九人,以李三才、叶向高、赵南星为首。随后,阉党照此迫害东林党人,如已致仕的赵南星等人被流放。

一六二六年正月,魏忠贤命修《三朝要典》,罗列红丸、梃击、移宫三案,编辑成书,泼污东林党。三月,阉党又逮捕左谕德缪昌期下狱拷死;左都御史高攀龙自知难免,投水自尽。至六月,吏部主事周顺昌、御史李应升、御史黄尊素、御史周起元、御史周宗建陆续被下狱拷死。

此即七君子之狱。著名的五人墓碑记就是为铭记因东厂缉捕周顺昌激起苏州市民起义,事后为顶罪被杀的五名市民所作。

虽然近代以来一直有观点为阉党专权翻案,认为东林党是以江南士大夫为主体的朋党,借由党争、朝议之名,行土地扩张、官商勾结之实;阉党也不仅仅是一群乌合之众、官场败类,其中也混杂了大量无法在东林党权势之下无法施展抱负的实学人才。但在笔者之见,并不赞同此说。总的来说,万历中期以来的党争本质上还是一堆乡党在君权空虚的情况下相互争权夺势。土地兼并是古代中国官员得势之后的必然之举,也是自然经济社会发展的结局;况且江南并非只有苏南,还有两浙,即相当多阉党成员的籍贯所在。

同年三月,阉党诬陷辽东人武长春为间谍,将其凌迟,又以此为功,封魏忠贤侄子魏良卿为肃宁伯。六月,浙江巡抚潘汝祯奏请为魏忠贤建祠宇(生祠),获准。浙江巡按刘之侍疏迟一日才被送到,结果魏忠贤大怒,将其罢职、下狱、拷死。九月,因皇极殿修缮完成,魏忠贤晋为上公,加恩三等,肃宁侯魏良卿进封宁国公、赐铁券、世袭,其他大臣各有赏赐。

五月,王恭厂发生大爆炸,皇三子朱慈炅受惊而死;明熹宗下罪己诏。由此,明熹宗无子。

十月，顺天府丞刘志选揭发皇后张氏父亲张国纪怙恶不悛。皇后张氏贤明，故而被客氏忌惮，因此魏忠贤诬陷张国纪图谋拥立皇弟朱由检。但是魏忠贤死党王体乾反对，认为明熹宗唯独待夫妇兄弟不薄。因而作罢。

王恭厂大爆炸是著名的未解之谜。因为此事太过离奇，所以暂且不深入分析。于明末局势的影响主要有两点，一是导致明熹宗绝嗣，二是加剧了朝野人心动荡。特别是前一点再加上明熹宗早逝的原因，使得皇弟朱由检继承大统。

此外，同年四月，大学士丁绍轼去世。闰六月，大学士冯铨因索取贿赂太甚，被工部右侍郎崔呈秀嫉妒而被魏忠贤疏远罢相。七月，礼部左侍郎施凤来、右侍郎张瑞图、詹事府詹事李国𣏌入阁。九月，首辅顾秉谦致仕，黄立极继任首辅。

一六二七年四月，在魏忠贤主张下，明神宗的三个幼子瑞王朱常浩、惠王朱常润、桂王朱常瀛分别就藩汉中、荆州、衡州。

五月，国子监监生陆万龄奏请在太学修建魏忠贤生祠，认为孔子作《春秋》而魏忠贤作《要典》，孔子诛少正卯而魏忠贤诛东林党；获准。

无耻之尤。

七月，兵部侍郎霍维华任兵部尚书，旋即改任蓟辽总督。需要补充的是，明熹宗在两年前五月在西苑游玩时落水，被救后身体一直抱恙。霍维华是魏忠贤心腹，曾经向魏忠贤进献仙方灵露饮。明熹宗服用灵露饮之后，感觉甚好，但是久而久之浑身水肿，卧床不起。此时，霍维华认为魏忠贤将倒，故而设法将自己外放。

同月，明熹宗以边功以及三大殿修成，封魏鹏翼（魏忠贤从孙）安平伯，魏良栋（魏良卿弟）为东安侯，世袭。八月，明熹宗又加封魏忠贤亲属，其中魏良卿加太师，魏鹏翼加少师，魏良栋为东安侯；任命工部尚书崔呈秀为兵部尚书，仍旧兼左都御史、署理都察院。

明熹宗落水一事历史记载很明确,是发生在天启五年五月而非天启七年七月或者八月。所以说,明熹宗死于落水谋杀的可能性不大,而且考虑到古代的医疗条件,落水后引发肺炎等并发症导致明熹宗慢性死亡也不算意外。

此外,明熹宗死前服用的灵露饮也有很大问题。灵露饮的具体做法是悬置一锅上好大米,其中放一个银瓶,然后反复蒸米,银瓶水满则取出,瓶子中的水就是所谓的米粮精华,即灵露饮。魏忠贤得方后,改由金锅盛米,制作灵露饮。所以,灵露饮其实就是一瓶富含银离子的米汤;明熹宗出现的水肿,一是因为营养不良,二是因为银中毒。再考虑到魏忠贤自兼厂公,又让亲信许显纯为锦衣卫指挥,而明熹宗自始至终都没有怀疑或者试图罢黜魏忠贤,魏忠贤也没有在明熹宗继承人一事上早做打算,故而,笔者更认为明熹宗是自然死亡而非谋杀。

八月二十二日,明熹宗在乾清宫驾崩,时年二十三岁。明熹宗病重后,召信王入宫,表示"我弟当为尧舜";又将张皇后托付给信王,并表示可以重用魏忠贤。旋即,明熹宗去世,遗诏以皇五弟信王朱由检嗣位。

十月,明熹宗上谥号达天阐道敦孝笃友章文襄武靖穆庄勤悊皇帝,庙号熹宗(悊通哲,故而常将明熹宗作熹宗哲皇帝)。葬于德陵。

明熹宗可能是明代历史上最为负面的皇帝。首先,明熹宗是明代皇帝中独一无二的文盲,其个人素质在明代诸帝中位于倒数第一,与淫乐致死的明光宗不相上下。其次,在明代诸多不理政的皇帝当中,明熹宗对朝政的放纵既非认为自己没有治国之才而放权(明穆宗),也非基于君相不合而以退为进(明世宗、明神宗),只是单纯的放权而已。最后,也是最为重要的一点,明熹宗的两大亲信,分别是古代历史中极为罕见的敢于残害妃嫔皇嗣的乳母客氏,以及客氏的姘头,古代中国最为负面的存在之一,历代权阉的顶峰,九千九百岁魏忠贤。基于这些不堪,明熹宗很难有所好评。

至于近代以来的各种翻案,诸如明熹宗是识破了东林党的真面目才重用魏忠贤之类的言论,笔者并不赞同。一是东林党也好,魏忠贤也好,基本套路还是古代中国的党争和权阉范式,没有太大的突破,只能说两者分别是此套路下的集大成者和顶峰。二是士绅集团的核心利益是土地特权而非商税，只是张居正丈量田亩后没人敢再触碰这一红线，加之皇帝封赏宗室的土地也非常多，所以君相围绕财权的争夺才转移到矿税上。三是如果明熹宗真的是在拉一打一，那就不会放任魏忠贤对东林党大肆进行肉体消灭，至少也要保留足够的有生力量，结果明熹宗却批准为魏忠贤设立生祠。

九月，东厂太监魏忠贤请求致仕被拒，转而奏请停止营造生祠，获准；奉圣夫人客氏获准出宫，住在外宅。

十月，兵部尚书署理都察院崔呈秀被御史弹劾，免职还乡。同时，嘉兴贡生钱嘉征弹劾魏忠贤十大罪；魏忠贤得知此事后，向明思宗哭诉，明思宗闻之，命魏忠贤听内侍宣读钱嘉征奏疏，随后贬其至凤阳司香祖陵，籍没客氏、魏氏。

十一月，明思宗又派人缉拿发配途中的魏忠贤，魏忠贤得知消息后自尽，被明思宗下令凌迟尸体，悬首河间；崔呈秀也在蓟州投缳自尽；客氏被鞭死、挫骨扬灰。同时，明思宗命刑部审理逆党文臣。首辅赵立极致仕，吏部尚书周应秋、刑部尚书薛贞、工部尚书吴淳夫等被罢。

十二月，魏良卿、侯国兴等魏客宗族被杀。同时，刑部初上五虎、五彪的罪行，认为除崔呈秀已经伏法外，原工部尚书吴淳夫、太常卿倪文焕贬职，田吉、左副都御史李夔龙免职，锦衣卫左都督田尔耕、锦衣卫佥事许显纯逮捕入狱，杨寰、孙云鹤、崔应元等适当降级。对此，明思宗极为不满。随后，刑部又拟为李夔龙、吴淳夫、倪文焕、田吉追赃遣戍，其中倪文焕五千两，吴淳夫三千两，李夔龙、田吉各一千两，田尔耕、许显纯论死，崔应元、孙云鹤、杨寰戍边。明思宗依旧不满。

一六二八年二月，明思宗为杨涟、熊廷弼一案平反。三月，魏忠贤时期入阁的首辅施凤来、次辅张瑞图致仕。五月，李国楷致仕。七月，原锦衣卫左都督田尔耕被斩首。在此期间，编修倪元璐建议追论大学士顾秉谦、魏广微党附魏忠贤，但是明思宗表示两人只夺恩荫、魏广微削籍即可，仿效焦芳旧例。

一六二九年正月，明思宗召大学士韩爌、李标、钱龙锡，吏部尚书王永光，刑部尚书乔允升，左都御史曹于汴，亲定逆案。明神宗认为此前法司处置不当，多有漏网。但因韩爌、钱龙锡等人不愿大肆株连，只罗列了四五十人。明思宗大为不满，要求按照为魏忠贤歌功颂德、请立生祠的奏章，彻查所有大臣。

三月，诸臣进献《钦定逆案》，获命刊布中外。阉党被分为六等治罪。魏忠贤、客氏为第一等，被凌迟处死；兵部尚书崔呈秀，魏良卿，都督侯国兴（客氏之子），太监李永贞、李朝钦、刘若愚等六人为第二等，被判立即斩首；提督操江都御史刘志选、国子监生陆万龄等十九人为第三等，被判秋后处决；大学士魏广微等十一人为第四等，被判充军；大学士顾秉谦等一百二十九人为第五等，被判三年劳役但可花钱赎罪为民；大学士黄立极等四十四人为第六等，被判革职闲住。

《钦定逆案》各版本略有出入，此为《明季北略》版。相较于齐楚浙党和东林党，阉党的概念更加抽象，可以说是泛指依附权阉魏忠贤的文武大臣，特别是指在打击反对派时奋勇争先或者对权阉魏忠贤歌功颂德近乎谄媚的人，并不能简单概括成齐楚浙党在天启朝的新名号或者与东林党作对的反对党。颇具讽刺意味的是，虽然明思宗大费周章才得以将阉党定罪，但是这些判决并未全部落到实处，比方说第二等的太监刘若愚，就非常顺利地活到崇祯末年。在此期间，他还仿效司马迁，写下《酌中志》一书，成为研究晚明的重要史料。

魏忠贤的上位颇有几分巧合。一般而言，宦官都是皇帝权力的延伸，是制度设计所产生的具有一定独立性的政治力量，简单概括就是宦官的存在离不开圣眷和特权（东汉的盟誓、晚唐的神策军等）。但是，魏忠贤却非常特殊。一方面，魏忠贤的圣眷不但在明代四大权阉中位列末尾（王振、刘瑾、汪直），可能在整个古代的同行当中都倒数；另一方面，魏忠贤的个人能力极差，无法担任司礼监掌印，只能担任最被人忌讳的特务机关头子。魏忠贤之所以能够上位，从某种意义上讲，一是新继位的明熹宗是个完全无心政务的半文盲，二是搭上了后宫空虚而实兼太后皇后的客氏。

但是，魏忠贤擅权是中国古代最后一次宦官专权，魏忠贤本人堪称中国古代权阉的集大成者。一是魏忠贤掌握了古往今来宦官手中最大的君权。权阉操弄君权，要么是趁君主昏庸而狐假虎威，要么是君主有意放纵而甘当恶犬，归根结底还是依附于君主，绝大多数情况下还是在君主的利益范围内行事，从而换取某些好处。但是魏忠贤消灭东林党一事，则完完全全是基于私怨而非明熹宗或者明朝的利益行事。明熹宗在此事上非但没有指示甚至极有可能反对，不然孙承宗也不会考虑入京劝谏。相较于此事，"九千九百岁"、明朝活太师、褔祾封侯之类的事情都不值一提。这种突破性，可能也只有以军功封王的广阳郡王童贯可以相提并论。二是魏忠贤成功组建了阉党，并以此控制了相权。虽然历代权阉在朝臣之中不乏走狗，但是很少仔细经营前朝，原因在于宦官是皇权延伸，根基在后宫和皇帝本人，而非前朝和大臣支持。魏忠贤的突破之处在于，其组建的阉党是古代中国第一个阉党，也是唯一一次只靠前朝就压倒清流甚至控制了相权的情况；以至于在中国古代史中，阉党几乎成为魏忠贤一党的特指。

同时，终结魏忠贤擅权的明思宗朱由检，也是中国古代非常特殊的一次宗室入继大统。明思宗入继大统有两个极为偶然的前提条件，一是原本皇嗣不断、正值壮年的明熹宗不但突然绝嗣还迅速病重而亡，二是实为信王的明思宗不但是明熹宗唯一的皇弟，更是明神宗后裔中唯一在京的宗室。更为奇特的是，明思宗可能是中国古代唯一一个宗室出身又并非权臣拥立的傀儡皇帝。由于宗室因血缘关系而自动成为皇位的潜在继承人和君权的天然竞争者，所以历朝历代以来，一直被其他君权的竞争者和掌控者严防死守，能在太平年间凭借宗室身份入继大统，若非皇帝无嗣而被自幼抱养充作皇子，就是充当外戚或者权臣的傀儡；侥幸成年之后，这些傀儡皇帝往往只能联合宦官进行抢班夺权。大一统政权当中不在此列的，大致只有身兼勋贵宗室而发动玄武门之变的唐太宗、赶上五代战乱得以皇弟为储君的宋太宗、侥幸逃开靖康耻的宋高宗、单枪匹马掀起二十年大礼议的明世宗，以及突然兄终弟及、即位之后立即着手清算阉党的明思宗五人而已。

所以，从深层次来讲，同为君权的争夺者，由宗室转为皇帝的明思宗必然要清理身为宦官联合外戚但是已成明日黄花的魏忠贤及其党羽阉党。由于明熹宗一死，客氏便失了身份，加之魏忠贤在明思宗心中也无圣眷，所以魏忠贤主动求去也算是比较明智的急流勇退之举。但是，魏忠贤声名狼藉，又没了君权根基，再加上朝中党羽作鸟兽散，只是一个老太监而已，所以自然被明思宗一推即倒。明思宗由此完成清理阉党的第一步。

但是,明思宗在第二步,即清理阉党时,遭遇了巨大挫折。清理阉党如此大费周折,本质上还是明朝又一次变回了君弱臣强。首先,魏忠贤专权实际上是代行明熹宗出让的君权,在明熹宗既无心政务也无心揽权的情况下完全符合双方利益,所以清算魏忠贤,特别是厂卫系统,本身就是在削弱君权。其次,本为藩王的明思宗以皇弟身份仓促之间继承大统,毫无时间培养亲信势力,在前朝缺少支持者,同时又缺乏威望,不被大臣信服。最后,官僚集团反对的是魏忠贤及其死党,而非全体阉党。一方面,魏忠贤及其死党弄权,残杀东林党,本质上还是代行皇权和特务统治,这两点都被官僚集团深恶痛绝,所以必欲除之而后快,智囊崔呈秀等人和充当爪牙的厂卫系统必须被清洗。另一方面,天启在位七年,在朝大臣极难在这么长的时间内与阉党划清界限、始终保持距离,所以清算阉党,深究之下很有可能会牵连到自己,所以自然而然会消极抵抗。所以,大臣与明思宗在铲除阉党一事上的分歧也就不难理解。官僚集团只图除掉魏忠贤以及爪牙,但是不同意清算阉党。但是,明思宗的态度则坚决得多,不但要求扳倒魏忠贤,还要求彻底清理其余党,并不惜为此亲自上阵。官僚集团只得推出几个官员,平息明思宗怒火,但是明思宗火气一消,一切又回到原点,甚至这些官员也有不少能逃出生天。

这里有两个有意思但是处于雷区的话题需要进行讨论。一是明思宗是否有必要彻底清算阉党,或者说明思宗应当清理阉党到什么程度。虽然扳倒魏忠贤、比较彻底地清算阉党是明思宗非常重要的政治举措,为其赢得了相当不错的身前身后名,但是笔者有一个很简单的疑问,为什么明代清理权阉时,其他皇帝往往只除首脑而不大肆清洗呢?其实是一个非常反常识而且非常反道德的事实,即明代所谓的宦官专权其实有利于保持皇帝的权威和皇权至上。中国古代始终无法解决的一个问题是,作为国家所有者和名义上的最高决策者,皇帝以一人之力无法处理所有的政务,必然需要让渡部分决策权给负责行政的官僚集团处理,但是也由此面临相权的挑战;缓解这一挑战的方法,无外乎削弱相权和增强君权。虽然外戚、宗室、宦官从长期来看都可能会削弱皇帝对皇权的控制,但是也能在短时间内通过代行皇权等方式压制相权;特别是自身无法实现再生产而且无法独立于皇帝本人存在的宦官,简直是弱势君主或者年幼君主用于压制相权的不二利器。以大珰控制批红和特务来度过君主弱势时期，简直是明宣宗为年幼的明英宗乃至后世诸帝指出的一条明路，除了旁支入继的明世宗，都从中受益颇多。所以内监大珰倒台至多带倒几个极为突出的走狗大臣，但是皇帝绝对不会将内廷宦官和厂卫的鹰犬交到前朝处置（王振余党、锦衣卫指挥使马顺等人被处置也是发生在英宗被俘、代宗尚未即位之时）。明思宗既然如此清理阉党，将宦官的权势彻底打消，那就只能自己独自面对前朝大臣，恰如一百年前主动放弃了宦官支持并主动向相权开战的明世宗朱厚熜。

二是此时的官僚集团究竟奉行的是怎样一套价值观？这是一个更容易招黑且更难以详解的问题。明末党争是中国古代党争空前绝后的顶峰，亦可谓是最接近脱离了政治底线而单纯以权谋斗争进行较量的利益之争。持续了半个世纪的党争几乎彻底摧毁了明代官僚集团的基本操守。在俺答封贡和明缅战争结束以后，除了东北的蒙古左翼和清朝以外，明朝的边患问题几近解决，但是在相对封闭的社会环境以及相对停滞的生产力水平下，面对越来越棘手的内政问题，明朝上下却束手无策，只能在政见分歧的情况下，趋于激烈的党争。一方面，自万历中期开始的党争，斗争越来越激烈，底线屡屡被突破，各种阴谋诡计层出不穷，先是利用京察公器私用、后是伪造妖书兴风作浪，迫使官员必须投入越来越多的精力用于党争。不但如此，这也导致官员们不敢轻易表达政治观点，以免成为党同伐异的目标。另一方面，明末党争的规模越来越大，各地乡党大肆横行，赶尽杀绝、一网打尽之举屡现，使得越来越多的官员只求自保或是被迫参与党争。最为重要的是，党争之中，政治牵挂越多，自我约束越多，道德羁绊越多，就越容易被人抓住把柄和软肋，所以随着时间的推移，谁还敢在政治生活中坚持操守？从某种意义上讲，六君子、七君子之狱打掉了士大夫身上最后一点儿忠贞。权势滔天的阉党，算上太监和厂卫，不也才二百余人？满朝文武何止上千，这些人怎么历时两朝、三朝乃至四朝而始终官运亨通、屹立不倒？想想便知。

目前学术界习惯将万历党争的下限放到明末乃至清初，但是笔者个人倾向以阉党清算为结点。原因大致有二。一是万历党争最重要的特征是在省域为基础的界限非常清晰的乡党之间展开争斗，随着以齐楚浙党为骨干的阉党将东林党消灭、明思宗又将阉党清算，直至清初，无论是南明还是大清，都再也没有出现过类似情况，又退回到权臣与反权臣的冲突中。二是万历党争得以发生并延续的一个基本条件是皇帝缺位，大臣才会结党争权，但是明思宗即位之后立即亲政，政治冲突又从相权内部竞争转向君相冲突，出现了彻底的变化。

经历了约四十年的万历党争，明朝中央政府的执政能力遭到近乎永久性的损坏，失去了控制和管理一个如此庞大的帝国的能力。一是频繁的党争带来频繁的人事变动导致政策没有延续性，特别是此起彼伏、动辄爆发的党争会极大地干扰明朝中央应对诸如明清战争、农民起义等重大事务的能力。二是激烈的党争使得官员更看重党争能力而非执政能力的培养，同时导致大批官员下野，使得明朝官僚集团处理实际政务的能力越来越弱。三是长期的党争使得明朝官僚集团的价值取向发生异化，无论初心如何，在职官员迫于自保也必须积极参与结党和相关活动，以免成为党争中的炮灰。更何况还有野心勃勃之辈希望凭借党争一飞冲天，整个官僚集团的价值取向可想而知。由这样的一个官僚集团负责的明朝中央，显然不具备管理如此庞大帝国的能力。所以从万历三大征结束开始，明朝对外战争屡战屡败，内部义军四起却无力镇压，整个国家逐渐走向崩溃。

与此同时，明朝政治矛盾又因明思宗亲政而转移回君相冲突。虽然明思宗凭借自身血缘关系以及在后宫彻底清算魏忠贤、客氏而独掌君权，但是由于自身能力不足，加之缺少足够的亲信和支持者，必然难以驾驭前朝，在义军四起和清朝压境的情况下，明朝由此不可避免地走向了灭亡。

奢安之乱

一六二一年九月，四川永宁宣抚使奢崇明反叛。奢氏是倮猡人（彝族古代主要支系），洪武年间归附明朝，世代为永宁宣抚司宣抚使。因为辽东战事吃紧，明朝征调各地兵力，奢崇明因而上疏请兵三万增员，派其女婿樊龙率军至重庆。四川巡抚徐可求经过清点人数、淘汰老弱，只给两万精锐军饷。奢军遂反叛，击杀徐可求等四川官员，攻占重庆，扼守夔州、泸州。与此同时，奢崇明也趁机攻克遵义。

十月，叛军进攻成都。成都不过守军七百人（一说两千），布政使朱燮元急召附近官军救援，坚守城池，亲自督战，又以火炮火器点燃叛军铠甲，击退叛军攻城。附近各土司如石柱宣慰使秦良玉也率军支援，逐渐收复失地。至年底，虽然先后收复安岳、乐至等地，但叛军仍在围攻成都。

一六二二年正月，叛军以吕公车攻城，被朱燮元用投石机击退。随后，朱燮元又暗中联络叛军将领罗乾象，还派人诈降，引诱奢崇明来成都。结果，奢崇明上当，在成都附近被伏击，被迫突围，退回永宁（四川泸州叙永）。成都经历一百零二天，得以解围。明朝因功升朱燮元为总督四川及湖广荆、岳、郧、襄、陕西汉中五府军务，兼巡抚四川，又以杨述中总督贵州军务，兼制云南及湖广辰、常、衡、永十一府，负责平定奢崇明、安邦彦叛乱。四月，明军收复遵义；五月，明军攻克险隘二郎关，收复重庆。

同年二月，贵州水西土司安邦彦反叛明朝，响应奢崇明。水西宣慰使安位年幼，结果大权落入安邦彦手中。先前，明朝征调附近土司征讨奢崇明，由此导致贵州空虚，故而，安邦彦趁机在毕节反叛，进攻贵州，将其团团围困。

七月，安邦彦派军攻占遵义。于是，明军与奢崇明、安邦彦在宜宾、遵义一带交战。十月，太常少卿王三善被任命为贵州巡抚。十一月，贵州明军分三路进攻，救援贵阳，接连取胜。十二月，贵阳解围。

一六二三年正月，叛军再次集结，进攻陆广（贵州六广），明军被敌诱军深入，中计遭围，溃退不止。四月，安邦彦又率大军进攻贵阳，被王三善大败，所部大批归降。安邦彦被迫退回水西，坚守不出。

与此同时，川军收复遵义、永宁；五月收复蔺州。朱燮元汲取我分敌合的教训，集中兵力，直取永宁。叛军抵抗交战，结果接连战败，奢崇明父子被迫撤往贵州依附安邦彦。安邦彦派军协助，窥伺遵义、永宁。

六月，贵州再派三路大军进攻水西叛军。七月，王三善攻入大方，安邦彦逃回织金。同时川军攻入龙场，俘获奢崇明妻子安氏等人。贵州总督杨述中主张趁此机会准许安邦彦归降赎罪，但是巡抚王三善认为元凶未殄，应当以剿为抚。结果双方分歧不下，安邦彦整顿集结旧部，并派党羽陈其愚诈降。

一六二四年正月，王三善自大方回到贵州期间，陈其愚发动叛乱，王三善被叛军所杀。总督杨述中罢职待审，但是陈其愚被俘杀。随后，贵州总督兼贵州巡抚蔡复一派军进攻，至七月（一说一六二五年正月）攻至织金，招致大败；期间，御史傅宗龙被任命为贵州巡按兼监军，参与平乱。明朝中央认为贵州屡屡失败的原因在于川军不协助，于是将两都合并，朱燮元以兵部尚书兼督贵州、云南、广西诸军，移镇遵义，另命别人为四川巡抚。

一六二六年二月，安邦彦派军大举进攻，被明军击退。安邦彦打算趁朱燮元未至而派军进攻，分别攻打云南、遵义、永宁，其中永宁由奢崇明之子奢寅负责。但是，奢寅性情残暴淫乐，又勒索无度；朱燮元趁机向其亲信行贿，唆使其杀死奢寅，此路乃止。随后，安邦彦派军进攻，被明军击退。旋即，朱燮元因父丧丁忧去职。偏沅巡抚都御史、云贵总督闵梦得接替为五省总督。

一六二八年六月，朱燮元丁忧结束，再任总督贵、湖、云、川、广五省军务。一六二九年六月，朱燮元派军攻占赤水，以此进行经营，扼守要害，威逼大方。

八月，奢崇明自立为大梁王，安邦彦自称四裔大长老，进逼永宁，途径赤水。朱燮元佯败诱敌深入，伏击安邦彦，接着乘胜追击，将其大败。奢崇明、安邦彦战败被杀，随后，叛乱结束。朱燮元无心穷兵黩武，命安位归附，又以武力消灭抵抗势力。最终，安位请降，约定贬爵、削地，获准。

一六三一年，云南阿迷州（云南红河开远）土官普名声作乱，攻克曲江，又进攻临安及宁州。云南当地无力抵挡，云贵总督朱燮元只得率军前往安抚，普名声表示诚服。旋即，普名声去世（一说被明朝官员毒死），其妻子万氏统领部众，又召安南土司沙定洲为婿。

一六三八年三月，朱燮元死于任上，初谥襄毅。

明朝云贵川等地的土司叛乱可谓经久不息，奢安之乱和沙普之乱是其中发生在明末两场较大的叛乱。相较而言，奢安之乱影响更为严重，因为奢安之乱已经表明，明朝对西南地区的控制已经退缩到传统意义上一直属于汉地的遵义、重庆一线，也就是说，明朝对云贵川等地的土著，实际上已经丧失了控制权。

第十章 崇祯殉国

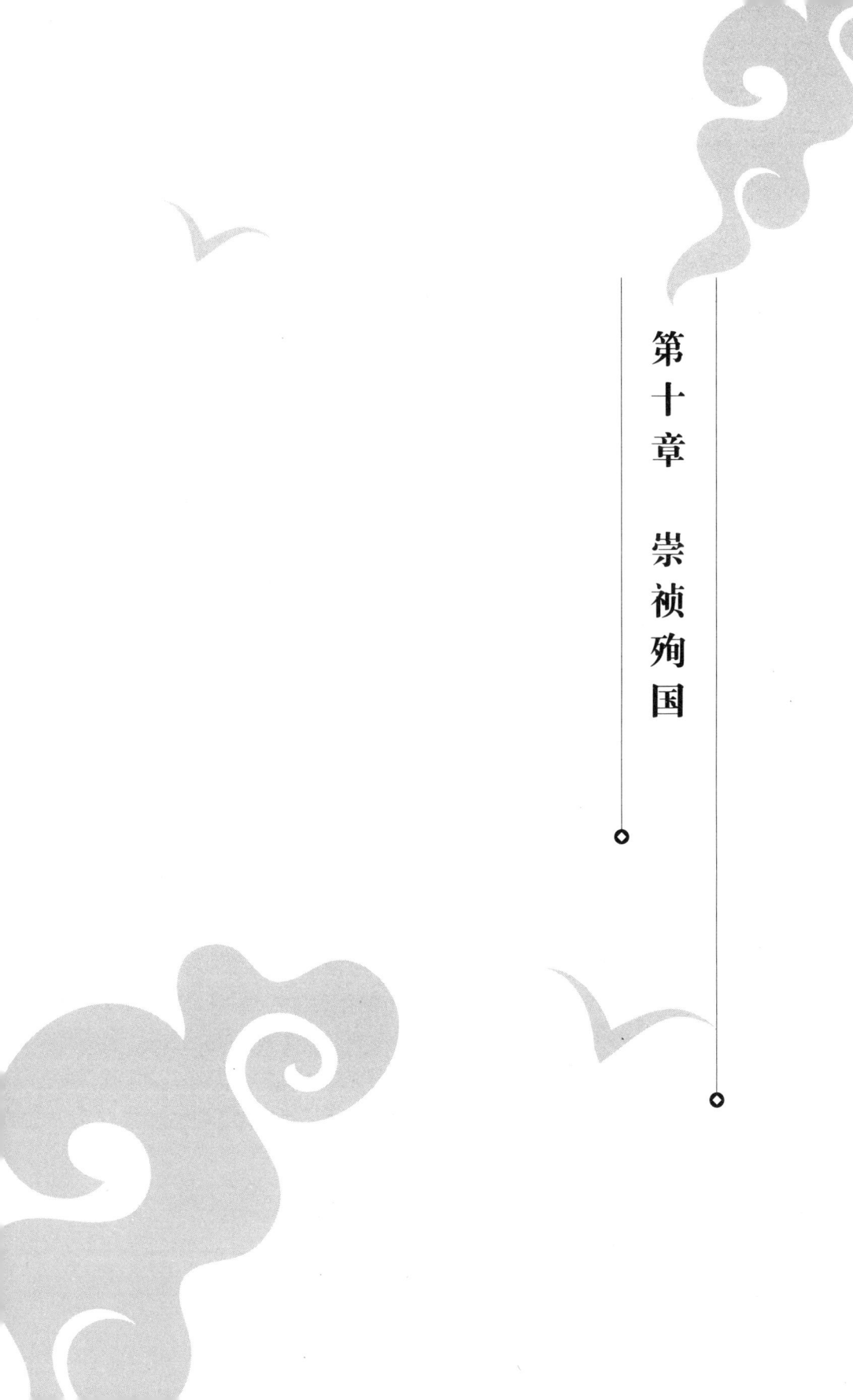

明思宗在位的十七年,是明朝走向灭亡的十七年。明朝的统治全方位走向崩溃,主要体现在三个方面。一是明朝中央的执政能力因为温体仁弄权和极为严重的君相冲突而大大削弱。二是明朝内地义军四起,首举于陕北的各路义军领袖体现出了卓越的军事才能,使得明朝在内地的统治秩序逐渐陷于崩溃。三是东北地区的明清战争局势对明朝越来越不利,迫使明朝要投入巨额资源,无暇彻底消灭义军,并加剧了明朝君臣矛盾。

第十章 崇祯殉国

温体仁弄权

一六二七年十一月，钱龙锡等六人入阁。成基命、钱谦益、王永光、郑以伟、李腾芳、孙慎行、何如宠等人经过廷推成为候补阁员。但是，由于礼部尚书温体仁暗中弹劾钱谦益在主持浙江乡试中曾受贿录用举子钱千秋（实际是其他考官受贿，且此案已经审结），入阁改为抽签。前南京吏部侍郎钱龙锡、礼部侍郎李标、礼部尚书来宗道、吏部侍郎杨景辰借此抽中入阁；随后又以时艰为由，增投礼部侍郎周道登、少詹事刘鸿训入阁。

钱谦益是苏州府常熟县人，被后世视为东林党的新一代领袖；温体仁是浙江乌程人，经常被认为是阉党余孽。故而很多人经常将双方的政斗看作是东林党和阉党在崇祯朝的余孽。但是笔者个人认为，崇祯初年钱温相争本质上还是万历后期逐渐败坏的风气滋生出的争权夺势，双方都借用了东林党和阉党来拔高自己和贬低对方，但实际上，双方和东林党、阉党都有说不清的关系。

一六二八年四月，韩爌起复为内阁首辅，于十二月抵京入阁。

鉴于明思宗在位期间，内阁首辅自韩爌算起有十四位首辅，阁员更是更替频繁，为了行文方便，只在正文中记录重要首辅的任免以及因政治因素而被罢免的阁员变化，其他阁员的常规任免统一放在注释和分析中。

十月，大学士刘鸿训、兵部尚书王在晋被罢。一六二九年正月，刘鸿训戍边，王在晋削籍。按照旧制，督京营的武臣不辖巡捕军，但是惠安伯张庆臻

441

（明仁宗张皇后家）被任命为总督京营时，敕中有"兼辖捕营"字样，因而被人告发。明思宗命人清查，牵连至兵部和内阁。有御史揭发改敕是刘鸿训收受贿赂所致，兵部侍郎张凤翔也极力支持此说；大学士李标、钱龙锡提出反对，认为刘鸿训不会如此。但是明思宗认为案情已明，命将刘鸿训、张庆臻革职。此后又有御史揭发刘鸿训收受武官贿赂等事，结果，刘鸿训戍边代州，兵部尚书王在晋削籍，张庆臻停禄三年。

刘鸿训被罢有两种解释，一是刘鸿训确实收受贿赂篡改诏书，明思宗故而大怒，将其罢官流放；另一种解释是刘鸿训是阉党余孽陷害，施害者就是后来降清的张凤翔。王在晋被罢除了受贿，还跟参与《三朝事典》有关。在笔者个人看来，这是两人咎由自取，因为无论是受贿还是篡改诏书，都是明思宗眼里难以容忍的事情，况且此时是清算阉党的高潮，阉党难以兴风作浪。

二月，周皇后生下皇长子朱慈烺。

明代诸帝之中，明思宗是少有的没被继承人问题困扰的一位，长子朱慈烺既是嫡出又活至成年，闯王入京后被封为宋王，清军入关后才下落不明。

十月，己巳之变爆发。月初，清太宗皇太极率部取道蒙古，十七日攻入喜峰口，月底抵达遵化，就地休整，威逼北京。

十一月月初，平辽将军赵率教率辽东军抵达遵化，被伏击团灭。随后，清军继续西进，越过通州，直扑北京。随后，蓟辽督师袁崇焕也率军抵达北京支援。期间，明思宗命吏部侍郎成基入阁协助防务，起复致仕大学士孙承宗负责京城防务，并急调大同总兵满桂、宣府总兵侯世禄支援。二十日，明清双方在广渠门交战，明军以多击少，迫使清军撤退。随后，明思宗在大内召见袁崇焕、辽东前锋总兵祖大寿、满桂、宣府总兵黑云龙等人商议战局。期间，袁崇焕援引满桂案例，提出入城休整，被明思宗拒绝。旋即，明清双方再次交战。清军先是在广渠门交战失利，又攻打广安门失利。期间，皇太极以主力进攻宣大军，莽古尔泰等进攻辽东军；满桂派副将交战，结果全军覆没，满桂自己在城上督战时也被炸伤，但是满桂认为是被辽东军所伤。

十二月初一，明思宗在商议军情时，突然逮捕袁崇焕，部将祖大寿在场见状，惊惧不已。两日后，祖大寿率辽东军撤退。月中，明清两军再次在永定门附近交战，结果满桂战死，黑云龙等人被俘。明思宗只得在孙承宗的建议下，让袁崇焕写信召回祖大寿，进行抵抗。月底，大学士钱龙锡因保举袁崇焕而自请致仕；礼部侍郎周延儒、何如宠、钱象坤三人入阁。

一六三〇年二月，清军撤退。

己巳之变是一场非常精彩的突击战。俺答封贡以后，明朝中央长期以辽东主攻，蓟门主防，前者对付东北，后者防备察哈尔部的战略布局。东北地区的后金政权在屡次进攻辽东失利之后，转而蚕食察哈尔部，并趁机绕开辽东，转而从蓟门南下入关，从而变辽东攻城战为关内追击战，扬长避短，取得巨大成功。

袁崇焕下狱其实也是咎由自取。辽东军和袁崇焕此时的形象其实并没有后世所描绘的那般美好。首先，后金是辽东防备的对象，结果辽东军却在宣府之后才抵京救援，难免不让人怀疑其真实动机。其次，明清战争爆发以后，明军屡战屡败，但是非常神奇的是，每次都是客军全灭，辽东军无恙。最后，也是袁崇焕本人的问题，袁崇焕在明思宗即位之初许下五年平辽的宏愿，结果五年之期未满，就出现了京城被攻打的情况。屡屡叠加之下，袁崇焕的行为就可以用两种极端话语来评价。从正面的角度讲，清军一反常规而从蓟门突破，袁崇焕确实出现判断失误，但是也积极弥补，亲率全军支援；至于要求入城整编，是因为辽东军非常擅长以固守坚城伺机反击的战术，而且北京作为首都，城防稳固，非常适合将清军歼灭于城下；因为明思宗突然将袁崇焕缉捕，才使得祖大寿等人自保而撤军，但在孙承宗的劝说下立即改过自新。可是，从负面的角度讲，袁崇焕即便没有与后金勾结谋图政变，单就放宽入京就是大罪，而且袁崇焕提出入京整编、祖大寿自行撤军，最轻也是挟军自重，特别是满桂受伤战死，更是又一次印证了辽东军有坑害友军的嫌疑。在性命悬于一线的情况下，显然后者更可信，虽然明思宗有易冲动等缺点，但是将袁崇焕下狱并无太多可指责之处。

一六三〇年正月，首辅韩爌致仕。六月，温体仁入阁。八月，袁崇焕被凌迟处死。九月，周延儒为首辅。年底，钱龙锡被捕入狱。一六三一年五月，钱龙锡判戍定海卫。

吏部尚书王永光（魏忠贤同乡、多受其举荐）趁己巳之变，指使御史弹劾钱龙锡等人，周延儒、温体仁等人也推波助澜，打算取而代之。但是明思宗不愿广为株连，只将钱龙锡戍边、首辅韩爌等人致仕、袁崇焕处死，了结此事。

韩爌内阁成员主要有三批，即一六二七年十二月集体入阁的七人来宗道（一六二八年六月致仕）、杨景辰（一六二八年六月致仕）、周道登（一六二九年正月致仕）、钱龙锡（一六二八年十二月被罢）、李标（一六三〇年三月致仕）、刘鸿训（一六二八年十月戍边），一六二九年十一月入阁的成基命（一六三〇年九月致仕）、起复的孙承宗（一六三一年十一月致仕），十二月入阁的周延儒（一六三三年六月被罢）、何如宠（一六三一年八月致仕）、钱象坤（一六三一年六月致仕）。

韩爌致仕后，李标和成基命都短暂地担任过一段时间首辅，之后便是大名鼎鼎的周延儒；这一期间入阁的是一六三〇年六月入阁的温体仁和吴宗达。

袁崇焕被杀，一如熊廷弼一案，是政治斗争的副产品。崇祯初年，一大批万历中后期入仕、在天启年间保持名节、此时正值壮年的官员迅速占据高位，比如翰林四钱（钱象坤、钱龙锡、钱谦益、钱士升）等人。由于内阁六部廷推论资排辈现象严重，作为后起之秀的周延儒（一五九三年出生、一六一三年会元状元；四钱中最年轻的钱谦益生于一五八二年，在阁的钱龙锡生于一五七九年），想要入阁，还需要数年乃至十余年才行，所以只能兵行险招。再加上明末党争的影响，掀起政斗来实现私利已经成了常见套路，周延儒等人自然不会拒绝借由己巳之变大做文章，撺掇明思宗彻查株连，加速内阁更替，结果袁崇焕首当其冲，落得被杀结局。

一六三三年六月，首辅周延儒罢相，温体仁成为首辅。袁崇焕结案后，大学士何如宠（反对处死袁崇焕）、钱象坤接连被迫致仕，温体仁成为次辅。但是温体仁觊觎首辅，因而唆使众人弹劾周延儒，揭发崇祯四年殿试辛未科本以吴伟业（与钱谦益、龚鼎孳并称"江左三大家"）为状元，结果被周延儒姻亲陈于泰取代。周延儒长期陷入弹劾围攻，最终求去获准。

周延儒内阁成员主要包括同时入阁的何如宠（一六三一年八月致仕）、钱象坤（一六三一年六月致仕），一六三〇年六月入阁的温体仁（一六三七年六月致仕）、吴宗达（一六三五年五月致仕），一六三二年五月入阁的郑以伟（一六三三年六月去世）、徐光启（一六三三年十月去世）。

一六三五年七月，少詹事文震孟、刑部侍郎张至发入阁。明思宗因内阁缺人而下令增补，但因翰林不习政务而改为根据奏疏拟旨进行测试推选，文震孟、张至发经此入阁；同时，又召在野的原礼部尚书孙慎行、礼部侍郎林釺、顺天府尹刘宗周入京候补。

九月，次辅王应熊被罢。十月，明思宗因盗陵民变而下罪己诏，移居武英殿，减膳撤乐，表示与将士同甘苦。同年年初，义军攻克中都凤阳，开掘明朝皇室祖陵，焚毁皇觉寺。明思宗大怒，漕运总督杨一鹏论斩，凤阳巡抚吴振缨流放。王应熊是漕运总督杨一鹏门生，温体仁是凤阳巡按吴振缨姻亲，故而二人也被御史弹劾包庇，但是明思宗不加以处置。官员科道一直追究弹劾此事，其中少詹事文震孟上疏指责诸臣不能忧国奉公，言辞激烈。同年九月，明朝内阁阁臣捐助陵工，修缮皇陵，又有言官趁机提出若不是杨一鹏撤防，何以至此。结果舆情汹汹，王应熊请罪被罢。

十一月，次辅何吾驺被罢，大学士文震孟闲居。何吾驺、文震孟推举工科给事中许誉卿为南京太常卿，但是温体仁与吏部尚书谢升反对。随后，谢升弹劾许誉卿私下谋求美差，应当予以惩戒，但是文震孟只票拟许誉卿罚俸而已。温体仁反对，双方发生冲突。文震孟讥讽温体仁将许誉卿从科道贬为庶民，实际上是授予其天下至高荣誉；温体仁将此言论转告明思宗，明思宗大怒，何吾驺、文震孟被罢，许誉卿削籍。

旋即，庶吉士郑鄤下狱。郑鄤是常州武进人，礼部尚书孙慎行的女婿。郑鄤继母是吴宗达的妹妹，早年间为人刻薄，多有虐待奴婢致死的情况。故而，年幼的郑鄤假借幻术杖责继母，迫使继母改过。后来，郑鄤在天启二年中举，与文震孟（当科状元）同科，关系匪浅，但因阉党专权，长期在家赋闲。同年，钱士升劝说郑鄤入京谋求起复，孙慎行也邀郑鄤一同北上，于是郑鄤入京；文震孟建议郑鄤暂缓无果。入京后，郑鄤因言事而得罪温体仁。结果，温体仁指使郑鄤同乡、中书舍人许曦弹劾其杖母奸妹。郑鄤承认杖母，因而被收押入狱。

一六三六年正月，孙慎行因年老体弱，病死京城；林釬召对时以用人、理财、靖冠、宁边四策，获得明思宗赏识，入阁；刘宗周因被明思宗认为迂腐，只为工部左侍郎。

四月，次辅钱士升被罢。虽然钱士升比温体仁晚入阁，但是温体仁因其声望极高而极力结交。在钱士升的帮助下，温体仁得以任命党羽谢升为吏部尚书、唐世济为都御史，驱逐何吾驺、文震孟等人。但是，钱士升入阁之后势力越来越大，温体仁颇为忌惮，因此趁其弟钱士晋被人弹劾，将其一并罢黜。

此外，首辅温体仁等人在太监高起潜的建议下，提议捐俸买马，作为军需。工部侍郎刘宗周提出反对，他认为，一年内接连要求大臣捐资修复皇陵、凤阳，现在又要买马，实际作用其实有限，应当改革政务，削减开支。明思宗不听，刘宗周因而被罢。

六月，大学士林釬去世。

温体仁在这一年中的应对举措堪称中国古代借刀杀人的巅峰。温体仁初任首辅时的局面非常恶劣。一方面，温体仁作为首辅，要对凤阳被克、皇陵被掘负责，而且其姻亲还恰好是凤阳巡按；另一方面，东南士林凭借雄厚底蕴和世代关系而步步紧逼，除了文震孟和郑鄤是同科好友以外，郑鄤和钱士升还同为钱龙锡门生，钱士升、刘宗周都与高攀龙、顾宪成等东林党人关系匪浅，孙慎行更是在东林点将录榜上有名。结果，在一系列操作之下，温体仁通过王应熊独立承担凤阳被克的罪责而成功脱身，还充分利用明思宗的痛点，以讥讽圣上为名罢黜何吾驺、闲置文震孟，以不孝为名将郑鄤下狱，以包庇兄弟为名罢黜钱士升，以反对筹集军资放逐刘宗周，转眼之间扭转局势，令人瞠目结舌。

一六三七年正月，明思宗因工部奏请加强京城，又命加派输纳。二月，又派遣大臣前往各地命各省输送拖欠的税赋。四月，明思宗谕百官直言。刑科给事中李如灿反对在各地因战乱而愈加残破的情况下征税，而且为刘宗周等官员要求清查贪污冒领军饷而被罢鸣不平，讥讽朝廷重臣结党营私，因而下狱。

一味强征治下百姓，只会加剧逃荒，让义军越剿越多。至于纳捐，这种事情实在是败坏风气，尤其是在此时贪污腐化大肆横行的时候，纳捐只会让清官更穷，人数更少。

六月，首辅温体仁称病致仕，张至发为首辅。次年，温体仁死于家中。

温体仁内阁阁员主要包括同时入阁的吴宗达（一六三五年五月致仕），一六三二年五月入阁的徐光启（一六三三年十月去世），一六三三年九月入阁的钱士升（一六三六年四月免职），一六三三年十一月入阁的王应熊（一六三五年九月被罢）、何吾驺（一六三五年十一月被罢）、一六三五年七月入阁的文震孟（一六三五年十一月闲住）、张至发（一六三八年四月被罢），一六三六年正月入阁的林钎（一六三六年六月去世），一六三六年六月入阁的黄士俊（一六三八年正月被罢）、贺逢圣（一六三六年三月被罢）、孔贞运（一六三八年六月被罢）。期间，还有一六三三年七月拒绝再入阁的何如宠。

虽然乡党之间的冲突已经结束，但是党争却继续在明思宗时期进行，而且成为明朝灭亡的关键因素。党争对明朝的危害也非常明显，极大地削弱了明朝的行政能力，又极大地浪费了明朝的人才储备，特别是在周温时期，明朝政府毫无建树，浪费了最后的力挽狂澜或者续命残喘的机会。周延儒、温体仁是仅有的两位能在明思宗年间比较稳固担任首辅的大臣。温体仁比四钱、周延儒等大部分人的资历都老（钱象坤生于一五六九年，一六○一年选庶吉士；温体仁只比钱象坤小四岁，却比钱象坤早三年任庶吉士；周延儒生于一五九三年，一六一三年会元状元），可因为长期在南京任职，远离中央，所以升迁较慢，威望不高。但温体仁抓住了机会，联合周延儒等人，不仅入阁成功，而且还成功地接连驱逐强敌，两人先后担任首辅，周延儒两次出任首辅，合计担任首辅五年半，温体仁更是连续担任首辅四年。两人主要的手段就是结党和媚上，基本套路就是大力发展羽翼,并与实力派官员交好,同时伺机抓住对方的破绽去刺激明思宗的痛点,比如结党、受贿、阉党余孽,借由明思宗的手铲除对手。由于两人在政务上是一无是处,故而经常被视作是明朝灭亡的重要罪人,因此和胡惟庸、严嵩、马士英合为奸臣传。但是笔者个人认为,党争党争,有党有争才行,不能因为温体仁、周延儒获胜就要承担荒废政务的全部责任。实际上,钱谦益等人的执政能力也不怎么样,且在党争的时候也是不遗余力。

陕北起义

明末农民起义主要发自陕北,有非常明显的三个阶段。第一阶段起自天启崇祯之交在陕北地区非常集中地爆发农民起义、边卒兵变,至崇祯十一年陷入低谷结束。第二阶段起自崇祯十二年(一六三九年),张献忠、李自成再举义旗,各自建立政权,推翻明朝,至清军入关后被清军击破为止。第三阶段则是义军与南明合作,提出反清复明,至一六六四年夔东十三家覆灭为止。

一六二七年七月,白水农民王二、种光道等人,聚集数百灾民起兵。一六二八年十一月(一说七月),府谷百姓王嘉胤起兵。十二月,固原发生兵变。一六二九年正月,郧阳巡抚梁应泽奏请派兵,平定汉南盗匪。三月,三边总督武之望自杀,延绥巡抚杨鹤接任三边总督。

自天启年间起,因西北无战事,边镇士卒非但没有获得过粮饷,反而需要输送三饷,故而只得典当衣服家资,衣不蔽体,食不果腹。同时,陕北接连大旱,屡屡发生饥民抢夺粮仓的情况。此外,为节约经费,明思宗裁撤驿站,导致大量驿卒没有生计。最终,陕西爆发起义并迅速扩大,遍及全陕、三边。武之望本已因年高申请致仕,改任南京闲职,但又因熟悉边事而被调任三边总督,结果无力镇压义军,自杀而死,时年七十七岁。诸臣都不愿前往陕北平乱，故而廷推在西北的杨鹤。明思宗召见杨鹤询问方略，杨鹤认为义军四起原因在于饥荒，表示"剿抚兼施、以抚为主"，很容易平乱。明思宗大喜，从内库调拨十万两白银和藩王捐助的五万两白银、二万石粮食用于平叛。此外，陕西参政洪承畴因平乱有功，改任延绥巡抚。

　　陕北集中爆发起义的原因大致有两点：一是陕北地区持续的旱灾，使得当地原本就非常脆弱的种植业短时间内集中破产；二是明朝对此地的盘剥，特别是明蒙互市后，三边不再是战争前线而逐渐被明朝中央轻视。

　　明末义军的来源主要有三种，除了因天灾人祸而破产的饥民以外，还有生活无着的士卒驿卒和一直脱离官府管控的流民（郧阳地区）。这种构成使得义军规模巨大，而且作战能力极强，能够完成战术配合、战略规划等高难度操作。

　　杨鹤上任后，招抚为主，借助银两粮食，暂时安抚住义军。但是半年之后，由于粮钱耗尽，义军再起。其中，王嘉胤游动作战，攻克府谷。另有一部义军强渡黄河，攻入山西，攻破蒲州、潞安等地。

　　一六三〇年四月，辽东游击将军曹文诏调任延绥东路副总兵，率辽东军平乱。一六三一年六月，曹文诏奏称在阳城击杀王嘉胤。随后，义军推举王自用为首领，号称紫金梁，共分为三十六营。

　　七月，陕西三边总督杨鹤被弹劾抚贼欺饰。八月，许鼎臣为山西巡抚。九月，洪承畴获命总督陕西三边。

　　一六三二年正月，洪承畴奏请留下陕西饷银二十万，用于剿匪劝农，获准。

　　面对流窜作战的义军，朝廷自然而然地想到了自己仅存但是又擅长奔袭作战的辽东铁骑，故而曹文诏率一千人（一说三千）入关作战。曹文诏虽是大同人，但却是辽东参将。此次入关的著名将领，除了曹文诏，还有大名鼎鼎的左良玉。两人的基本分工为曹文诏在陕西四处剿匪，左良玉被划归河南巡抚樊尚璟管理，负责在三省交界阻断义军。

　　杨鹤对陕北农民起义爆发原因的分析说明朝廷对此认识其实很清楚。但是杨鹤的一时招抚以及十几万两银子、两万石粮食，并不足以抵消天灾以及支恢复生产；而且，明朝甚至没有中止对三边的盘剥，故而抚恤结束，义军再起。更要命的是，杨鹤对义军的招抚姑息，使得明军错失了将义军限制在陕西一地的机会，也错失了趁义军各自为战而将其各个击破的时机。经过整编的明末义军，可以称得上是中国古代战术能力最强的义军，足以和很多时期的官军媲美。

诸臣不愿担任三边总督的原因，也是一个很有意思的事情。笔者个人的感觉是因为明思宗既不愿意花钱，又急于平定义军，故而诸臣对三边总督这一要职也敬谢不敏。迅速平叛是君王在遇到大规模农民起义之后的本能希望，一如明神宗对倭寇的态度，只有经历了足够多的挫折、砍了足够多的人头，才能改变观点。

九月，山西义军进逼怀庆（河南沁阳）。十月，明思宗调副总兵左良玉率军两千五百人救援，进驻泽州，扼守河南、山西交通要冲。十二月，宣大总督张宗衡、山西巡抚许鼎臣率军将义军向临县山区（山西吕梁）驱赶，结果义军乘虚北上，进逼太原。许鼎臣被迫北上救援。

一六三三年正月，左良玉在涉县（河北邯郸、三省交界）击败南下义军。二月，许鼎臣、曹文诏等人分驻扎太原东西，进行防御。五月，山西巡抚许鼎臣奏请免除山西历年积欠税赋以及免除未来数年税赋，被明思宗拒绝。六月，左良玉在怀庆大败义军，义军逃入太行山，三十六营联盟盟主紫金梁王自用病死。

在此期间，明思宗任命宦官监军诸军，负责记功过、催粮饷。

即便是靠清理阉党而发家的明思宗，也无法逃脱采用太监监军的宿命。

一六三四年二月，明朝任命延绥巡抚陈奇瑜总督陕西、山西、河南、湖广、四川军务。明朝廷议认为义军在山西、陕西、湖广、河南等地流动作战，各地官军被属地所辖，又相互观望，导致平叛无功，故而设置重臣，统摄诸镇；因为三边总督不可轻动，故而以陈奇瑜为五省总督。

随后，陈奇瑜要求诸镇按策略将义军驱赶至川陕交界。六月，义军被困在兴安车厢峡（陕西安康），又适逢大雨二十天（一说四十天），形势危急，李自成暗中派人行贿陈奇瑜亲信，进而游说陈奇瑜受降。陈奇瑜上当，准许三万六千余义军归降务农，并且为每百名义军配一名安抚官随行。结果，一出峡谷，义军再叛，杀尽安抚官，关中大震。

十一月，总督陈奇瑜削职待审。十二月，洪承畴被任命总督河南、山西、陕西、湖广、保定、真定等处军务，并继续总督三边。

不得不说，明朝的反应不算迟钝，很快就意识到了义军利用各地督抚辖区间隙而流窜作战，故而直接设置五省总督，专事围剿。

陈奇瑜的作战思路其实并无问题，通过协调诸军，将义军聚歼；后来的洪承畴、孙传庭、卢象升、杨昌嗣等人都是凭借这一思路，重创义军。但是陈奇瑜的短板或者说此战所暴露出来的问题是，明军即便是面对叛而降、降而叛的惯犯也不能轻易处置，一旦义军流露降意，明军就很难拒绝，否则就很容易被扣上养寇自重、杀良冒功等罪名。这既可以说是明军主帅本人不够杀伐果决，又可以说是明朝中央特别是言官队伍存在很大问题。

一六三五年正月，义军攻克荥阳。随后，义军在荥阳经过商议，兵分三路，分别进攻六安、凤阳、颍濮。旋即，张献忠率部进攻凤阳，凤阳明军不战自溃，随后义军劫掠三日，挖掘皇陵，转而南下进逼庐州。另有一部义军攻克颍州。此外，李自成留在关中，与洪承畴交战。

与此同时，明朝中央本已决定征调西北边军以及南方士兵七万两千人，调集军饷九十三万六千两，再发内库银二十万两，由洪承畴出关节制诸路，以六月为期，扫平义军，期间令行禁止，一律听从洪承畴，概不中制；但是因为荥阳被克，明朝急命洪承畴东进平叛。结果一部义军趁关中空虚，又入潼关。洪承畴只得一边分兵戍卫西安，一边分兵戍卫山东至徐州沿线以防义军北上。结果，南下义军转而进攻桐城，不利后转而西向麻城，抵达汉口。

二月，明朝中央得知凤阳被克、皇陵被掘，明思宗亲自前往太庙告祭，漕运总督杨一鹏处死，凤阳巡按吴振缨戍边；刚刚镇压吴桥兵变的山东巡抚朱大典为漕运总督兼凤阳巡抚，协助洪承畴协剿。随后，洪承畴奏请四川、湖广、郧阳、漕运、山东、山西、河南、保定南北策应，合围叛军；获准。

五月，经过驱赶，义军基本返回陕西。六月，曹文诏在娄罗寨（甘肃正宁）遇伏，力尽自刎。由此，叛军势力大盛。

令笔者感慨的是，义军所体现出的作战能力令人惊叹。能在官军追击驱赶的情况下，不足半年完成自淮西到陇右的转移，甚至设伏击杀明军精锐的部队，这样的义军已经不是普通的乌合之众了。

凤阳被克的影响实在是太过恶劣和惊骇，毕竟中国古代从未有过朝未灭坟被掘的事情，以至于明朝为此打破剿匪规划，又浪费了一年。不过，荥阳大会的真实性存疑。主要原因有两点。首先，相当数量的明末清初史料并未记载此事，只有极少数史料记载此事，而且自相矛盾之处甚多。其次，以古代中国农民起义军的组织能力而言，很难想象能够制定并坚决执行如此有水准但又充满牺牲精神的作战方略。此外，李自成究竟有没有参加荥阳大会也存疑，笔者个人认为李自成应该并未参与此事，即便存在荥阳大会，其主持也应该以高迎祥、张献忠为主，李自成不过是高迎祥部下而已。

七月，明思宗以湖广巡抚卢象升总理直隶、河南、山东、四川等处军务，统关辽兵，赐尚方剑，便宜行事，端制中原，规定洪承畴剿寇西北，卢象升剿寇东南，如果义军进入陕西，卢象升进兵合击。

洪承畴和卢象升不是普通的带兵文人。洪承畴治军有方，所部骁勇，被称为洪军，而且更为重要的一点在于，洪承畴是明末少数主张全力清剿而且主动杀降的大臣。虽然此举容易遭到非议，但是在当时的历史条件之下，此举是最符合明朝根本利益的举措，因为超出土地负载能力而产生的流民，非但不能创造财富，反而会因为流窜破坏而使得越来越多的地区残破，导致越来越多的百姓破产起义；明朝财政根本无力支持招抚如此数量的流民，而且还需要从地方筹措军需应对东北的辽东战事。所以杀降，特别是将那些反复叛降以及作战能力极强的义军精锐彻底消灭，可以在短时间内取得极佳的效果。

与处于战乱中心的洪承畴不同，卢象升本是大名知府，却主动在己巳之变中进京勤王，从而迅速崛起。相较于成分不明的洪军，卢象升所部号称天雄军，是由大名、广平、顺德等地组建的乡军，因为士卒之间都是同乡、宗族、师生，加之卢象升本人与士卒同甘共苦，故而战力极强。

一六三六年正月，义军数十万人围攻滁州，环山为营，蔓延数百里。卢象升刚刚在凤阳集结诸道，于是派诸军驰援滁州，双方在滁州城下交战。义军大败溃退，明军斩获甚众。义军又进逼凤阳，因朱大典迎击，被迫向西渡河，进逼泗州。随后，闯王高迎祥又会合二十四营义军，进攻徐州，不克，转而向西，进入河南。三月，闯王高迎祥等人率部进入汉中。七月，高迎祥在盩厔黑水峪被陕西巡抚孙传庭伏击俘虏，送往京城凌迟处死。

孙传庭所部号称秦兵（秦军），主要由陕北榆林人构成。榆林世代军堡，本地人只能以军功改变命运，因此在孙传庭整顿之后，也有极强的战力。

九月，因清军攻入京畿劫掠，明思宗任命五省总理卢象升率诸镇救援，改任宣大总督；兵部侍郎王家祯巡抚河南、总理五省军务。原本河南战事渐平，但是卢象升率部一走，义军再起，盘踞郧襄，沿长江而下，沿岸烽火四起。

一六三七年正月，义军进逼桐城。应天巡抚张国维驻扎京口，沿江戒严。二月，左良玉在舒城、六安三战三捷，大败义军。但是左良玉自恃功高，拒绝张国维搜山剿贼，被弹劾革职，杀贼自赎。

三月，正在丁忧的兵部尚书杨嗣昌夺情起复。闰四月，福建巡抚熊文灿任总理五省军务、督剿流寇，王家祯只为河南巡抚。九月，杨嗣昌抵京到任。杨嗣昌认为面对时下乱局，应当攘外必先安内，以四正（陕西、河南、湖广、凤阳）、六隅（延绥、山西、山东、应天、江西、四川）、"十面张网"为战略，全力剿平中原义军，在此期间应当稳住清军。同时，举荐招降郑芝龙的福建巡抚熊文灿接替平乱无功的王家祯，获准。

卢象升一走，王家祯治军无方，导致围剿功败垂成。所以明思宗才会立即换人，任用杨嗣昌。杨嗣昌是杨鹤之子。杨鹤下狱论死后，杨嗣昌三次上奏请辞，以代父罪，结果明思宗将杨鹤改为流放江西袁州，并宽慰杨嗣昌。由此杨嗣昌被明思宗认识并欣赏。

十一月，杨嗣昌命陕西、郧阳、湖广、安庆、凤阳、应天、江西、山东、陕西、保定诸镇扼守要害，截断义军出路，又命总理熊文灿率边军，太监刘元斌率禁军，河南巡抚率左良玉、陈永福等兵合剿中原，限期三个月剿平义军。十二月，禁军在襄阳集结，义军只得全体撤往郧西（湖北十堰）。

一六三八年正月，总兵左良玉在郧西大破义军张献忠部，张献忠顺势归降。

二月，总督洪承畴在梓潼设伏，命川军佯败诱敌，成功大败入川作战的李自成，又派军驱赶尾随，将李自成等义军自川西赶入关中，趋向潼关，又在潼关南原将其围歼，李自成只率十八骑逃出。随后，李自成试图投靠张献忠，结果张献忠先是拒绝，后又打算趁机谋杀。李自成只得投靠在淅川的义军领袖老回回。

十月，郧阳地区的义军罗汝才（外号曹操）向熊文灿投降。但是罗汝才拒绝熊文灿解散胁从的要求，并与接受招抚、屯居谷城的张献忠遥相呼应。

杨嗣昌的策略有一个非常重要的构成要件，即"先寇后虏"。"先寇后虏"，后亦作"联虏平寇"，指的是明朝优先集中力量平定内地义军，然后再考虑解决东北的清朝问题，为了能够优先平定义军，甚至可以向东北的清朝进行让步的整体战略规划。这一战略发起自明思宗中后期，至第一个南明政权弘光覆灭而止；具体而言，应该是在杨嗣昌提出"十面张网"后，逐渐被明思宗确定为基本国策。就当时的情况来看，这一策略非常正确。一是明朝的军力足以在一个战场维持相持的同时在另一个战场上取胜，但是没有能力同时在两个战场取胜，所以必须要有所取舍。二是明朝经济实力远超义军和清朝之和，但是相较于东北京畿一带的明清战争，遍及腹地十省、流窜作战的义军显然对明朝财政、军事乃至统治秩序的危害更大。所以，先寇后虏，理所应当，而且成效极佳。

至此，明末农民起义第一阶段结束。明朝经过短暂失当之后，迅速调整战略，在陈奇瑜、卢象升两任总理初见成效的基础上，兵部尚书杨昌嗣在明思宗的全力支持下，充分利用明朝行政系统优势集中军事力量，全国统一调度，重创各路义军，至少看上去各路义军已经被彻底消灭。

总的来说，这一阶段有几个值得关注的地方。首先，明末义军集合了传统农民军能伸能屈、时降时叛特点的同时，还体现出极强的组织性和战斗力。虽然笔者认为荥阳大会等事件虚构成分较多，但是毫无疑问，明末义军必然经历过多次整编，形成了以高迎祥、罗汝才、张献忠等人组成的相互支援呼应的领导层，在作战时体现出了极强的战略规划和协同作战，时聚时散，或分或合，多次让明军陷入困扰。之所以如此，可能是因为义军多起自陕北，当地常年征战，军事经验丰富，而且其中不乏军户、驿卒等有一定军政经验的人。

其次，明朝之所以能够暂时剿平义军，是因为明朝行政系统尚未瘫痪，而且在短时间内整合出数位军事统帅及劲旅，能够将义军围追堵截、消灭殆尽。面对义军，明朝中央汲取经验教训，一方面授予军事统帅相当大的权力，包括募兵剿匪，从而形成了卢象升的天雄军、孙传庭的秦军、洪承畴的洪军等可与辽东铁骑媲美的劲旅，另一方面又及时设置五省总理乃至由兵部尚书总揽全局，经由陈奇瑜、洪承畴、卢象升、杨嗣昌等人谋划，都先后将义军打击得奄奄一息，要么隐匿山林，要么暂时归顺。

最后，义军对明朝经济的破坏并不严重。虽然第一阶段农民起义自陕北而起，东至安徽，南至汉口，北过冀晋，但是沿途多绕开大城重镇，只有荥阳、凤阳两座中型城市被克，所以义军对沿途经济的破坏有限。而且相较陕北连年干旱，明朝其他地方虽然也遭灾，但是灾情并未如此严重，故而义军在沿途作战过程中，虽然声势浩大，但是能够得到的流民补充有限，所以在偃旗息鼓时，也多是退回到原本就比较动荡的郧阳、南阳地区。

思宗杀相

温体仁卸任后，明朝再无能够稳住明思宗的大臣，故而明朝中央频繁因清军入关、义军四起等因素而出现激烈的政策、人事变动。

一六三八年四月，首辅张至发被罢。六月，刘宇亮为首辅。张至发一切政务都照温体仁的旧例执行，但是能力却有所不足。两人都非常依仗内阁中书黄应恩。当时，杨嗣昌被明思宗信任宠幸，黄应恩趁机巴结，结果惹怒明思宗而被削籍。张至发营救无果，愤而请求致仕，自称三条致仕理由，唯独没有提及患病。结果，明思宗命其回乡调理疾病，时人讥笑为遵旨患病。

张至发内阁阁员主要包括温体仁内阁晚期的一六三六年六月入阁的黄仕俊（一六三八年正月被罢）、贺逢圣（一六三六年三月被罢）、孔贞运（一六三八年六月被罢）以及一六三七年八月入阁的刘宇亮（一六三九年二月被罢）、傅冠（一六三八年八月被罢）、薛国观（一六四〇年六月致仕）。

九月底，清军自墙子岭、青山关毁墙入关（北京密云和河北唐山相交），直接抵达通州，绕过北京至涿州，分为八路，向各方向劫掠；其间，蓟辽总督吴阿衡战死。十一月，清军攻克高阳，孙承宗满门战死。

与此同时，明思宗急召宣大卢象升、洪承畴、孙传庭等人入京勤王，其中以宣大总督卢象升督天下援兵。卢象升主张分兵迎战，但是宣大所部缺员严重，不足两万人，所以辽东监军太监高起潜自恃兵多，不听号令。同时，大学士杨嗣昌和高起潜都发觉明思宗意在议和。于是，首辅刘宇亮主动请求督察军情，明思宗大喜，将总督卢象升革职，命刘宇亮接管军务。但是刘宇亮本意只是前往督察而已，于是又说动明思宗留任卢象升，自为督察、节制各镇，获准。

十二月初三，首辅刘宇亮为督察、节制诸镇；十二日，清军与卢象升在河北巨鹿大战，卢象升力战殉国。期间，高起潜统帅关宁铁骑数万，驻扎鸡泽，不过五十里，拒不支援，直到卢象升全军覆没，旋即高起潜所部溃散，只以身免。同月，明思宗改任洪承畴为蓟辽总督。

一六三九年二月，首辅刘宇亮被罢，薛国观为首辅。卢象升战败后，刘宇亮率军逃至晋州，结果被知州陈弘绪拒绝入城。两人相互弹劾，明思宗因而怀疑刘宇亮。刘宇亮年初抵达天津，督促天津总兵刘光祚无果后，弹劾其拥兵逗留。薛国观、杨嗣昌拟旨在军中处斩刘光祚，结果刘光祚取得武清大捷，刘宇亮又为之表功。明思宗怒刘宇亮言论前后矛盾，将其罢免。

刘宇亮内阁阁员主要包括同时入阁的傅冠（一六三八年八月被罢）、薛国观（一六四〇年六月致仕），以及一六三八年六月入阁的程国祥（一六三九年四月致仕）、杨嗣昌（一六三九年九月督师、一六四一年三月去世）、方逢年（一六三八年十二月闲住）、蔡国用（一六四〇年六月去世）、范复粹（一六四一年五月被罢）。

与此同时，孙传庭正月改任保定总督，七月被捕下狱。孙传庭对义军主张剿尽、对清军态度强硬，故而与偏向招抚的杨嗣昌、高起潜发生冲突。结果，杨嗣昌等人进谗，明思宗因而禁止孙传庭入朝觐见，只慰劳并接见洪承畴。同时，杨嗣昌主张将秦军留京戍卫，调归蓟辽总督洪承畴；孙传庭极为反对，并与杨嗣昌发生冲突，结果孙传庭抑郁以致耳聋。随后，孙传庭改任保定总督，要求入朝觐见，结果又被杨嗣昌阻挠而罢，怒而称聋请辞，被杨嗣昌诬陷推脱，被明思宗下狱待审。

明清战争是明朝灭亡的重要因素之一，但是在笔者看来，其重要性要在党争、明思宗本人、农民起义之后，又因为其内容过于繁杂，故而在本章尽可能略去。为了行文方便，这里简单归纳一下明清战争，特别是清军入塞的三个主要影响。第一是屡次迫使正在围剿义军的明军北上，分散明军军力，多次打乱了明朝平定义军的机会，影响了明朝"先寇后虏"策略的执行。第二是激化明朝君臣矛盾，促使明思宗错杀滥杀。在吴三桂降清以前，清军入塞主要有四次，分别是一六二九年、一六三六年、一六三八年和一六四二年。第一次入塞，致使袁崇焕被杀。第二次入塞，致使卢象升改戍宣大，明朝第二次围剿义军失败。第三次入塞，致使卢象升战死、孙传庭下狱，天雄军和秦兵两支劲旅一灭一残，明军战力大大减弱，使得义军再起。第四次入塞，导致河北山东残破，其他地区空虚，李自成、张献忠迅速坐大。第三是给明朝造成了巨大的财政负担。明朝为了应对东北的明清战争，支付巨额军饷和赏赐，除了要大幅占用其他方面的支出，还要通过三饷等措施筹措经费，进一步加剧了内地农民的反抗和起义。按照崇祯初年户部尚书毕自严和蓟辽督师袁崇焕的算法，大致可以估计出崇祯初年辽东军需各项费用在六百万两上下，按照一般规律，军费只会越涨越多。相较于杨嗣昌十面埋伏不过百余万两的规模，显然是负担甚重。

在多次清军入塞中，第三次清军入塞对明朝的影响最大，可以说是极为致命。一方面，经此一役，明朝不再具备同时应对两场战争的军力。明朝凭借自身巨大的人力物力，一直同时应对东北的明清战争和内地的农民起义战争，甚至在东北屡战屡败的情况下依旧阻止了清军在内地建立根据地，同时还不断取得镇压农民起义的胜利。但是第三次清军入塞中，明朝丧失了两支精锐部队和他们的统帅，再也无力同时应对两面战争，亦无法施展在全国范围内对义军的围剿，只能陷入以己之短攻彼之长的追剿中去。另一方面，明思宗在错失两员大将的同时，还间接结束了崇祯前期将星闪耀的局面，形成了明朝军事决策完全依赖杨嗣昌一人的局面。但是，杨嗣昌为人很有问题，将党争的陋习带入军中，特别是卢象升、孙传庭的下场，难免会让各地军头兔死狐悲，遇事多心；同时，杨嗣昌父子是湖广人而非江浙人，在党争愈演愈烈的明末，很容易沦为浙党和苏党（东林党）冲突的牺牲品。

一六三九年八月，原庶吉士郑鄤被凌迟处死。

明末两场凌迟案，一为袁崇焕，一为郑鄤。简单说，两场案件本身都是冤案。袁崇焕至多是守土不力，但是按照明末的情况，也就是罢官免职，流放戍边，甚至过不了多久就得起复；郑鄤杖母确有其事，但是结合具体情况来看，其继母吴氏虐杀奴婢属实，郑鄤装神弄鬼本意旨在规劝，唯独不该施以杖责。但是，周延儒、温体仁为了争夺并保有首辅之位，再三掀起政潮，以处死袁崇焕迫使钱龙锡下台，又以郑鄤下狱摧毁与东林党关系匪浅的一群人。

至于郑鄤之死，笔者个人认为与温体仁无关，而是黄道周与明思宗、杨嗣昌的冲突所致。黄道周在崇祯初年曾任翰林侍讲学士，在袁崇焕、钱龙锡一案中多次为钱龙锡声援，与明思宗发生冲突而以病归休。几年后，黄道周又被召回京，随后在御前斥责杨嗣昌私下议和，并与袒护杨嗣昌的明思宗发生冲突，暗讽明思宗不分忠佞、混淆正邪，结果被连贬六级。郑鄤之死可能与黄宗周为其申冤求情有关，只是适得其反，被明思宗下令处死。

一六三九年五月，四川巡抚傅宗龙任兵部尚书。九月，兵部尚书杨嗣昌受命督师，出京平定再次反叛的张献忠等人。十二月，傅宗龙下狱。

傅宗龙曾参与平定奢安之乱，立有大功，但旋即因丁忧去职；后在孙承宗举荐下，先后任顺天巡抚、蓟辽总督等，又因小过被免职在家。李自成入川后，傅宗龙起复为四川巡抚，参与"十面张网"；又经杨嗣昌举荐而任兵部尚书。但是，傅宗龙的主张不合明思宗心意，为人也不愿迎合明思宗。结果，蓟辽总督洪承畴与辽东监军太监高起潜围绕团练总兵刘肇基（后与史可法扬州殉城）的任命发生争执，傅宗龙因处置不及时而被明思宗下狱。

一六四〇年正月，宣大总督陈新甲任兵部尚书。

虽然很多材料认为傅宗龙入京为兵部尚书是杨嗣昌举荐的结果，但是从事后情况来看，两人根本谈不上默契甚至多有冲突，所以笔者估计举荐一事即便为真，也是杨嗣昌应对明思宗的多疑而早做的布局，毕竟傅宗龙长期免职在家，朝中根基有限，而且为人比较正派，不屑于迎合明思宗，可以反衬自己。

除了明初情况特殊以外，明朝以举人身份位居六部尚书的只有两人，分别是成化弘治年间的工部尚书贾俊（一四八七年至一四九四年在任）和明末的兵部尚书陈新甲（一六四〇年至一六四二年在任）。之所以陈新甲能位居兵部尚书，原因在于此时军政事务繁忙，重臣都竭力避免，所以才轮到他担任。但是，陈新甲归根结底不过是崇祯年间诸多军镇中的一个，既没有圣眷加持，又没有朋党可依，再加上东北有洪承畴、湖广有杨嗣昌，在兵部的陈新甲显然非常弱势，体现在政局上就是义军愈演愈烈，但是诸镇调度却越来越困难，至于东北，更是一塌糊涂。

一六四〇年六月，首辅薛国观被罢，范复粹为首辅。一六四一年五月，范复粹致仕。八月，薛国观被赐死。九月，周延儒抵京入阁，再为首辅。

薛国观仿效温体仁处事，唆使明思宗严刑峻法，从而保住权势，但是才能操守都不及温体仁，被明思宗有所察觉。同时，明思宗曾感慨大臣贪污受贿，薛国观回应是因为厂卫不得人，吓得东厂太监王德化惊惧不已，从而暗中收集其罪证。此外，薛国观厌恶行人吴昌时，假意许诺给其考评第一，却只任命其为礼部主事。吴昌时极为愤怒，揭发其收受贿赂。结果，薛国观被坐实罪名而罢，吏部尚书傅永淳、南京吏部尚书朱继祚牵连被免。不久，因不断被弹劾揭发，薛国观又被逮捕入京，最终赐死。薛国观被免后，范复粹曾短暂担任首辅，但是屡被御史弹劾，加之洛阳被克、福王被杀而屡屡求去，终于获准。在此期间，明思宗召周延儒、贺逢圣、张至发等人入阁，张至发推辞获准，于是只有周延儒、贺逢圣入京，周延儒再为首辅。

薛国观、范复粹内阁阁员主要包括一六三八年六月入阁的程国祥（一六三九年四月致仕）、杨嗣昌（一六三九年九月督师、一六四一年三月去世）、方逢年（一六三八年十二月闲住）、蔡国用（一六四〇年六月去世）、范复粹（一六四一年五月被罢）以及一六三九年五月入阁的姚明恭（一六四〇年五月被罢）、张四知（一六四二年六月被罢）、魏炤乘（又作魏照乘，一六四二年三月被罢），一六四〇年四月入阁的谢升（一六四二年四月被罢）、陈演（一六四四年二月免，死于甲申之变）。

另有一说，薛国观倒台与纳援有关。薛国观曾提议借钱助军，让明思宗向皇亲国戚借钱作为军饷。恰好武清侯李国瑞庶兄李国臣因兄弟不和，揭发父亲留下家资四十万两都被李国瑞独占，自己愿将应属自己的二十万两捐资助军，明思宗因而将李国瑞下狱，要求其交出四十万两。结果，李国瑞死于狱中，武清侯家被迫交出了四十万两。但是，皇五子朱慈焕突发重病（一说病死），自称被孝定李太后变的九莲菩萨附身，指责明思宗苛待亲属，会绝嗣亡国。明思宗因而退还四十万两白银，同时封李国瑞儿子存善为武清侯（第四代也是最后一代），并因此记恨薛国观。

一六四二年，因明清议和事发，大学士谢升四月被罢，兵部尚书陈新甲七月下狱，九月被杀。陈新甲自任兵部尚书以来，南北交困，为先平民变而遣使大清议和。大学士谢升得知此事后，告知明思宗，从旁劝说明思宗默许此事。

同时，谢升叮嘱言官不要因此闹事，致使议和一事泄露，引起舆论哗然，谢升被弹劾罢职。不久，陈新甲与清朝议和密函被家丁误以为是塘报而公开传抄，结果群情激愤，明思宗下旨斥责陈新甲。陈新甲自辩时不称罪请辞，反而自诩其功，明思宗因而大怒，以坐陷七位亲王被杀、私自议和为名，将陈新甲斩首。首辅周延儒等人营救无果。

结合陈新甲事发被杀以及个人事迹来看，笔者觉得，谢升被弹劾罢官，不排除有自导自演的可能性。毕竟时局艰难，明思宗又不好相处，不如自污去职，还能保全身家性命。后来，谢升归附清朝，为建极殿大学士兼吏部尚书，旋即入内院与诸大学士共理机务，不久去世，可谓荣华富贵。

陈新甲议和很明显不是个人行为。一方面，清军四次入关、袭扰京城，带来的政治影响极为恶劣，作为新晋的兵部尚书，陈新甲必须要优先保证首都安全，在无法通过军事手段实现的情况下，只能进行议和。另一方面，"先寇后虏"几乎已经成了既定国策，明思宗乃至明朝中央都以此展开布置，又有战死的卢象升、狱中的孙传庭做榜样，作为核心部门主官的兵部尚书，陈新甲也只能执行这一策略，努力稳住清朝。

陈新甲被杀的原因也很简单。首先，明朝在处理对外关系时受限于宋朝故事而一向极为强硬，朝野都不能接受任何对番邦蛮夷的妥协和让步，在清流看来，为了剿灭区区蟊贼而要与蛮夷议和，实在是奇耻大辱。其次，清军多次入塞、叩京城而过，使得明朝中央颜面尽失，士绅百姓亦在此过程中损失惨重，提出议和的人必然成为众矢之的。最后，也是最重要的一点，明思宗为人极好面子，但是无论是议和一事还是议和事泄之后陈新甲的自辩，都很让明思宗大失颜面，这甚至可以说是陈新甲被杀的最大原因。

但是，杀陈新甲一事实在是恶劣。无论是坐陷七王被杀还是私自议和，都不是合适的罪名。坐陷七王被杀应该是守城主官填命，而且福王、襄王、徽王等人被杀都是上一年的事情，即便需要负责，也是兼大学士的杨嗣昌，现在重提旧账，实在是借题发挥。至于私自议和，主战主和都是政见，作为兵部尚书有所侧重是很正常的事情，况且陈新甲议和一事，明思宗不但知情而且深度参与，在这种情况下尚且不能保命，谁还敢认真履职？况且，需要兵部尚书填命的是京城被围，偏偏陈新甲是在第三次清军入塞后任兵部尚书，而且在其议和之下，清军即便是在松锦之战大获全胜的情况下也没入关袭扰，确实是议和有功。在此基础上，不禁让人怀疑和猜测陈新甲被杀的真实原因，要么是被明思宗推出来平息舆论，要么就是因为得罪明思宗而罪加一等落得被杀。这让大臣如何自处？只能唯唯诺诺，尸位素餐，躲避要职而已。

一六四二年年底，清朝第四次入关劫掠，周延儒不得已自请视师，但是怯懦不战，只在通州宴乐。一六四三年年初，清军撤走，周延儒表功获得加封，随后被锦衣卫指挥使骆养性揭发。明思宗大怒，下旨彻查。周延儒只得自请戍边，一六四三年五月，明思宗又下旨宽慰，改为罢相免议。但是，礼部主事吴昌时同年任吏部文选主事、署郎中事后不久就被弹劾弄权贪污，被追查时，又涉及周延儒。明思宗亲自审理此案，大肆用刑，以致吴昌时小腿都被打断，但吴昌时不承认此事与周延儒有关。大学士魏藻德是薛国观门人，故而与大学士陈演、锦衣卫骆养性一起攻击周延儒。最终，吴昌时弃市，而周延儒则于十二月在流放途中被赐死。

周延儒第二次内阁成员包括同时起复的贺逢圣（一六四二年六月被罢），薛国观范复粹时期一六三九年五月入阁的张四知（一六四二年六月被罢）、魏炤乘（又作魏照乘，一六四二年三月被罢）、一六四〇年四月入阁的谢升（一六四二年四月被罢）、陈演（一六四四年二月免，死于甲申之变）以及一六四二年六月入阁的蒋德璟（一六四四年三月免）、黄景昉（一六四三年九月致仕）、吴甡（一六四三年五月被罢）。周延儒被罢后，还有五人入阁，即一六四三年五月入阁的魏藻德（死于甲申）、一六四三年十一月入阁的李建泰（一六四四年正月出京督师）、方岳贡（死于甲申）、一六四四年二月入阁的范景文（甲申殉国）、丘瑜（死于甲申）。

虽然周延儒对明亡负有极大责任，但是落得亡国前流放赐死的结局也是颇让人唏嘘。原因很简单，周延儒既无政务能力，也无结党能力，所依赖的无非是自己的二元身份以及此前温体仁的大力支持，这样的人在位，只能尸位素餐，罔恤国事，但由此沦落到流放赐死，有些过分。毕竟，这既不是因罪追责，也不是明正典刑，更像是明朝覆国在即，明思宗滥杀大臣殉葬。

计六奇曾在《明季北略》中总结"上（明思宗）临御以来，诛经略袁崇焕、庶吉士郑鄤、总督杨一鹏、总理熊文灿及兵部尚书陈新甲，赐宰相薛国观与周延儒缢，可谓英断矣。"笔者实在无法理解，计六奇究竟是基于何等的"为尊者讳"的态度，才能给出明思宗英明果断这一结论。袁崇焕、郑鄤是典型的冤杀，薛国观和周延儒罪不至死，陈新甲纯属背锅，只有杨一鹏和熊文灿涉及丢城弃地，算是确有其罪。

笔者个人认为，明思宗在明亡一事上所需负的责任，远大于清军入塞，甚至可与义军四起一较高下，只逊于党争。第一，明思宗始终没有具备一个合格君主所应具备的几种特定的素质。一是明思宗作为一个君主，却存在非常明显且非常容易被人操弄的缺点，而且不止一个缺点。比方说，明思宗极好面子，而且会为维护自己的面子而一意孤行，丝毫不管其他人死活，罢免文震孟是一例（明君执政怎么可能让言官被免为民），抛弃陈新甲是一例，凌迟郑鄤是一例（不然下狱三年无罪释放，实在是丢脸）。又比如，明思宗冲动易怒，而且有好几个不能触碰的痛点，比如不能容忍自己圣名蒙垢，不能容忍大臣贪污，不能容忍大臣离心离德，归根结底就是有着极高的精神洁癖，一旦触碰，就会变得非常冲动和易怒。二是明思宗在很多大是大非问题上一直没有非常清晰的认识、判断和执行力。明思宗犯的致命错误至少有两个。一方面是处理各路军头林立跋扈的局面，最起码应该是拉一派打一派，偏偏除了不冒头的洪承畴，剩下的各路军头都是被打的，甚至多有打死的，这只会让剩下的军头更加注重自保。另一方面是，解决义军和清朝，不能一味围剿，要剿抚并用以及以夷制夷，靠压榨北方得来的三饷根本不足以负担平辽重任，而且与"先寇后虏"战略在根本上是背道而驰。

第二，明思宗在处理君相关系上非常失败。一是明思宗时期内廷几乎彻底失去了对外廷的控制和牵制。虽然宦官并没有随着魏忠贤而彻底垮台，但是在明思宗有意无意的干涉下，东厂明显失去了对官僚集团的威慑力，薛国观甚至都敢当面议论。二是明思宗始终没有建立起自己与官僚集团的合作关系，即除了杨嗣昌以外，明思宗几乎没有任何忠于自己且自己能够绝对信任的大臣，甚至明思宗主动打破明代非翰林不得入阁的潜规则，绕开廷推，直接从重臣中挑选属意人选（如文震孟、张至发）。三是明思宗非但没有将党争控制在一个合理的烈度范围内，而且还沦为了被党争操弄的工具。笔者实在不理解为何明神宗、明光宗、明熹宗三代都作壁上观的情况下，明思宗怎么参与得这么积极，还一而再再而三地被人利用，却自始至终不知变化反思。

即便是在王朝中期，明思宗的这种情况都会对政局造成重创，更何况是在明末政局动荡、风雨飘摇的环境下，根本没有时间给大明修复伤口，存在明显问题和短板的明思宗非但不能促成明朝中央君相精诚团结，反而还会加剧党争和君相冲突，既无法有效地制定应对各种问题的办法和策略，更容易陷入无序甚至南辕北辙当中。

张献忠入川

一六三九年六月，张献忠、罗汝才等义军再次起兵。七月，双方在房县合兵，大败左良玉；熊文灿因而革职留任，左良玉戴罪杀贼。傅宗龙建议以湖广巡抚方孔炤（在镇压义军中几无败绩）接替熊文灿，并建议将五省总督分由湖广、川陕、凤阳安庆三部。但是，杨嗣昌此前赞同熊文灿招降义军、平定民变，张献忠等人再叛后心中难安，于是自请南下平叛。九月，兵部尚书兼大学士杨嗣昌受命督师讨贼，集结十万大军，粮饷二百余万两，并赐尚方剑、督师辅臣银印。十月，杨嗣昌抵达襄阳，将熊文灿逮捕送入京城（次年处死）；又任命左良玉为平贼将军，专门负责对付张献忠。

一六四〇年闰正月，张献忠在枸坪关（陕西安康）被左良玉击败，率部进入四川。二月，张献忠在玛瑙山（四川达州）被平贼将军左良玉大败，斩首万级，精锐俱尽，张献忠只剩千余骁骑，遁走兴州山区。左良玉设连营百里，进行围困。但是张献忠与山中百姓交易，得以休养生息。五月，罗汝才等人因被杨嗣昌围剿，退入四川。六月，张献忠自兴州地区，进入巫山；罗汝才在夔州屡战屡败，又被杨嗣昌拒绝归降，只得转而与张献忠合兵。九月，张献忠、罗汝才攻克大昌，进兵达州，渡河进入巴西。十月，攻克剑州，过剑阁，结果在汉中附近被明军阻击，被迫南下。十二月，攻克泸州，又北上越过成都，抵达绵河。

一六四一年正月，张献忠、罗汝才取道巴州、达州，东进开县（重庆东北），大败明军。之后继续东进。二月，趁襄阳没有防备，张罗率部攻入城中，斩杀襄王。

三月，杨嗣昌在荆州沙市急病而死（一说自杀）。四月，三边总督丁启睿以兵部尚书督师湖广、河南、四川及长江南北诸军，并继续兼任三边总督，率军出潼关平定各地义军。

主动请命出京平叛是杨嗣昌不得已为之的举措。首先，在此时的明朝内外局势下，杨嗣昌对平定张献忠有着十足的把握。其次，面对明思宗的多疑，杨嗣昌主动请命出京平叛，更有利于巩固圣眷，同时还能趁机洗清自己曾参与并同意张献忠此前归降一事（所以熊文灿必死）。但是，事情的发展显然超出了杨嗣昌的想象和控制。

杨嗣昌出京之后，明朝战局急转直下。先是，张献忠在杨嗣昌压境的情况下，虽然屡战屡败，但爆发出惊人的运动战能力，长途流窜湖广川陕诸省，杨嗣昌只能一路尾追，因无法施展"十面张网"而疲于奔命，又被其奇袭襄阳，斩杀襄王。同时，李自成在中原地区再举大旗，三围开封，围点打援，明朝中原七镇兵力被其各个击破，洛阳的福王和钧州徽王被杀。形成这种局面，归根结底在于，杨嗣昌放弃了已经摸索出的平定明末义军的撒手锏，即全国调度、"十面张网"。之所以杨嗣昌放弃这一策略，笔者估计一是因为要防备明思宗猜忌，杨嗣昌不敢稳坐京城指挥调度，只能亲临一线，结果受限于通信条件，难以调度；二是经过卢象升和孙传庭的遭遇后，又有辽东作为示范，诸镇自保已经成了常规操作。结果就是，义军越剿越多，时局越来越乱。

六月，左良玉在南阳地区与张献忠交战。七月，罗汝才因与张献忠发生冲突而率部北上投靠李自成。八月，张献忠也因被左良玉接连击败而被迫北上投奔李自成。但是，张献忠自恃声望高于李自成而心有不甘，两人发生冲突。罗汝才只得让张献忠改投别处。于是，张献忠东进，与老回回、革里眼等义军会合。

一六四二年二月，张献忠攻克亳州。四月，攻克舒城。五月，袭破庐州，随后退军屯驻巢湖。六月，再破庐江，还兵舒城。八月，进攻六安、庐州，又在巢湖练习水军。结果明军派大军来，张献忠接连战败。十月，张献忠率军前往蕲水。十二月，又再次东进，攻克桐城、太湖。

一六四三年正月，张献忠夜袭蕲州。三月，张献忠又攻克黄州，自称西王。五月，张献忠沿江而上，攻破汉阳、武昌；楚王朱华奎被沉江处死，大学士贺逢圣全家自尽。随后，张献忠改称武昌为京城，设置六部五府，铸西王印信，开科取士，授予官职。

六月，明朝命平贼将军左良玉专剿张献忠。八月，明军诸军齐压武昌。张献忠率军南下，先后攻下岳州、长沙、衡州。九月，明军收复岳州。张献忠兵分三路，分派永州、广西全州、江西袁州，结果各地纷纷归降。十一月，张献忠复克岳州。随后，左良玉受命移镇武昌，分兵进攻长沙、袁州。十二月，张献忠遣使通好隶属李自成、占据荆州的老回回。

一六四四年正月，张献忠放弃长沙，取道荆州，率数十万大军进入夔州。六月，张献忠四日攻克重庆，瑞王全家被杀。同时，张献忠将万余壮丁割去耳鼻、斩断一手，赶往各地，表示义军兵至不降则效仿此例。结果蜀中大乱，纷纷归顺。

八月，张献忠攻克成都，称帝，建立大西政权。

在被左良玉所败、李自成所拒后，张献忠通过在淮西积聚力量，又再次西进入蜀，并最终建立大西政权。关于张献忠，最出名的事件莫过于屠蜀。清初完成全国统一后，川中人口相较于明末锐减是事实，传统史家多归罪于张献忠。诸如《明朝纪事本末》《明史》等诸多材料都认为张献忠杀人成性，例如攻城必屠，在成都称帝以后还以开科取士为名，杀死来应试的数千文人，甚至纵兵杀人以致蜀中无人。近年来也多有为张献忠平反的观点，认为张献忠在一六四六年就已去世，但是清军却在四川作战至一六五九年，可见反抗持久及激烈，又如张献忠虽然不似李自成提出"均田免粮"等极具号召性的口号，但是从其长途奔袭、两次入川并建立政权来看，显然获得了沿途百姓的支持。

李自成称帝

一六三九年年中，李自成响应张献忠起兵，在陕西复出。九月，李自成在函谷被秦兵大破，但因总督郑崇俭主张围师必缺，伺机围歼，结果明军诸军不受管控，李自成侥幸逃至郧阳，转投河南，重整旗鼓。年底，李自成接连攻克宜阳、永宁、偃师，提出"均田免粮"，收服人心，附近百姓纷纷归附。

"均田免粮"的口号在当时极具吸引力，亦因此成为中国古代知名度很高的口号。

一六四一年正月，李自成攻克洛阳，烹杀福王朱常洵。二月，李自成撤离洛阳，转攻开封，但因明军坚守而撤走。与此同时，正在南方围剿张献忠的明朝督师杨嗣昌因洛阳沦陷、福王被杀、民变愈演愈烈，急火攻心而死（一说自杀）。

九月，李自成取得项城大胜。刚刚被明思宗释放出狱的原兵部尚书、新任三边总督傅宗龙与保定总督杨文岳在新蔡合兵，进逼项城。李自成在林中设伏，趁官军劳师远来，正在休息之际，派军突袭。明军两部溃散，傅宗龙被俘杀。

随后，新任明朝督师丁启睿自商城（河南信阳）出发，命左良玉率军围攻李自成；杨文岳也在陈州整顿兵马。十月，左良玉攻克义军所占的临颍并屠城，李自成因而大怒来攻，左良玉退守郾城。

十一月，陕西巡抚汪乔年率军三万出关支援，结果李自成从郾城撤军，进攻汪乔年，将其大败俘杀。十二月，李自成接连攻克禹州（河南许昌），俘杀徽王（明英宗第九子后人），然后，第二次围攻开封。

一六四二年正月，李自成因攻城不利而撤去；同时，明思宗起复狱中的孙传庭为陕西总督。

三月，李自成、罗汝才集中八十万大军，攻克陈州并屠城。四月，再至开封，围而不攻，困城以待。

七月，李自成取得朱仙桥大捷。开封被围告急，督师丁启睿会合保定总督杨文岳、左良玉等军屯兵朱仙镇，与义军对垒。丁启睿要求诸军进剿，结果各镇主将拖延塞责，左良玉直接率部撤往襄阳，诸军纷纷效仿撤军，引发明军混乱，丁启睿、杨文岳只得逃往汝宁（河南驻马店），所部纷纷归降义军。明思宗因而将丁启睿下狱，杨文岳革职听勘。

九月，柿园之役爆发，孙传庭所部损失惨重。本月月初，明军掘开黄河，水浸义军，迫使李自成解除对开封的包围，转向南阳地区。但是官军也损失惨重。安徽地区的义军老回回、革里眼、左金王率部与李自成在南阳一带会合。孙传庭率军出关后，追至南阳，与李自成交战。李自成丢弃财物、佯败诱敌。此时，秦兵后勤补给匮乏，将士一面哄抢财物，一面采食柿子充饥，加之天寒地冻，士气低落，李自成趁机反击，明军大败。

十月，李自成攻克南阳并屠城。闰十一月，进攻汝宁（河南驻马店），俘杀保定总督杨文岳；随后转攻襄阳。

三攻开封是古代战争中非常经典的围点打援战例。颇具讽刺意味的是，李自成通过三攻开封，将前来支援的明朝中原各镇各个击破，但是开封城却始终未克。

一六四三年正月，李自成围攻承天府（湖北钟祥），知府开门归降；随后义军进逼汉阳，左良玉撤至芜湖。

二月，李自成兼并革里眼贺一龙、左金王贺锦两部。四月，又火并罗汝才所部。

老回回马守应因甘愿位居李自成之下，故而继续留守荆州，得以善终（一六四四年春病故）。由此，群雄并起的明末义军就只剩下张献忠、李自成两部。

五月，李自成派军攻打郧阳，被孙传庭派军救援击退。六月，孙传庭升为兵部尚书，总制应、凤、江、皖、豫、楚、川、黔剿寇军务，继续总制三边，铸督师七省之印。七月，李自成率主力前往河南。李自成本意占据荆州，建立政权，但是听闻孙传庭出关将至，故而自率精锐前往河南，进行迎击。八月，孙传庭在明思宗催促下，出潼关，主攻河南李自成；左良玉出九江，四川总兵秦翼明出商洛，配合夹击。

九月，汝州之战爆发，孙传庭惨败。李自成派军佯败，使得孙传庭接连取胜，直抵汝州，攻破郏县（河南平顶山）。但是，孙传庭粮草不济，军需不足，只得向四周征调。李自成趁机派军袭扰截断粮道，又鼓动百姓与明军作对。结果，明军一部在汝州哗变，孙传庭只好将所部一分为三，由白广恩、高杰、陈永福率领，分兵解决粮饷问题。李自成趁机进攻孙传庭、陈永福，结果白广恩直接率部撤走，高杰损失惨重。随后，孙传庭伺机前往南阳筹措军需，但是陈永福随即弃城。李自成追击，双方在南阳再战，孙传庭大败，损失四万余人，只得退回潼关。在此期间，左良玉、秦翼明按兵不动。

十月，李自成率军进攻潼关，白广恩、陈永福投降；李自成又在渭南围攻孙传庭，孙传庭战死。随后，义军攻占西安等地。

一六四四年正月，李自成在西安称帝，定都西安，国号大顺，改元永昌。随后，下令东征北京。

孙传庭的死是压倒明朝的最后一根稻草，《明史》评价：孙传庭死则明亡矣。

相较于张献忠，李自成对明朝的损害更为严重。首先，相较于张献忠采用长途流窜的方式应对杨嗣昌的追剿，李自成围城打援的方式无疑消灭了更多的明军，使得明朝的军事力量急速下降，甚至在清军第四次入塞时都无法组织像样的抵抗。其次，李自成作战区域集中在关中和河南，这是明朝非常重要的财税来源地，也是人口富集的地区，长时期的战争状态以及在"均田免粮"的号召下，大量农民加入义军，使得李自成可以频繁在短时间内集起数十万大军作战，增强军力的同时也破坏了明朝对这里的统治。最后，李自成长期在中原地区作战，再加上清军入塞劫掠山东，变相切断了明朝中央最重要的财税来源江浙地区与中央的联系，明朝中央的财政情况急剧恶化。

崇祯殉国

一六四四年正月，李自成发动东征。二月初二，渡过黄河，攻克汾州等地；初五，进攻太原，三日城降；十六日，忻州归降。总兵周遇吉坚守代州，后退守宁武关，大战十余日，最终力竭而死，但义军也损失惨重。二十九日，明朝首辅陈演称病求免获准。三月初一，李自成攻克宁武关（山西忻州）；大同总兵姜瓖、宣府总兵王承胤投降。十一日，义军抵达宣府，举城欢庆。

简直是势如破竹。

三月一日，明思宗召兵部尚书张国维、庶吉士史可程、进士朱长治、陈州诸生张鑨议政。张鑨提出请太子监国南京。无果。初二，大学士李建泰奏请南迁，愿奉太子先行。明思宗又向阁臣询问，表示李建泰建议南迁，但是国君死社稷，自己应当何去何从。大学士范景文、左都御史李邦华、少詹事项煜奏请先奉太子抚军江南，但是兵科给事中光时亨大声斥责诸臣意欲仿效唐肃宗自立为帝。范景文等人不再敢言。明思宗又问战守之策，众臣默然，明思宗感叹朕非亡国之君，诸臣尽亡国之臣尔。首辅蒋德璟称病求免获准。此后，再有大臣提出南迁，明思宗都表示死守京城。

第十章 崇祯殉国

明朝中央在北京城破之前，确实如诸多历史情景一样，明确提出过迁都之议，但却未能成行。传统史家习惯上对此事避而不谈，民间观点则认为是明思宗本人出于面子问题而不愿主动谈及此事，大臣有鉴于陈新甲的遭遇而装聋作哑，结果君臣殉国。笔者个人的看法是，明思宗对此事负有极大责任，因为在已有倡议太子南下的情况下，明思宗完全可以借题发挥，安排南迁，而不是故作姿态，把话说绝。但是，明朝大臣即便是没有陈新甲的前车之鉴，也不会提出迁都。原因很简单，即便此时明朝形势危如累卵，但是首倡南迁之人一定会落得万劫不复，考虑到此时明朝大臣的节操，很难再有此种奋不顾身之人。

十五日，居庸关不战而降。十七日，义军抵达西直门；当夜，太监曹化淳打开广宁门（即广安门，北京城西南），放入义军。十八日，李自成遣被俘太监杜勋议和，要求明朝割让西北给李自成自行统治并犒赏百万，既不奉诏也不觐见，如此则可以协助明朝剿平义军，征战东北，被拒。

十八日晚，明思宗先赐死皇后周氏等人，砍伤皇女，随后煤山自缢，王承恩从死。衣上留下遗书："朕凉德藐躬，上干天咎，然皆诸臣误朕。朕死无面目见祖宗，自去冠冕，以发覆面。任贼分裂，无伤百姓一人。"

十九日，李自成自德胜门，经承天门，进入大内。随后，李自成下诏将明思宗礼葬，又封太子朱慈烺为宋王。

在此期间，大学士兼工部尚书范景文、户部尚书兼侍读学士倪元璐、左都御史李邦华、左副都御史施邦曜、大理寺卿凌义渠等人自尽殉国；大学士陈演、魏藻德、方岳贡、丘瑜等人则被义军所杀。

以上细节合并自《明史》和《明朝纪事本末》，究其根源，大致来自钱士馨在一六五三年前后所著的《甲申传信录》，很难说有很高的信度。虽然明思宗殉国一事的知名度极高，但是除了殉国自尽一事以外，几乎所有的细节都存在争议，原因很简单，北京在短短半年时间内就经历了大顺入京和清朝入关两次改朝换代，再加上对官员队伍的清洗，缺少足够信度的史料。具体有争议的地方有很多。一是明思宗是否留下遗书。虽然明思宗在衣服中留下遗诏，但是实际上主流观点对此事存疑，一般在讨论明代遗诏时也多以明熹宗为止。二是明朝京城为何没有组织像样的抵抗。传统史家或者习惯上将大顺自东征开始一路顺风归结为明朝诸镇望风而降，但是近年来有观点认为是因为此时华北地区爆发鼠疫，导致京营减员严重，以至于无力抵抗。三是北京城破之前，明顺之间究竟有没有议和，进展到何种程度。因为史料缺失以及当事人的刻意回避，一般都认为双方曾进行过接触，但是因要求差距过大而破裂。

此外，关于李自成议和条件另有说法。最主要的是计六奇《明季北略》、谈迁《国榷》的记载，李自成释放太监杜勋，在大内"盛称贼众强盛，锋不可当，皇上可自为计，遂进琴弦及绫帨"，同行的被俘守陵太监申芝秀"备述贼犯上不道语，请逊位"。笔者认为这种说法极有可能为真。因为以当时的形势来看，北京必破无疑，甚至可以说是已经被破，李自成自然可能提出要求明思宗自裁或是逊位的要求（亦即宣告明朝灭亡）。结合到李自成所部的阶级性和革命性，这种要求简直可以说是必然，而且在当时的视角来看，东北的清朝并非李自成或者明朝的主要竞争对手。

但是，笔者个人依旧倾向于西北分王。按照清朝徐鼒《小腆纪年附考》的记载，李自成提出的议和条件是"议割西北一带分国王并犒赏军百万，退守河南；闯既受封，愿为朝廷内遏群寇，尤能以劲兵助剿辽藩，但不奉诏与觐耳"。后世通常简称为西北封王。但是笔者认为"分国王"不是分封王国、王爵的意思，而应该是独立建国并进行统治。考虑到大顺刚刚建国，又在短短半年时间内接收招降了明朝太多的叛臣叛将叛军，基本盘已经被严重稀释，李自成见好就收但又对明朝中央而言非常沉重的议和条件，也符合其一向油滑机动的风格。

归根结底，判断西北分王和思宗退位哪种说法基本符合史实或者说更接近史实，是一件非常困难的事情。因为按照主张西北分王的史料，如《甲申传信录》，李自成是有议和诚意而无坚决攻城意愿，不然李自成不应只在北京西侧驻扎，给明思宗从东面走通州逃出升天的机会，但是按照明思宗退位的史料，如《明季北略》和《国榷》，则很容易看出李自成对攻克北京信心满满，所谓议和不过是戏弄大明君臣而已。两种观点都有非常完备的合理性，但是又不统一，故而难以判断，甚至也非常有可能两种观点都是错误的。

二十七日，大顺军开始考掠明朝官员，规定捐资助饷额度。明思宗年初命勋贵捐资助饷，为此特派太监徐高劝说国丈、嘉定伯周奎作为表率。周奎起先拒绝，经不住徐高泣谕再三，只得捐出一万两。明思宗认为太少，勒令其交出两万两。结果周奎向皇后求助，皇后私出五千两，命其足额缴纳，结果周奎贪污两千两，仅仅交出三千两。结果义军入京之后，开始勒令官员赎家并大肆抄家，即"中堂十万，部院京堂锦衣七万或五万三万，道科吏部五万三万，翰林三万二万一万，部属而下则各以千计"。其中，周奎被抄家抄出银五十二万，珍币数十万。许多大臣受刑不过而死，有一千六百余人。

四月，大顺进攻山海关。二十二日，大顺军与山海关守将吴三桂交战，结果被清军与吴三桂夹击大败。随后，大顺军撤回北京。二十九日，李自成在北京称帝；次日，撤出北京。

从现有史料来看，李自成东征时并未料到能攻破京师，灭亡大明，之所以有东征，更像是新政权彰显实力，进而逼迫大明进行更大程度的让步。结果意料之外地一路攻入京城。更让人意料之外的是，短短一个月之后，大顺军就非常狼狈地从京师败走。对此有很多种解释。其中最为流行的观点是大顺军在非常短暂的时间内就彻底堕落成腐朽落后的封建地主阶级，与明朝官僚集团同流合污，结果被掌握了先进生产力的少数民族政权清朝勾结边军势力吴三桂击败。笔者不想讨论大顺政权有没有在如此短的时间内完成阶级蜕变，也不想讨论清朝是否是先进生产力或者先进阶级的代表，只想说，大顺军毫无疑问地没有与明朝官僚集团同流合污，原因很简单，明末官僚集团已经烂透了，这是一种发自灵魂深处的、深入骨髓的腐败，已经堕落到毫无挽救可能的地步，其底线之低劣，大顺政权就是想如此堕落也不可能。

传统史家以及学界都习惯将崇祯殉国作为明朝灭亡的标志，但是也一直有观点认为明朝的下限应当放至一六六二年吴三桂在昆明杀永历帝，或者一六八三年清军攻灭台湾明郑政权。笔者个人的看法是，明朝灭亡以一六四四年崇祯殉国为宜。理由有三。首先，认定一个王朝覆灭的最重要指标就是中央政府的存亡，明朝中央政府因崇祯殉国而彻底覆灭，所以明朝以此为节点，没有任何问题。其次，南明虽然继续以大明为旗号，而且明朝实行两都制，南京有相对完备的行政机器,但是在中央政府覆灭的情况下,再立中央。最后,虽然第一个南明政权即位的福王朱由崧确实是当时除了下落不明的明思宗子嗣以外第一皇位继承人,但是他没有获得来自中央政府的认可。所以在这种情况之下,南明如同东汉、东晋、南宋,被视作新的政权,非常恰当;而且由于南明政权持续时间太短,又是若干个相对独立的政权,因此也就无法与大明并称。

明朝灭亡可以非常简单地归纳为党争不断、义军四起、崇祯低能、清军入塞四点原因,具体的分析已经分散在本章对应的节上。所以,笔者在这里想从另外的几个角度更深层次地分析评价明朝。

首先,笔者认为,在不考虑近代以来外部科技输入影响的情况下,明代后期已经趋于中国古代生产力水平的极限。具体而言,古代社会科技发展在明朝中后期陷入停滞,明代的粮食亩产和人口总数达到东亚季风区的极限。按照吴慧等人的研究,只有清代亩产(367斤)略高于明代(亩产346斤),但是其中16.8斤来自双季稻、玉米和甘薯等新的粮食作物;如果不考虑这些情况,明清亩产近乎相同。而且,历代以来一直有史家认为明朝人口被严重低估和漏报,目前比较主流的观点都认为明朝人口在天启年间达到一亿六千万人的最高点,为历代最高。清朝之所以能够突破这一大关,并再次在道光年间达到四亿人的新上线,主要原因也是新作物的引进以及围绕新作物进行的新一轮土地开垦。

同时,在笔者看来,明朝应对周边政权挑战这一方面,已经做得非常优秀。到了明朝晚期,在中原地区达到生产力水平极限的同时,周围政权实际上基本上也都进入了成熟期或者瓶颈期,例如,朝鲜进入了八百年李氏王朝,越老柬三国已经基本形成等,华夷之间的科技和文明差距前所未有的小。但是,即便是在这种情况下,明朝依旧保有了东亚暖温带亚热带季风区全境,并且在对外态度极为强硬的情况下,长期将战火控制在长城以外。实际上,虽然后世经常将明清并称,并且强调明清战争对明亡的重要影响,但是在笔者看来,即便是政治上鼠目寸光、财政上捉襟见肘的天启崇祯两朝,在应对明清战争上也尚有余力,甚至可以说,如若不是明朝此时已经病入膏肓,后金政权早就被明朝攻灭。

而且,明代制度虽然弊端多多,却也是古代中国在制度探索上最后一次也是最深入的一次尝试。古代中国的制度设计基本上都是围绕巩固国家统一、提高行政效率、平衡君相关系这几点展开，尽可能地取得最大公约数。明代的做法主要包括这几点。一是抛弃了晚唐两宋以来层出不穷的使职以及历史更久的散官系统，中央行政系统甚至简化到以内阁、六部为核心，大小九卿就足以概括朝中职务的地步，同时限制了出仕途径，使得明朝官员无论是来源还是数量规模上都非常有限，以规模较少的官僚队伍来解决冗官、冗员问题。二是从制度上最大限度地捍卫皇帝对君权的控制，在明代制度之下，外戚、宗室几乎绝迹于明代政治活动，宦官也无法脱离皇帝的庇护，使得明代皇帝地位极为稳固，丝毫不用担心篡位夺权问题，但是又防止君权过于强大，以免朝政因皇帝个人素质而出现大幅起落。三是在加强对地方的控制上，明代恢复了汉代行政、军事、监察三套系统并行的机构设置，又将行政区划恢复到近似汉唐的十三个，并增设了贵州，从事后的实践来看，这种制度设计无疑是诸多制度设计中最高效的。但是，在设置军屯制度、取消中央财政这两方面，明代的做法极为失败。

此外，明代党争是古代中国的顶峰。明代制度决定了明朝君权在君相关系中的弱势地位：一方面宗室和外戚被排除在政治活动之外，另一方面又有祖宗制度高悬于皇帝本人头上。同时胡李大案、靖难之役、土木堡之变，使得明代勋贵集团屡遭打击。在此种情况下，明代的主要政治力量或政治形势完全可以简化成抱团取暖的皇帝和宦官被寒门出身的文官集团打得节节败退。同时，明代又是古代中国少有的外部压力较小的政权，在固守长城九边防线的情况下，也只有也先、俺答两人可以到京城耀武扬威。所以在这种情况下，明朝大臣毫无意外地掀起了一次又一次的政斗高潮，无论是在规模上、组织上、烈度上，都一次又一次刷新纪录和底线。而且，明代政斗是古往今来少有的弃政务于不顾的党争，这也是明朝作为一个政权灭亡的最重要原因。若非党争，明朝至少能够在人口到达峰值后，坚持两三代人才走向崩溃，而非抵达高点后旋即骤降。

结 语

在完成对明史的整理分析后,笔者想在这里尝试回答一下两个很难回避的问题。

一个是中国古代是否存在历史循环。笔者个人的看法是,秦汉以后,中国古代社会形态基本定型为基于小农经济的大一统帝国,虽然历代政权都在总结经验教训的基础上进行改进,但是由于内生矛盾无法克服,每一个政权都会陷入周而复始的崩溃与统一。这个内生矛盾就在于,按照家天下的皇帝选拔模式,不会一直选出合适的皇帝,所以统治秩序一定会趋于崩坏,崩坏之后便是改朝换代,毕竟古代中国不像西方如此强调血统。与此同时,古代中原政权始终面临着周边少数民族政权的挑战和入侵。社会生产模式的区别导致了中原政权往往处于守势,而且也是受限于农耕的生产模式以及短时间内的财政收支,中原政权即便一时击败了周边政权,也不会长期占有,但是周边政权则恰恰相反,特别是出现气候变化迫使北方游牧民族南下的时候,也往往是中原政权最为脆弱的时候,由此就会发生改朝换代或者某种角度下的半壁沦陷。这两种情况其实就是中国古代大一统帝国面临的两个挑战,但也是两个无法解决的永恒挑战。拜倒在这两个永恒挑战前的过程,就是所谓的中国古代的历史循环。只要家天下不变,中国古代的任何一个政权,都会不可避免地面临改朝换代的危机。当然,也不是每一个政权都有机会面临改朝换代,很有可能早早地就在周边政权的围攻之下,走向灭亡。

另一个问题是,古代中国有没有可能缓慢地进入近代文明。所谓进入近代文明,一般指的是政治上资产阶级登上历史舞台并成为统治阶级,经济上商品经济逐渐取代自然经济成为主流,归根结底还是因为生产力取得了长足的进步和飞跃。近现代以来，中国史学界主流意见默认了古代中国至少在明朝中后期已经在江南地区出现了资本主义萌芽，并一直到鸦片战争后中国逐渐沦为半封建半殖民地社会而被打断（少数观点认为不能称为打断，而是另一种形式的发展或者继承），亦认为如果没有鸦片战争等外部因素导致中国进入近现代史阶段，中国完全有可能独立自主地发展出资本主义并进入近代社会。

但笔者个人认为，至少到晚清鸦片战争前期，没有任何迹象显示，古代中国有可能进入近代社会。首先，从最直观的观察来看，自明朝中期到清朝中期，二三百年的时间内，即便是在有高产作物、新型工具等外部因素输入的情况下，中国的生产力发展速度依旧缓慢得近乎停滞，距离进入近代社会的基本门槛实在是太过遥远。

其次，从社会组织模式来讲，古代中国也不具备主动向近代社会转型的条件。世界各国主动进入近代社会的方式其实只有两种。一种是商业资本主义的北意大利、尼德兰的纯粹的商业资本主义模式，这种模式前提条件很多，比如发展自耕经济条件有限、政权规模较小或是王权宽松、地理上有着非常优越的发展商业贸易的条件（地中海和西欧水陆要冲）、周边存在体量巨大但是相对落后的广阔市场（西班牙等）。但是北意大利和尼德兰的商业资本主义存在先天不足（比方说人少），也不具备普适性，所以直到英国兴起第一次工业革命之前，也只有这两个地方凭此进入近代社会，此外再无后继。另一种模式是以资本主义工商业为基础的英国模式。相对而言，英国模式不仅仅是商品交易，还强调商品生产，而且形成了强大的工商业资产阶级和新兴地主，并在王权相对弱势的历史环境下，实现了资产阶级专政，即英国资产阶级革命。古代中国显然不具备以上两种模式所需的必要条件。自秦汉以来，古代中国就是一个极其强调中央集权的大一统帝国，在生产力相对落后的情况下，商业确实没有拉动经济增长和刺激消费的能力，况且整个东亚季风区最富庶的政权恰恰就是经济体量最大的中国。在这种情况下，古代中国显然不会自发或者主动转变为资本主义政权或者进行相应改革，而且长期存在的低水平的小农经济也难有足够的多余产品用于促进商业大发展。

最后，从科技发展的角度来讲，古代中国也不具备以生产力飞跃来实现社会转型的可能。资本主义工商业政权先在英国建立，再在北美殖民地（美国）

和法国建立，然后才在其他地区建立，不完全是一个偶然事件。最先爆发（工商业）资产阶级革命的国家是英国而不是西班牙、葡萄牙的原因在于，英国的集权程度远逊于西班牙，王权相对工商业资产阶级力量有限，且英国远离欧洲大陆，不易引来周边国家特别是法国的干涉。随后爆发资产阶级革命的是美国和法国的原因，其实也很简单，因为发自英国的工业革命，促使工场手工业向机器大生产过渡，大大拉开了工业和农业的产能差距。工业革命发源自英国也不是偶然事件，因为英国拥有即便是放眼全球也非常优越的煤、铁资源以及便利的运输条件即水路；之所以在英国之后，建立资本主义政权的是美国和法国，也是这个原因（五大湖区和中央高原、洛林－萨尔地区），工商业资产阶级通过工业革命迅速积累力量，才能推翻宗主国或封建政权。即便是今日，具有一定体量的国家的工业化道路往往也是以煤铁资源组合为基础。但在古代中国稳定控制的疆域之内，铁矿资源数量少、品位低、分布分散，再加上缺少足够的优质煤炭作为燃料，远途陆路运输对国家财政造成的灾难性负担，所以即便是在有吹灰法等极其先进的古代技术的帮助下，古代中国也不足以生产足够多的能够带动社会生产力水平明显提高的生产工具，进而无法以生产力的飞跃带动生产关系的飞跃。

所以在笔者看来，以人类现有的知识和经验来看，古代中国是无法凭借自身发展进入近代社会的。除非古代中国人在另一个平行于晚清以后的没有西方列强入侵的时空中，发现了能够依托土地、季风、人口等东亚季风区相对富裕的资源实现商品生产或者推动生产力飞跃的发展方式，亦即发展出一种完全不同于当今社会的发展模式。

本书有一个很早就被提出且贯穿始终的概念，即君相关系。所谓君相关系，指的是君权（对国家的所有权以及名义上的最高决策权）和相权（君主出让给官僚集团的所有权力）之间的关系。习惯上认为古代中国的君相关系的发展趋势是君强臣弱，即君主专制不断加强。但是本书的观点略有区别，因为本书将相权划分成了广义相权（整个官僚集团的全部权力）和狭义相权（官僚集团特别是宰相负责的行政权）。故而在笔者看来，古代中国君相关系的发展趋势是，广义相权越来越强而狭义相权越来越弱。

结　语

　　之所以笔者十分看重并始终强调维系君相关系，是因为维持这一关系是维系国家机器进行有效统治的基础。面对疆域如此广阔、国情如此复杂的古代中国，君主只能依靠官僚集团间接管理国家，所以君主必须要让出一定权力给官僚集团，这就是君相二权存在的必然性。但是，君权的出发点在于保证君主对国家的所有，相权则是维持国家机器的正常运转，这两者很容易发生冲突，尤其集中在国家最高决策权的归属以及对财富的支配使用上，前者如君主对宰相一职的极端厌恶但是宰相却不断改头换面，以尚书令、同中书门下平章事、内阁首辅等形态复生，后者如君主想要挥金如土却被大臣以浪费国帑为由反对。由于进入大一统以来，相权的内部竞争压力极大，往往只有首相而无独相，而且一旦有人流露出篡位野心，很容易被其他竞争者在皇帝的支持下以勤王的名义打倒，所以古代中国的君相关系，除了合作就是破裂，没有取而代之的可能。但是维持君相关系看似简单，却很容易在各种矛盾叠加之下迅速激化，如宗室外戚宦官之间的各种流血冲突、王朝中期的政治改革、与边疆政权长期交战，使得越来越多的人放弃为君主服务的机会，如归隐山林、设坛教书等。当为君主服务的人数少到不足以组织起有效管理整个国家的官僚集团时，即君相关系破裂，这样的政权坚持不了几年就会灭亡。

　　至于君权内斗对政局的影响，一般都很小，上升不到动摇国本的程度。一是因为相权一般不会参与君权内斗，而君权内斗也往往不需要争取君权。受教于儒家教育的影响，官僚集团对君权拥有者其实有着鲜明的倾向，重要性依次为当朝皇帝、大行皇帝（及其生前所立太子）、太后（及其所支持的嗣君）、其他皇嗣，而且会积极反对试图篡位的宗室，至于外戚和宦官，更是反感倍增。二是君权内斗，无外乎宦官专权、外戚干政、宗室篡位三种形式，一般情况下，皇帝、宦官、外戚、宗室都聚集京师，彼此的冲突争夺往往围绕皇帝宠信和自身的合法性展开，相权的积极参与反而容易引起皇帝反感，从而功败垂成。所以，历代经常出现各方力量围绕皇位争斗不已，但是行政机构正常运转的诡异局面，如八王之乱中贾南风执政阶段。

　　不过，君相内斗存在一种情况，即朝中出现了一股具备身兼君相可能的政治力量；对这股力量处理不当就会动摇国本。虽然在中国古代的绝大多数情况下，参与争夺君权的宗室、外戚、宦官和参与争夺相权的勋贵、豪强、寒门并无太多深度交叉，但也存在一些例外。例如，两汉中后期的国舅和唐初的秦王李世民就分别身兼外戚和豪强、宗室和勋贵。这种政治力量一旦出现，就会遭到君主和官僚集团的双重打压，因为这种政治力量动辄就会促成改朝换代，危害远甚于历代大防的内外勾结。所以，这些政治力量的选择无非两种，一种是强力人物去世后举族覆没，如西汉的霍光家族、东汉的后族；另一种就是铤而走险放手一搏，如初唐的李世民。

在本书的最后，笔者聊一个学界不会深入讨论但是笔者以及很多非专业人士都非常感兴趣的话题，即偶然性对历史的影响。笔者个人的看法是，偶然性对历史的影响很大。从宏观方面讲，偶然性限定了整个社会形态以及发展程度。例如资源分布、地理地利、自然灾害、物种分布等各种先天条件，对具体文明而言，都近乎随机事件，但却极大地甚至是从根本上塑造了社会形态。除了古代中国受限于煤铁资源组合而被阻挡在近代文明以外，中南美洲各种文明因为没有能够负重的大牲畜而甚至连全境开发都做不到，所以从某种意义上讲，英国真是有些天命所归的意味，虽然在封建时代屡遭来自欧陆的压迫和入侵，但熬到建立民族国家后，迅速完成飞跃，率先进入近代社会，开启了人类近现代史的篇章。从微观方面讲，偶然性可以翻转几乎所有的历史事件，但是分析时却经常被忽视。首先，在展开对具体历史事件的分析时，有很多偶然事件被视作是精心策划的结果。比方说，笔者个人认为虽然从长期来看，儒家更容易被树立为社会正统思想，但是汉武帝采纳董仲舒的政策，在笔者看来，显然是为了清除窦太后的政治影响而刻意为之，更像是偶然事件。其次，很多偶然事件被有意无意地忽视掉了。最常见的就是家奴告密，其次是天气异常。比方说汉高祖在外征讨诸侯王的时候，韩信就被家奴告发谋反而被吕后萧何设计杀死。但是后世在分析韩信之死的时候，几乎都会忽略的这个极为重要的偶发事件。又比方说靖难之役中，三场莫名其妙但是确实扭转战局的大风。第三，如果历史事件被偶然因素给翻转了，那这个历史事件往往会被严重低估或者一笔带过，或者这个偶然因素会被过分拔高以至于成为核心因素。前者比较适合的例子是京师保卫战，明朝的命运因于谦一人而得以改变，但历代史家至多在土木堡之变上多加几句笔墨，对京师保卫战却一笔带过；后者比较适合的例子则是天下三分，几乎所有的三国史研究者都默认了一个前提，即四川极易产生割据势力。但是，三分天下最核心的成因在于刘备集团是即便放眼整个古代中国也是水准一流的军事集团，在建立了相对稳固的根据地之后，迸发出了极大的能量，才阻断了曹操统一全国的进程，不然赤壁之战后的南郡之战、关中之战、汉中之战，都是曹操统一的好机会；实际上，四川割据政权在中原政权的进攻下，除了蜀汉，没有一合之敌。

图书在版编目 (CIP) 数据

大明风云 300 年 / 南宫烈著 . -- 北京 : 中央编译出版社，2022.5
ISBN 978-7-5117-4126-4

I . ①大… II . ①南… III . ①中国历史—明代—通俗读物 IV . ① K248.09

中国版本图书馆 CIP 数据核字（2022）第 001844 号

大明风云 300 年

责任编辑	赵可佳
责任印制	刘　慧
出版发行	中央编译出版社
地　　址	北京市海淀区北四环西路 69 号（100080）
电　　话	（010）55627391（总编室）　　（010）55627319（编辑室）
	（010）55627320（发行部）　　（010）55627377（新技术部）
经　　销	全国新华书店
印　　刷	北京建宏印刷有限公司
开　　本	710 毫米 ×1000 毫米 1/16
字　　数	495 千字
印　　张	31.25
版　　次	2022 年 5 月第 1 版
印　　次	2022 年 5 月第 1 次印刷
定　　价	98.00 元（全两册）

新浪微博：@ 中央编译出版社　　　微　信：中央编译出版社（ID：cctphome）
淘宝店铺：中央编译出版社直销店（http://shop108367160.taobao.com）（010）55627331
本社常年法律顾问：北京市吴栾赵阎律师事务所律师　闫军　梁勤
凡有印装质量问题，本社负责调换，电话：（010）55626985